少有所诵

从经典中汲取力量

吴华宝 ◎ 编著

中国科学技术大学出版社

内 容 简 介

本书作者长期沉浸于经典诗文、文史掌故之中,并在日常生活中以经典耳濡目染、潜移默化教育后辈。本书从"做事:会当凌绝顶""做人:智者必怀仁""学习:学而时习之""生活:家和万事兴"四个角度,精选中国优秀传统文化典籍中的145则精彩片段,通过古文释义、哲理梳理、成长提示等,传达教育的向上向善之意。本书可作为中小学生的课外阅读读本,亦可作为家庭亲子共读的启蒙读物。

图书在版编目(CIP)数据

少有所诵:从经典中汲取力量/吴华宝编著. —合肥:中国科学技术大学出版社,2023.7

ISBN 978-7-312-05733-5

Ⅰ. 少… Ⅱ. 吴… Ⅲ. 阅读课—中小学—教学参考资料 Ⅳ. G634.333

中国国家版本馆CIP数据核字(2023)第123608号

少有所诵:从经典中汲取力量

SHAO YOU SUO SONG: CONG JINGDIAN ZHONG JIQU LILIANG

出版	中国科学技术大学出版社
	安徽省合肥市金寨路96号,230026
	http://press.ustc.edu.cn
	http://zgkxjsdxcbs.tmall.com
印刷	安徽省瑞隆印务有限公司
发行	中国科学技术大学出版社
开本	710 mm×1000 mm 1/16
印张	18
字数	294千
版次	2023年7月第1版
印次	2023年7月第1次印刷
定价	60.00元

序

本书原是为我家属马和属犬的小朋友编写的,书名就叫《读书心得示马犬》,本系家教用书。出版社的朋友得知后,谓我"不能私之",而应该像孟老夫子说的那样,"幼吾幼以及人之幼",公开出版此书,让更多的小朋友和更多的家庭学习受益。朋友的理由正大光明,我欣然同意。

准备出版本书,笔者要做三件事:第一,改书名为《少有所诵:从经典中汲取力量》。意为通过研读经典,接受优秀传统文化熏陶,使孩子向上向善,成人成才。第二,费一番爬梳剔抉功夫。自家使用,似乎可以随意一点,若公之于众,则不得马虎,要用力增删材料,用心斟酌内容,花功夫推敲文字,努力使本书"文质彬彬"。第三,为本书写一篇"序"。

经典很多,有"四书五经"乃至"十三经""十五经",博大精深;有"二十四史",诸子百家,各种文献,卷帙浩繁;还有《三字经》《百家姓》《千字文》《蒙求》《幼学》和《朱子家训》等启蒙读物和多种家训,林林总总,琳琅满目。笔者根据青少年的年龄特点和阅读现状,有针对性地选择出145则短文,汇编一册。选文文质兼美,思想性、趣味性兼具。

考查一个人的活动轨迹,大致可以划分为四个部分,即职业事业、社会交往、学习进修、家庭生活。与之对应,一个孩子要逐步学会做事、做人、学习、生活,从而健康成长。一事当前,应该持什么样的态度?开展工作,怎么选择最佳路径?前瞻未来,什么是切实目标?

社会交往,宜和忌各是什么?该注意哪些细节?学习、生活中,如果遭遇挫折甚至失败,应该如何应对?面对诸如此类的问题,通过学习、思考、实践、觉悟,就会有成长,就会有成熟、成功。

怎么做才能使孩子向上向善呢?圣贤的嘉言懿行,长者的风范态度,都是鲜活的案例。圣贤是楷模,长者是明镜。要精读原文,细读"简述",咀嚼"启迪"并关注相关的拓展,以期有更多的收获。小读者长期沉浸于经典诗文、典型故事之中,耳濡目染,潜移默化,必然"如春起之苗,不见其增,日有所长"。而对诗文的琢磨、切磋,则是附加收获,会使他们的文史知识更加丰富、语言文字能力有所提高。

专业在校,为人在家;教在教师,育在父母;教非容易,育实艰难。孩子性格志趣的发展,人格精神的培育,为人处世方法的养成等,其家庭教育有着学校教育不可替代的作用。古人"诚意、正心、修身、齐家、治国、平天下","内圣、外王",形成大的胸襟格局,离不开家庭教育,与朝于斯夕于斯的真实生活场景息息相关。

父母也需要成长。家教是父母的自我教育过程,对孩子是鼓励引导,对自己则是勉励鞭策。父母是树根,孩子是树枝、花朵、果实和未来的另一棵树。如果把书本比作阳光和水,父母带着孩子读书,就像树木汲取阳光和水,汲取了阳光和水,树木就会茁壮成长——枝条韧挺、花儿灿烂、果实饱满,今后就会有一棵新树的枝繁叶茂。

父母同孩子一齐读书,和孩子一起成长。

父母教育孩子,是耐心、艰辛而崇高的事业。

父母是启蒙教师,也是终身教师,本书可以做启蒙教材,也可以是终身教材之一。

是为序。

吴华宝

2022 年 7 月 14 日

目　录

序 / i

做事：会当凌绝顶 / 001

大禹过家门不敢入 / 002
老百姓为什么喜欢甘棠树？ / 004
天下第一剑是怎样铸成的？ / 005
佝偻者却能轻松自如地粘蜩 / 007
庖丁竟然把解牛弄成了艺术表演 / 009
因为爱吃鱼，所以不能收别人送的鱼 / 011
李离判自己死刑，并且执行了 / 013
毛先生以三寸之舌，强于百万之师 / 014
蜀郡太守李冰升格为神 / 018
豫让的韧性与坚持 / 019
汉字的鼻祖 / 021
圣贤发愤所为作 / 023
张仲景治愈老猿 / 025
张松绘制军用地图 / 026
文武全才杜预 / 027
坚持十年，誉满天下 / 029

竹扇身价大涨 / 030
陶渊明归去来兮 / 031
嘉陵江山水三百里图 / 034
大诗人李白也有敛手时 / 036
为使别人惊慕,老杜拼了命锤炼文字 / 038
颜真卿的书法代表作 / 041
婆媳都是围棋高手 / 042
瞥一眼,就知道这不是南零水 / 043
李贺有一只锦囊 / 045
精益求精,杜牧焚诗 / 046
后生不笑,后世传扬 / 048
卖油翁说出了真理 / 049
不称职的皇帝 / 050
积累是成功的阶梯 / 053
中国最早的人造人 / 054
一枚桃核成了一条船 / 057
出神入化的口技表演 / 060
京师缝人经验丰富 / 062
择业不可不慎重 / 064
《红楼梦》的荒唐言 / 065
贱卖海张五 / 067
做一个整个的人 / 069

做人:智者必怀仁 / 071

君子风范,季札挂剑 / 072
君子——儒家心目中的理想人格 / 073
两学生都做好事,老师孔子却批评其中一人 / 075
一个应诺价值千金 / 077
晏殊诚实到家了 / 078

目　录

君子风采与小人嘴脸 / 080
人生下来就是小人？ / 081
玩笑旦的伎俩 / 083
水土与性格成正相关？ / 085
人世间竟然有这么多恶事 / 086
为博褒姒笑，烽火戏诸侯 / 089
王安石，你也太不讲究了 / 091
人心隔肚皮，如何识人心？ / 093
让正义的怒火燃烧起来 / 095
柳下惠其人其事 / 096
饮酒要有德性 / 098
古典作家如何看世界看人生 / 101
损有余而补不足 / 103
不看重难得之货 / 105
吾眼前见天下无一个不好人 / 106
生我者父母，知我者鲍子也 / 107
知音最是难得 / 109
为了两年前的一个约定 / 111
亲益友，远损友 / 113
卫灵公一口两舌 / 114
"按市场交易方法结交" / 116
一个叫郭尖，一个称李锥 / 118
鹬蚌互不相让 / 119
处世要忘了自己 / 120
糟糠鄙俚叔孙通 / 122
一封著名的绝交信 / 124
君子要慎重选择朋友和环境 / 126
要知道，这是个人啊 / 128
让别人吐在自己脸上的唾沫自行干掉 / 129
胡须被烧着了 / 131

像原谅自己一样原谅别人 / 132
你一天能洗几匹马？ / 133
你说春雨可喜,他却说春雨可恶 / 135
无依无凭游无穷 / 136
畏惧能免去灾祸 / 138
大树将军与瘦羊博士 / 139
天知神知我知子知 / 141
人在穷或达的时候 / 143
颜驷三朝不遇 / 144
去掉嗜欲以养善心 / 146
愿天下无贼 / 147
做一个完整的人 / 150
一生坎坷的"淡定哥" / 151

学习:学而时习之 / 155

孔子十有五而志于学 / 156
孔子学鼓琴 / 157
学问思辨行 / 159
纪昌学射箭 / 160
行万里路 / 162
我们为什么要从师求学？ / 165
韩愈的勤苦与辛劳 / 167
杨时拜见老师 / 169
观书有感二首 / 170
宋濂如此勤勉和艰辛 / 173
羡慕是一种好心境 / 176
弈秋指导二人下棋 / 178
一首关于象棋的诗 / 180
生活艰苦,学习刻苦 / 181

《三字经》选读 / 183
七录斋的由来 / 185
利用"三余"勤读书 / 186
四首劝学诗 / 188
君子儒段干木 / 190
梁上君子悔过自新 / 192
名同学的惨故事 / 193
古时候的小说家 / 195
钱塘君形象 / 197
林冲棒打洪教头 / 199
关羽温酒斩华雄 / 201
阿傕传经索人事 / 202
刘姥姥逗笑大观园 / 204

生活：家和万事兴 / 207

孟子的"三乐" / 208
屈原降生 / 209
童心童趣 / 211
神童咏鹅 / 213
穷养与富养 / 214
钱财多：削弱意志，增加过失 / 215
金银满箱，不如经书一部 / 218
听到就行动吗？ / 220
孟母这样教育孩子 / 221
育人如同种树 / 224
惩戒小孩要慎之又慎 / 226
有这样两位神女 / 227
人面桃花相映红 / 230
与你一起白头到老 / 233

清溪与日月 / 234
孟子要休妻 / 235
张敞为妻子画眉 / 237
五张黑羊皮换回一代名相 / 238
破镜也能重圆 / 240
梁鸿与孟光的故事 / 241
高价买个好邻居 / 243
班固兄妹亲情浓 / 244
曹植七步成诗 / 246
水调歌头寄托兄弟深情 / 248
天下第一孝 / 250
闵损孝顺后母 / 252
茅容杀鸡奉母 / 253
能赡养就是孝顺？ / 254
和颜悦色最难 / 256
慈乌反哺报亲 / 257
苏东坡在弥留时 / 258
百年人生 / 259

附录 / 261

附录一　名言荟萃 / 261
附录二　名联集锦 / 272

参考书目 / 275

跋 / 277

做事：
会当凌绝顶

肃肃宵征,夙夜在公。

会当凌绝顶,一览众山小。

海到无边天作岸,山登绝顶我为峰。

孔子登东山而小鲁,登泰山而小天下。

人应该从容地生活。

大禹过家门不敢入

于是尧听四岳,用鲧¹治水。九年而水不息,功用不成。

禹乃遂²与益、后稷奉帝命,命诸侯百姓³兴⁴人徒⁵以傅土,行山表木,定高山大川。禹伤先人父鲧功之不成受诛,乃劳身焦思,居外十三年,过家门不敢入。陆行乘车,水行乘船,泥行乘橇⁶,山行乘檋⁷。左准绳,右规矩,载四时,以开九州⁸,通九道⁹,陂¹⁰九泽¹¹,度¹²九山¹³。

于是帝锡¹⁴禹玄¹⁵圭¹⁶,以告成功于天下。天下于是太平治。(见司马迁《史记·夏本纪》。选文有删节,全书同)

> **简述**
>
> 大禹与益、后稷一起到任,命令诸侯百官发动大批民工劳作,划分施工区域。他穿山越岭,实地勘察,树立木桩作为标志,测定高山大川的状貌。禹为父亲鲧治水无功而受诛杀感到悲伤,就不顾劳累,苦苦思索治水方法,在外面生活了十三年,几次从家门前路过都没敢进去。他在地上行走乘车,在水中行走乘船,在泥沼中行走就乘木橇,在山路上行走就穿上钉鞋。他左手拿着准和绳,右手拿着规和矩,还装载着测四时定方向的仪器,以开发九州土地,治理九条河道,修治九个大湖,测量九座大山。

注释

1 鲧:gǔn,大禹的父亲,有崇部落的首领,曾经治理洪水长达九年,后因治水不利被贬谪而死。2 遂:suì,于是,就。3 百姓:百官。战国前百姓是对贵族的统称,当时贵族才有姓。4 兴:发动。5 人徒:被罚服役的人。6 橇:qiāo,古代在泥路上行走所乘之具。7 檋:jū,同梮,上山穿的钉鞋;一说上山坐的滑竿一类的乘具。**8** 开九州:开发九州的土地。开,开发,规划。九州,即冀、兖、青、徐、豫、荆、扬、雍、梁。**9** 通九道:疏通九条河道。九道,指弱、黑、河、漾、江、沇(yǎn)、淮、渭、洛九条河流的河道。**10** 陂:bēi,水边,水岸。这里是筑堤岸的意思。**11** 九泽:指雷夏、大野、彭蠡(lǐ)、震泽、云梦、荥播、菏泽、孟猪、猪野九个湖泊。**12** 度:测量,勘测。**13** 九山:指汧(qiān)、壶口、砥柱、太行、西倾、熊耳、墦冢(fán zhǒng)、内方、岷(mín)九座大山。**14** 锡:即赐,颁赐。**15** 玄:天青色。**16** 圭:瑞玉。

启迪

禹(生卒年不详),姒(sì)姓,夏后氏,鲧之子,启之父。因治水有功,舜让位给他。夏朝开国君王。史称大禹、帝禹等。

学者们认为,鲧治水失败的原因在"堵",禹治水成功的方法是"导"。其实,"堵"并非一无是处,有些水还是要"堵"的。只是该"堵"的堵之,不能所遇皆"堵",把"堵"当作一字真经,无选择地到处去"堵"。"导",就是因势利导,根据河流的形势朝着有利的方向引导。军事家说,知己知彼,百战不殆。"导"的关键在透彻了解"势"。那么,通过什么方法来了

大禹

解"势"呢?有间接、直接两法。凡事要好,须问三老;入山问樵,入水问渔;入于泽而问牧童,入于水而问渔师。这是间接的方法。当然,直接的方法最靠得住,如大禹"行山表木","左准绳,右规矩,载四时,以开九州,通九道,陂九泽,度九山",做细致精准的调查,做全面深入的研究。如此,便胜券在握了。

大禹治水"过家门不敢入",是因为他把全部身心投入治水之中。他的这种忘我精神成就了他的宏伟事业,他的这种无私行为彪炳史册。

在鲁迅小说《理水》中,大禹是一位埋头苦干、坚忍不拔、公而忘私的治水英雄。

老百姓为什么喜欢甘棠树？

蔽芾[1] 甘棠[2]，勿[3] 翦[4] 勿伐[5]，召伯[6]所茇[7]。

蔽芾甘棠，勿翦勿败[8]，召伯所憩[9]。

蔽芾甘棠，勿翦勿拜[10]，召伯所说[11]。（见《诗经·风·召南[12]·甘棠》）

召公之治西方，甚得兆民[13]和。召公巡行[14]乡邑，有棠树，决狱政事其下，自侯伯至庶人各得其所，无失职者。召公卒[15]，而民人思召公之政，怀棠树，不敢伐，歌咏之，作《甘棠》之诗。（见司马迁《史记·燕召公世家》）

简述

《甘棠》诗说：

郁郁葱葱棠梨树，不剪不砍细养护，曾是召伯居住处。

郁郁葱葱棠梨树，不剪不毁细养护，曾是召伯休息处。

郁郁葱葱棠梨树，不剪不折细养护，曾是召伯停歇处。

《燕召公世家》记载：召公去世，百姓怀念他的德政，作《甘棠》诗歌颂他。

注释

1 蔽芾：bì fèi，树叶密集细小貌。一说树木高大茂密的样子。2 甘棠：棠梨，杜梨，落叶乔木，果实圆而小，味涩可食。3 勿：不要。4 翦：即剪。5 伐：砍伐。6 召伯：即姬奭（jī shì）。7 茇：bá，草舍，此处用为动词，居住。一说即"废"，舍，用作动词。8 败：伤害，毁坏。9 憩：qì，休息。10 拜：即拔，攀爬毁坏。一说即屈，折。一说即扒，挖掉。11 说：shuì，即税，休憩，止息。12 召南：《诗经》"十五国风"之一。召，shào，地名，在今陕西省岐山县西南。13 兆民：古称天子之民，后泛指众民，老百姓。14 巡行：往来视察。15 卒：去世。

> 启迪

召公(生卒年不详)，即召公奭，姬姓，因封地在召，故称召公或召伯。姬奭担任太保，与周公旦等共同辅佐周成王。二人分治陕地，陕地以西姬奭主管，陕地以东周公旦主管。

召公为民众排忧解难，就在树下搭棚过夜，不去搅扰百姓。百姓之所以爱甘棠树，是因为爱召公，之所以爱召公，是因为他处理事务"无失职者"。老百姓思其人，敬其树，故不忍伤害甘棠。

老百姓爱说夸父手中的木杖化为"桃林"，爱说董奉的"杏林"（董奉是否得道成神仙，那倒不是太关心的事），甚至也没有忘记左公柳、沈公榕，为什么？凡心念百姓、情系家国者，老百姓就自觉传诵他们的业绩，就在心中为他们树立永恒的丰碑，而甘棠、桃林、杏林等则是象征和代表。

召公

关于当官，有人说："当官不为民做主，不如回家卖红薯。"关于感情寄托或迁移，有人说："爱屋及乌。"有人说："厌恶和尚，恨及袈裟。"这些说法都有它的道理。

天下第一剑是怎样铸成的？

欧冶乃因天之精神，悉¹其伎²巧³，造为大刑⁴三、小刑二：一曰湛卢，二曰纯钩，三曰胜邪，

> 简述
>
> 吴王得到欧冶子鱼肠、磐郢、湛卢三剑。

四曰鱼肠,五曰巨阙。(见袁康、吴平《越绝书·外传·记宝剑》)

于是乃令风胡子之⁵吴,见欧冶子、干将,使之作铁剑。欧冶子、干将凿茨山,泄其溪,取铁英,作为铁剑三枚:一曰龙渊,二曰泰阿,三曰工布。毕成,风胡子奏之楚王。楚王见此三剑之精神,大悦⁶风胡子。(见袁康、吴平《越绝书·外传·记宝剑》)

风胡子曰:"臣闻吴王得越所献宝剑三枚,一曰鱼肠,二曰磐郢,三曰湛卢。"(见赵晔《吴越春秋》)

楚昭王得到欧冶子龙渊、泰阿、工布三剑。

越王得到欧冶子五剑:大刑湛卢、纯钩、巨阙,小刑胜邪、鱼肠。

相传越王允常(勾践之父)命欧冶子铸剑。欧冶子到闽、浙一带名山大川寻觅适宜铸剑之处。当他见到湛卢山(在今福建松溪县)清幽树茂,薪炭丰足,矿藏丰富,山泉清洌,极适宜淬剑,就结舍于此,开始铸剑。三年后,铸就了锋芒盖世的湛卢之剑。此剑使头发及锋而逝,铁近刃如泥,举世无可匹者。

注释

1 悉:尽,尽其全部。2 伎:技,技艺。3 巧:技巧,工艺。4 刑:即型,铸造器物的模子。5 之:往,到……去。6 大悦:很高兴,很喜欢。

欧冶子

启迪

欧冶子(约前560—前510),春秋末战国初人。中国铸剑鼻祖。

文献记载,欧冶子少年时学会冶金技术,开始冶铸青铜剑和铁锄、铁斧等生产工具。他肯动脑筋,智慧非凡,身体强健,能吃苦耐劳。这是他成为"铸剑鼻祖"的前提。

历代人们都对湛卢剑推崇备至,称它为"天下第一剑"。《越绝书》《拾遗记》《东周列国志》等均记述了湛卢剑的神奇传说。元代湛卢山长杨缨(杨时后代)通过自己的想象描绘了湛卢剑炼成时的生动景象:剑之成也,精光贯天,日月争耀,鬼神悲号。

相传薛仁贵、岳飞都使用过湛卢剑。

安徽庐江有冶父山,铸剑之父欧冶子曾在此山铸剑,山上存有铸剑池等古迹。

鲁迅先生的小说《铸剑》,写眉间尺故事,本于干宝《搜神记》。眉间尺是干将和莫邪的儿子,是欧冶子的外孙。

佝偻者却能轻松自如地粘蜩

仲尼适[1]楚,出于林中,见佝偻[2]者承蜩[3],犹掇[4]之也。仲尼曰:"子巧乎!有道[5]邪[6]?"曰:"我有道也。五六月累丸二而不坠,则失者锱铢[7];累三而不坠,则失者十一[8];累五而不坠,犹掇之也。吾处身也,若厥[9]株拘[10];吾执臂也,若槁木[11]之枝;虽天地之大,万物之多,而唯蜩翼[12]之知。吾不反不侧[13],不以万物易蜩之翼。何为而不得!"

孔子顾谓弟子曰:"用志不分,乃凝于神,其佝偻丈人[14]之谓乎!"(见《庄子·达生》)

简述

承蜩即粘蝉,做起来很难,身为佝偻者(驼背老人),粘蝉则更难上加难。但文中的这位老人,粘蝉却像在地上捡东西一般容易。为什么能这样?因为他进行了艰苦的训练,在竹竿头上叠加圆形弹丸,从两个不掉落,到五个不掉落,对重心、力道的把握,对稳定、平衡的掌控,是得心应手、随心所欲了。而在粘蝉过程中,他沉静沉着,全神贯注,心无旁骛,身体如树根般稳固,手臂如僵直的树枝一般稳定。所以,粘蝉对老人来说,就如地上捡东西,囊中取物。

注释

1 适:到……去。 2 佝偻:gōu lóu,脊背向前弯曲。 3 承蜩:粘蝉。蜩,tiáo,蝉。 4 掇:duō,拾取,摘取。 5 道:规律,道理,诀窍。 6 邪:即耶,句末语气词,表示疑问或反问。 7 锱铢:zī zhū,很小的数量。 8 十一:十分之一。 9 厥:jué,其。 10 株拘:zhū jū,枯树根。 11 槁木:干枯的木头。 12 蜩翼:蝉的翅膀。 13 不反不侧:不转身,不左顾右盼。 14 丈人:对老年男人的尊称。

启迪

驼背老人有无失败?有。他初粘蝉时肯定是失败了,于是练习累丸;累丸之初也是失败的,到五六个月累二丸而不坠;累三丸后,粘蝉还有十分之一不成功;直到他累五而不坠,处身"若厥株拘",执臂"若槁木之枝"时,才"犹掇之也"。失败不可怕,失败后应更努力。

驼背老人竟能轻松自如地粘蜩,这个故事告诉我们一个道理:世上无难事,只要肯登攀。

有人这样说过:"世上无难事,只怕有心人;世上无易事,只怕粗心人。"这话对比鲜明,很有智慧。

庄子(前369—前286),名周,战国时代道家学派代表人物。与老子并称"老庄",他们的哲学思想体系被称为"老庄哲学"。

庄子文章纵横开阖,变化无端,多"寓言"故事,想象丰富而奇特,在散文发展史上具有重要地位。鲁迅先生论庄子,说:"其文则汪洋辟阖,仪态万方,晚周诸子之作,莫能先也。"《庄子》的名篇有《逍遥游》《齐物论》《养生主》等。

出于《庄子》的成语有:邯郸学步、越俎代庖、东施效颦、朝三暮四、相濡以沫、目无全牛、游刃有余、鹏程万里、扶摇直上、螳臂当车、白驹过隙、断鹤续凫、尾生抱柱等。

庄子

做事：会当凌绝顶

庖丁竟然把解牛弄成了艺术表演

庖丁[1]为文惠君[2]解牛[3]，手之所触，肩之所倚[4]，足之所履[5]，膝之所踦[6]，砉[7]然向[8]然，奏刀[9]騞[10]然，莫不中音[11]。合于《桑林》[12]之舞，乃中《经首》[13]之会[14]。

文惠君曰："嘻[15]！善哉！技盖[16]至此乎？"

庖丁释[17]刀对曰："臣之所好[18]者，道也，进乎技也。始，臣之解牛之时，所见无非牛[19]者。三年之后，未尝见全牛[20]也。方今之时[21]，臣以神遇[22]而不以目视，官知[23]止而神欲[24]行。依乎天理[25]，批大郤[26]，导大窾[27]，因[28]其固然[29]，技经肯綮之未尝[30]，而况大軱[31]乎！良庖[32]岁[33]更[34]刀，割[35]也；族[36]庖月更刀，折[37]也。今臣之刀十九年矣，所解数千牛矣，而刀刃若新[38]发[39]于硎[40]。彼节[41]者有间[42]，而刀刃者无厚[43]；以无厚入有间，恢恢乎[44]其于游刃[45]必有余[46]地矣，是以十九年而刀刃若新发于硎。虽然，每至于族[47]，吾见其难为，怵然[48]为戒[49]，视为止[50]，行为迟[51]，动刀甚微[52]，謋[53]然已解，如土委地[54]。提刀而立，为之四顾，为之踌躇[55]满志[56]，善[57]刀而

> **简述**
>
> 厨师名叫丁，他为文惠君解牛（宰牛）。他的手接触的地方，肩膀靠着的地方，脚踩着的地方，膝盖顶住的地方，都哗哗哗地响，刀子刺进牛体，发出"霍霍霍"的声音。没有哪一种声音不合乎音律：既合乎《桑林》舞曲的节拍，又合乎《经首》乐章的节奏。
>
> 这太出乎我们意料了。牛，庞然大物，生理结构复杂。宰牛，是难度不小的活，是重体力活。宰牛者，往往挥汗如雨。宰牛时，常常血水飞溅。庖丁宰牛却如同艺术表演，他为什么能做到这样？因为他能"依乎天理"，"因其固然"。

藏之。"

文惠君曰:"善哉!吾闻庖丁之言,得养生[58]焉。"(见《庄子·养生主》)

注释

1 庖丁:名字叫丁的厨工。庖:páo,厨工,厨师。2 文惠君:即梁惠王,也称魏惠王。3 解牛:宰牛,这里指把整个牛体开剥分割。4 倚:靠。5 履:践踏。6 踦:yǐ,支撑,接触。这里指用一条腿的膝盖顶牛。7 砉:xū,拟声词,皮骨相离的声音。8 向:即响。9 奏刀:进刀。10 騞:huō,拟声词,形容比砉然更大的进刀解牛声。11 中音:合乎音乐节拍。中,zhòng,符合。12 《桑林》:传说中商汤时的乐曲名。13 《经首》:传说中尧乐曲《咸池》中的一章。14 会:指节奏。15 嘻:赞叹声。16 盖:hé,即盍,何,怎样。17 释:放下。18 好:hào,喜好,爱好。19 无非牛:没有不是完整的牛。一作"无非全牛"。20 未尝见全牛:不曾看见完整的牛。21 方今之时:如今。方,当。22 神遇:用心神和牛体接触。神,精神,指思维活动。遇,合,接触。23 官知:这里指视觉。24 神欲:指精神活动。25 天理:指牛的生理上的天然结构。26 批大郤:击入大的缝隙。批,击。郤,即隙,空隙。27 导大窾:顺着(骨节间的)空处进刀。窾,kuǎn,空隙。28 因:依。29 固然:指牛体本来的结构。30 技经肯綮之未尝:为宾语前置句,即"未尝技经肯綮",经络相连、筋骨聚结的地方,都不曾用刀去碰过。技经,经络。技,据清俞樾考证,当是"枝"字之误,指支脉。经,经脉。肯,紧附在骨上的肉。綮,qìng,筋肉聚结处。31 軱:gū,股部的大骨。32 良庖:好厨师。33 岁:年。34 更:更换。35 割:这里指生割硬砍。36 族:众,指一般的。37 折:用刀折骨。38 新:刚刚。39 发:出。40 硎:xíng,磨刀石。41 节:骨节。42 间:jiàn,间隙。43 无厚:没有厚度,非常薄。44 恢恢乎:宽绰的样子。45 游刃:游动刀刃,指刀在牛体内运转。46 余:宽裕。47 族:指筋骨交错聚结处。48 怵然:警惧的样子。怵,chù。49 为戒:为之戒,因为它的缘故而警惕起来。50 止:集中在某一点上。51 迟:缓。52 微:轻。53 謋:huò,拟声词,骨肉离开的声音。54 委地:散落在地上。55 踌躇:从容自得,十分得意的样子。56 满志:心满意足。57 善:即缮,修治。这里是擦拭的意思。58 养生:指养生之道。

> 启迪

庖丁对他的工作对象做了深入细致的研究,且采取了最佳的应对方式。庖丁清楚牛的大郤、大窾、大軱,了解牛的技、经、肯、綮,不"割",不"折",以无厚之刀刃入有间之骨节,游刃有余,而遇到"族"处,便怵然为戒,注意力集中起来,动作缓慢,动刀轻微。正因为如此,才有解牛后提刀的神气、四顾的神态、自得的神采,才有如同艺术表演般的解牛故事。

做一件事,就要仔细研究这件事,从而"依乎天理","因其固然";这还不够,还要研究这件事与相关事件的关系;这还不够,还要研究这件事与时空(此时此地)的关系。——只有这样,才能知己知彼,无往而不胜。

出于《庖丁解牛》的成语有:游刃有余、目无全牛、踌躇满志、切中肯綮(中肯)、批郤导窾、新硎初试、官止神行、庖丁解牛、善刀而藏等。

因为爱吃鱼,所以不能收别人送的鱼

公仪休者,鲁博士[1]也。以高弟[2]为鲁相。奉法循理,无所变更,百官自正。使食禄者不得与下民争利,受大者不得取小。

客有遗[3]相鱼者,相不受。客曰:"闻君嗜鱼,遗君鱼,何故不受也?"相曰:"以[4]嗜鱼,故不受也。今为相,能自给鱼;今受鱼而

> 简述

公仪休遵奉法度,按原则行事,不改变规制,因此百官品行端正。他命令为官者不许和百姓争夺利益,做官的不许占百姓便宜。公仪休爱吃鱼。有人给公仪休送鱼,他坚决不收鱼。别人问他为什么不收鱼,他回答说:"正因为喜爱吃鱼,所以不能接受鱼。如果接受别人的鱼,对人就得低声下气,就可能为别人去违法;违法就会免除相位;相位一免,虽然想吃鱼,谁还会送?

免,谁复⁵给我鱼者?吾故不受也。"(见司马迁《史记·循吏列传》)

不接受别人送的鱼,就不会被免除相位,就能长久地满足吃鱼的嗜好。"送鱼者理解或不理解,都只能带着鱼回去了。

注释

1 博士:战国时学官。2 高弟:通晓古今,能言善辩,才优而品第高。弟,即第,次第,次序。3 遗:wèi,赠予,送给。4 以:因为。5 复:再,又。

启迪

公仪休(生卒年不详),春秋时期鲁国人,才学优异,由博士擢升鲁国穆公的国相。

公仪休的故事传为美谈。他能够清醒地认识个人好恶与工作事业之间的关系,抵御诱惑,管住小节。别人投其所好,公仪休直接拒绝。理由朴实辩证,态度明确坚定。我爱吃鱼,但鱼必须是自己买的,这样才能保证我有鱼吃。收了一个人的鱼,接着就会收第二个人的,接着收第三个人的,一生二,二生三,三生万。今天收两条鱼,明天再收两条鱼,后天还收两条鱼,积少以成多,积羽而沉舟,从量变到质变,以至于崩塌、毁灭。

《韩非子·外储说右下》也记载了这个故事。韩非说:"此明夫恃人不如自恃也;明于人之为己者不如己之自为也。"

在位的人,要防微杜渐,要把贪念掐灭在萌芽中。

"循吏",指奉法循理的"良吏",即好官。《史记》设《循吏列传》,为后世史家所承袭,成为一种体例,用来记载重农宣教、清正廉洁、所居民富、所去见思的官吏事迹。

做事:会当凌绝顶

李离判自己死刑,并且执行了

李离者,晋文公[1]之理[2]也。过听杀人[3],自拘[4]当[5]死。文公曰:"官有贵贱,罚有轻重。下吏[6]有过,非子之罪也。"李离曰:"臣居官为长,不与吏让位;受禄[7]为多,不与下分利[8]。今过听杀人,傅[9]其罪下吏,非所闻也。"文公曰:"子[10]则[11]自以为有罪,寡人亦有罪邪[12]?"李离曰:"理有法,失刑则刑,失死则死。公以臣能听微决疑[13],故使为理。今过听杀人,罪当死。"遂[14]不受令,伏剑[15]而死。(见司马迁《史记·循吏列传》)

简述

李离(生卒年不详),春秋时期晋国人,是晋文公时的法官。

因听察案情不准确,错杀了人,李离把自己拘禁起来,并判为死罪。文公说:"官职贵贱不一,刑罚也轻重有别。这是你手下官吏有过失,不是你的罪责。"显然,晋文公要为李离开脱,但李离说:"臣作为上级长官,不曾把官职让给下属;我领取的薪水很多,也不曾把钱财分给他们。如今我听察案情不准,误杀了人,却要推卸罪责,要下级承担责任,我不懂得有这种道理。"他拒绝接受文公的好意。文公说:"那我不是也连带有罪吗?"李离说:"法官断案有法规,错判刑就要自己受刑,错杀人就要以命偿命。您因为臣能听察细微隐情,能决断疑难,才让我做法官。现在我听察案情有误而误杀了人,'错判了死罪,错判者死罪',我应该被判处死罪。"于是不接受晋文公的赦令,用剑自刎而死。

注释

1 晋文公：春秋时晋国国君。 2 理：司法衙署，法官。 3 过听杀人：听了下级官吏错误的汇报而判人死罪。过，误。 4 拘：拘禁。 5 当：判罪。 6 下吏：下级官吏。 7 禄：lù，俸禄，薪水。 8 利：利益，好处。 9 傅：即附，推给，转嫁。 10 子：第二人称的尊称，您。 11 则：若，如果。 12 邪：即耶。 13 听微决疑：审查不明显的和判定疑难的案件。 14 遂：于是，就。 15 伏剑：用剑自刎。

启迪

李离敢于担当，敢于负责，严于律己，秉公办案，以生命维护法律的尊严。司马迁为他立传，站在历史的高度，充分肯定了他的行为。

司马迁说：李离错判杀人罪而伏剑身亡，帮助晋文公整肃了国法。

毛先生以三寸之舌，强于百万之师

秦之围邯郸，赵使平原君求救，合从[1]于楚，约与食客门下有勇力文武备具者二十人偕[2]。平原君曰："使文能取胜，则善矣。文不能取胜，则歃血[3]于华屋之下，必得定从而还。士不外索，取于食客门下足矣。"得十九人，余无可取者，无以满二十人。门下有毛遂者，前，

简述

毛遂（前285—前228），是赵胜的门客。平原君（？—前251），即赵胜，战国时赵

平原君

自赞[4]于平原君曰:"遂闻君将合从于楚,约与食客门下二十人偕,不外索。今少一人,愿[5]君即以遂备员而行矣。"平原君曰:"先生处胜之门下几年于此矣?"毛遂曰:"三年于此矣。"平原君曰:"夫贤士之处世也,譬若锥之处囊中,其末立见。今先生处胜之门下三年于此矣,左右未有所称诵,胜未有所闻,是先生无所有也。先生不能,先生留。"毛遂曰:"臣乃今日请处囊中耳。使遂蚤[6]得处囊中,乃颖脱[7]而出,非特其末见而已。"平原君竟[8]与毛遂偕。十九人相与目笑之而未发也。

毛遂比至[9]楚,与十九人论议,十九人皆服。平原君与楚合从,言其利害,日出而言之,日中不决。十九人谓毛遂曰:"先生上。"毛遂按剑历阶而上,谓平原君曰:"从之利害,两言而决耳。

武灵王之子,门下食客有数千人。孟尝君田文、平原君赵胜、信陵君魏无忌与春申君黄歇合称"战国四公子"。

秦兵围困邯郸的时候,赵国派遣平原君赵胜请求救兵,到楚国签订"合纵"盟约。平原君约定与门下既有勇力又文武兼备的食客二十人前往。平原君说:"假如用和平方法能够取得成功就太好了;假如和平方法不能取得成功,就在华屋之下用'歃血'的方式,一定要签订'合纵'盟约再返回。随从人员不到外边去寻找,就在门下的食客中选取。"平原君找到十九个人。门下有一个叫毛遂的人,来到平原君面前,自我推荐说:"毛遂听说先生将要到楚国去签订'合纵'盟约,约定与门下食客二十人一同前往,不到外边去寻找。现在还少一个人,希望先生就以我凑足人数出发吧!"平原君说:"先生来赵胜门下到现在有几年了?"毛遂说:"三年了。"平原君于是说:"贤能的人活动在社会上,好比锥子处在囊中,它的尖梢立即就会显现出来。你在我门下已经三年了,左右的人对你没有称道的话,我没有听到对你的赞语,这说明你没有突出的才能。先生不能一道前往,先生请留下!"毛遂说:"我不过今天才请求进到囊中罢了。如果早就处在囊中的话,我就会像禾穗的尖芒那样,整个锋芒都会挺露出来,不单单是尖梢露出来而已。"毛遂言之有理,也很自信,平原君最后同意他一道前往楚国。那十九人瞧不上毛遂,目光中流露出嘲笑之意。

到了楚国,毛遂与十九人谈论,他们折服了。平原君与楚国谈判"合纵"的盟约,说明今日出而言从,日中不决,何也?"楚王谓平原君曰:"客何为者也?"平原君曰:"是胜之舍人也。"楚王叱曰:"胡不下!吾乃与而[10]君言,汝何为者也!"毛遂按剑而前曰:"王之所以叱遂者,以楚国之众也。今十步之内,王不得恃楚国之众也,王之命悬于遂手。吾君在前,叱者何也?且遂闻汤以七十里之地王[11]天下,文王以百里之壤而臣[12]诸侯,岂其士卒众多哉?诚能据其势而奋其威。今楚地方[13]五千里,持戟百万,此霸王之资也。以楚之强,天下弗能当。白起,小竖子耳,率数万之众,兴师以与楚战,一战而举鄢[14]、郢[15],再战而烧夷陵,三战而辱王之先人。此百世之怨,而赵之所羞,而王弗知恶焉。合从者为楚,非为赵也。吾君在前,叱者何也?"楚王曰:"唯,唯,诚若先生之言,谨奉社稷[16]而以从。"毛遂曰:"从定乎?"楚王曰:"定矣。"毛遂谓楚王之左右曰:"取鸡、狗、马之血来。"毛遂奉[17]铜盘而跪进之楚王

"合纵"的利害关系,从太阳出来到太阳当空还没有决定,那十九个人对毛遂说:"先生该出场了!"毛遂握剑拾级而上,对平原君说:"'合纵'的利害关系,两句话就可以决定。"楚考烈王对平原君说:"这个人是干什么的?"平原君说:"这是我的舍人。"考烈王怒斥道:"为什么不下去?我是在同你的君侯说话,你一个舍人有什么资格在这里说话?"毛遂手按着剑柄,上前两步,说道:"大王敢斥责毛遂的原因,是楚国人多。现在,十步之内,大王不能依赖楚国人多势众了,大王的性命,掌握在毛遂的手里。我的君侯在我前面,你凭什么斥责?况且,我听说汤凭七十里的地方统一天下,文王靠百里的土地使诸侯称臣,难道是由于他们的士卒众多吗?是能够依靠有利形势而奋发作为。今天,楚国土地方圆五千里,持戟的士卒上百万,这是称霸的资业呀!以楚国的强大,天下没有人能抵挡。白起,不过是个普通人,率领几万部众,发兵来和楚国交战,一战而拿下鄢、郢,二战而烧掉夷陵,三战而侮辱大王的祖先。这是百代的仇恨,也是连赵国都感到羞辱的事,而大王却不在乎?'合纵'这件事是为了楚国,并不是为了赵国呀。我的君侯在我前面,你斥责我说明你不懂礼仪!"考烈王说:"是的,好的!实在像先生说的,谨以楚国的社稷来订立'合纵'盟约。"毛遂追问:"'合纵'盟约决定了吗?"考烈王说:"决定了。"于是,毛遂对楚考烈王左右的人说:"取鸡、狗和马的血

曰:"王当歃血而定从,次者吾君,次者遂。"遂定从于殿上。(见司马迁《史记·平原君虞卿列传》)

来。"毛遂捧着铜盘跪着献给楚王,说:"大王应当歃血来签订'合纵'盟约,其次是我的君侯,再次是我毛遂。"于是赵楚两国在宫殿上签订了"合纵"盟约。不久,楚国派春申君黄歇率军救赵国。

注释

1 合从:即合纵,战国时苏秦倡导联合楚、齐、燕、韩、赵、魏六国,共同抵抗秦国的联盟战略。因秦国在西方,六国在东方并呈南北方向分布,故称"合纵"。合,联合。从,即纵,由南至北,由北至南。 2 偕:xié,一起,一同。 3 歃血:shà xuè,会盟时饮血或涂血在口旁,以示诚信。 4 赞:告,推荐。 5 愿:希望。 6 蚤:即早。 7 颖脱:锋芒全部露出。 8 竟:终于。 9 比至:及至,到。 10 而:即尔,你。 11 王:wàng,称王。 12 臣:使……称臣。 13 地方:土地方圆。 14 鄢:yān,地名。 15 郢:yǐng,地名。 16 社稷:shè jì,本指土神和谷神,后用来泛称国家。 17 奉:恭敬地捧着。

启迪

毛遂为什么能成功?

其一,善于寻找机会。"得十九人,余无可取者,无以满二十人。"——机会来了。

其二,牢牢抓住机会。赵胜说:"先生不能,先生留。"——机会即将丧失。毛遂说:"臣乃今日请处囊中耳。使遂蚤得处囊中,乃颖脱而出,非特其末见而已。"——斩钉截铁,充满自信。机会被牢牢地抓住了。

其三,发挥优势,展示实力。到了楚国,"与十九人论议",十九人对毛遂刮目相看。谈判僵持时,毛遂按剑上前,胁迫楚王,说以利害,迫使楚王订立盟约。整个事情证明毛遂是"有勇力文武备具者"。赵胜回国后,说:"毛先生以三寸之舌,强于百万之师。"——毛遂取得了成功。

其四,"今先生处胜之门下三年于此矣,左右未有所称诵,胜未有所闻","先生不能,先生留"。这三年,毛遂在干什么?在观察思考,对门客们、平原君乃至国内、国际形势进行观察思考;在进修学习,研究历史,培养勇气,锻炼口才,以使自己勇、力、文、武备具。——机会青睐于有准备的人,毛遂至少准备了三年。

蜀郡太守李冰升格为神

于蜀,蜀守冰凿离碓[1],辟[2]沫水[3]之害,穿二江成都之中。此渠皆可行舟,有余则用溉浸,百姓飨[4]其利。(见司马迁《史记·河渠书》)

秦孝文王以李冰为蜀守。冰乃壅[5]江作堋[6],别支流双过郡下,以行舟船。岷山多梓、柏、大竹,颓[7]随水流,坐[8]致材木,功省用饶[9];又溉灌三郡,开稻田。于是蜀沃野千里,号为"陆海"。旱则引水浸润,雨则杜塞水门,故记曰:水旱从人,不知饥馑,时无荒年,天下谓之"天府"也。于玉女房下白沙邮作三石人,立三水中:水竭不至足,盛不没肩。(见常璩《华阳国志·蜀志》)

崇德庙[10]在军城西门外山上,秦太守李冰父子庙食处也。(见范成大《吴船录》)

蜀道永康军城外崇德庙,乃祠李太守父子也。(见曾敏行《独醒杂志》)

> **简述**
>
> 李冰(生卒年不详),秦蜀郡太守,水利专家。
>
> 秦昭王后期(约前276—前251),蜀郡守李冰总结了前人治水的经验,组织岷江两岸人民,修建都江堰。都江堰是一个宏大的水利工程,是中国水利工程技术的伟大奇迹,也是世界水利工程的璀璨明珠。都江堰竣工后,百姓飨其利,旱则引水灌溉,雨则杜塞水门,由是,蜀地沃野千里,天下谓之天府。李冰升格为神,享受香火,体现民心民意。

注释

1 离碓:即离堆,地名。 2 辟:即避。 3 沫水:一般指大渡河。 4 飨:xiǎng,即享。 5 壅:yōng,堵塞。 6 堋:péng,分水堤,李冰修建都江堰时所创建。 7 颓:水下流。 8 坐:不劳,不费力。 9 饶:丰足,多。 10 崇德庙:南朝齐明帝建武元年(494),为纪念秦蜀郡太守李冰及其子二郎修建都江堰的伟功崇德,将原望帝祠加以改建,更名为崇德庙。宋代以后,李冰父子相继被敕封为王,因此又改称二王庙。二王庙前临岷江,后依翠岭,南望青城,西连岷山,远近风光十分绮丽。

启迪

余秋雨先生在书中有言:玉垒山麓,建有一座二王庙,祭祀李冰父子。人们在虔诚膜拜,膜拜自己同类中更像一点人的人。钟鼓钹磬(bó qìng,都是打击乐器),朝朝暮暮,重一声,轻一声,伴和着江涛轰鸣。李冰这样的人,是应该找个安静的地方好好纪念一下的,造个二王庙,也合民众心意。实实在在为民造福的人升格为神,神的世界也就会变得通情达理、平适可亲。(见余秋雨《都江堰》)

钱穆先生有言:凡中国人所亲所敬,必尊以为神。三不朽人物,纵历数千年以上,中国人亦必尊以为神。(见钱穆《现代中国学术论衡》)

《左传》说:"太上有立德,其次有立功,其次有立言,虽久不废,此之谓不朽。"立德、立功、立言,即三不朽,是崇高的人生目标。

"人生七十古来稀","人生不满百","人生不过百年",生命是短暂的,短暂人生中最该做好的就是"本职"工作。

豫让的韧性与坚持

(豫让)乃变名姓为刑人,入宫涂厕,中挟匕首,欲以刺襄子。襄子如¹厕,心

简述

为替智伯报仇,豫让更名改姓,伪装成受过刑的人,进入赵襄子宫中修整厕

动,执问涂厕之刑人,则豫让,内持刀兵,曰:"欲为智伯报仇!"左右欲诛之。襄子曰:"彼义人也,吾谨避之耳。"卒² 释去之。

居顷之³,豫让又漆身为厉⁴,吞炭为哑,使形状不可知。顷之,襄子当出,豫让伏于所当过之桥下。襄子至桥,马惊,襄子曰:"此必是豫让也。"使人问之,果豫让也。于是襄子乃⁵数⁶豫让曰:"子独何以为之报仇之深也?"豫让曰:"智伯,国士遇我,我故国士报之。"襄子喟然叹息而泣曰:"嗟乎豫子!子之为智伯,名既成矣,而寡人不复释子!"使兵围之。

豫让曰:"前君已宽赦臣,天下莫不称君之贤,今日之事,臣固⁷伏诛⁸,然愿⁹请君之衣而击之焉¹⁰,以致¹¹报仇之意,则虽死不恨!"于是襄子大义之¹²,乃使¹³使¹⁴持衣与豫让。豫让拔剑三跃而击之,曰:"吾可以下报智伯矣!"遂伏剑自杀。(见司马迁《史记·刺客列传》)

所,身上藏着匕首,想要用它刺杀赵襄子。赵襄子到厕所去,心里一动,有所警觉,命令手下将豫让搜查出来。发现衣服里面的利刃,豫让说:"我要替智伯报仇!"侍卫要杀掉他。赵襄子说:"他是义士,我谨慎小心地回避他就是了。"最后还是把豫让放走了。

过了不久,豫让把漆涂在身上,使肌肤肿烂,成了一个癞子,又口吞炭火,使声音变得嘶哑,使形体相貌不可辨认,以等待机会刺杀赵襄子。不久,赵襄子要外出,豫让事先埋伏在一座桥下,准备在赵襄子过桥的时候刺杀他。赵襄子到大桥上,马突然惊跳起来,赵襄子说:"豫让一定在附近。"派人去搜查,果然是豫让。于是赵襄子就列举豫让的罪过,责问他说:"您为什么如此执着地为智伯报仇呢?"豫让说:"智伯,他把我当作国士看待,所以我就像国士那样报答他。"赵襄子喟然长叹,流着泪说:"唉呀,豫让先生!您为智伯报仇,已成名了;而我不能再放过您了!"命令士兵团团围住豫让。

豫让知道这一次是非死不可了,于是就恳求赵襄子:"希望你能完成我最后一个心愿,将你的衣服脱下来,让我刺穿;这样,我即使是死了,也不会有遗憾。"赵襄子答应了,豫让拔剑,接连刺了衣服三次,然后就自杀了。

> 注释

1 如：往，到……去。 2 卒：终于。 3 居顷之：过了不久。 4 厉：即癞。 5 乃：于是，就。 6 数：责备，列举罪状。 7 固：本来，本该。 8 伏诛：被处死刑。伏，承认，接受。诛，杀，戮。 9 愿：希望。 10 焉：语气词。 11 致：表达。 12 义之：以之为义。 13 使：派。 14 使：使者。

> 启迪

豫让（生卒年不详），春秋末的侠士，刺客。他的行为诠释了什么是"士为知己者死"。

《史记》说过："浴不必江海，要之去垢；马不必骐骥，要之善走；士不必贤世，要之知道；女不必贵种，要之贞好。"蒲松龄说："黄狸黑狸，得鼠者雄。""刺客"是豫让的身份，"刺"是他的"职业"，对职业，豫让是全心全意的。他的韧性与坚持也是可贵的，但他毕竟没有成功。忠于使命，敢于担当，固然可歌可泣，而不辱使命，不枉担当，还有赖于较强的业务素养、过硬的业务能力。如此，才能达到"完美"。

中国古代有"死士"，他们大多是江湖侠客，为了荣华富贵或是报恩，为王侯贵族卖命。

无论刺客还是死士，他们执行的任务大多带有"恐怖"性质。

汉字的鼻祖

秦始皇帝初兼天下，丞相李斯乃奏同之¹，罢²其不与秦文合者。斯作《仓颉篇》³，中车府令赵高作《爰历篇》³，太史令胡毋

> 简述

秦始皇统一天下以后，李斯上书，建议"书同文"，即废除那些与秦朝文字不同的各种书体，把文字统一起来。李斯在史籀（大篆）的基础上，或增加，或简化，或演变，

敬作《博学篇》[3]。皆取史籀[4]大篆[5]，或颇省改，所谓小篆者也。（见许慎《说文解字·叙》）

创制了秦篆（小篆）。李斯作《仓颉篇》，中车府令赵高作《爰历篇》，太史令胡毋敬作《博学篇》，作为小篆书体的示范，向全国推广，供人临摹、学习。

注释

1 同之：指书同文。2 罢：废除。3 《仓颉篇》《爰历篇》《博学篇》：都是中国古代启蒙识字的读物。4 史籀：shǐ zhòu，周宣王的太史。名籀，姓氏不详，故称为"史籀"。《史籀篇》，史籀作，识字课本。5 大篆：dà zhuàn，是西周晚期普遍采用的字体，是一种笔画较繁复的篆书。大篆亦指籀文，因其著录于字书《史籀篇》而得名。

启迪

从文字发展史看，小篆的制订是中国第一次系统地使汉字书写体标准化的过程，小篆是我国历史上第一次运用行政手段大规模地规范文字的产物。小篆的出现结束了"文字异形"的局面。有人说，小篆是汉字的鼻祖。

不过，小篆"曲屈回环"，书写起来还是不太方便，有一个小官吏叫程邈的，简化小篆，创造了一种新书体——隶书，为李斯所采用。从此，隶书成为秦朝官方书体。隶书始于秦，盛于汉，直到魏晋时楷书流行起来才被取代。

李斯

相传李斯大篆入妙，小篆入神。《书断》记载：始皇"以和氏之璧，琢而为玺，令斯书其文"。李斯书"受天之命，皇帝寿昌""受命于天，既寿永昌"等，刻在玉玺上，这是后代篆刻的先河。

李斯（约前284—前208），秦朝丞相。李斯有三件事为一般读者所熟知。

一是，年少时，李斯为郡小吏，见吏舍厕中鼠，食不洁，近人犬，数惊恐之；而仓中鼠，食积粟，居大庑（庑，wǔ，大房子）之下，不见人犬之忧。叹曰："人之贤不肖譬如鼠矣,在所自处耳!"于是立志做"仓中鼠"。

二是,秦宗室大臣皆言秦王曰:"诸侯人来事秦者,大抵为其主游间于秦耳,请一切逐客。"李斯议亦在逐中。斯乃上书(即《谏逐客书》)。秦王乃除逐客之令,复李斯官,卒(终于)用其计谋。

三是,在腰斩前,李斯谓其中子曰:"吾欲与若复牵黄犬俱出上蔡东门逐狡兔,岂可得乎?"

关于这三件事,评述文章相当多。

圣贤发愤所为作

盖文王拘[1]而演[2]《周易》;仲尼厄[3]而作《春秋》;屈原放逐,乃赋《离骚》;左丘[4]失明,厥[5]有《国语》;孙子膑[6]脚,《兵法》修列;不韦[7]迁蜀,世传《吕览》[8];韩非囚秦,《说难》《孤愤》[9];《诗》[10]三百篇,大底圣贤发愤之所为作也……仆窃不逊,近自托于无能之辞,网罗天下放失旧闻,略考其行事,综其终始,稽其成败兴坏之纪,上计轩辕,下至于兹,为十表,本纪十二,书八章,世家三十,列传七十,凡[11]百三十篇。亦欲以究天人之际,通古今之变,成一家之言……仆诚已著此书,藏诸[12]名山,传之其人,则仆偿前辱之责,虽[13]万被戮,岂有悔哉!然此可为

简述

西伯姬昌被拘禁而扩写《周易》;孔子受困窘而作《春秋》;屈原被放逐,才写了《离骚》;左丘明失去视力,才有《国语》;孙膑被截去膝盖骨,《兵法》才撰写出来;吕不韦被贬谪蜀地,后世才流传着《吕氏春秋》;韩非被囚禁在秦国,写出《说难》《孤愤》;《诗》三百篇,大都是圣贤们抒发愤慨而写作的。这些人都是感情有压抑郁结不解的地方,不能实现其理想,所以记述过去的事迹,让将来的人了解他的志向。就像左丘明没有了视力,孙膑断了双脚,终生不能被人重用,便退隐著书立说来抒

智者道,难为俗人言也。(见司马迁《报任少卿书》) | 发他们的怨愤,坚持活下来从事著作来表现自己的思想。

注释

1 拘:拘禁。2 演:推演。3 厄:困厄,危难,这里指孔子周游列国时,遭到围攻,并一度断粮的困境。4 左丘:即左丘明,春秋时鲁国的史官。5 厥:jué,乃,才。6 膑:bìn,剔去膝盖骨或断足的刑罚。7 不韦:吕不韦,战国时秦国丞相。8《吕览》:即《吕氏春秋》,由吕不韦的门客撰成。9《说难》《孤愤》:均为《韩非子》一书的篇名。10《诗》:即《诗经》。11 凡:总共。12 诸:兼词,相当于"之于"。13 虽:即使。

启迪

司马迁

司马迁(约前145或前135—?),西汉史学家、文学家、思想家。有人称司马迁为"历史之父"。他是司马谈之子,早年以孔安国、董仲舒等为师。

三国时的李康说:"木秀于林,风必摧之;堆出于岸,流必湍之;行高于人,众必非之。"清季曾国藩说:"吾生平长进,全在受挫辱之时。"左宗棠说:"能受天磨真铁汉,不遭人嫉是庸才。"俗语说,愤怒出诗人,逆境出人才。为了"成一家之言""传之其人",在受刑之后,司马迁忍辱负重,呕心沥血,以超凡的毅力,卓越的才识,"为十表,本纪十二,书八章,世家三十,列传七十,凡百三十篇",著成《史记》。崇高的理想、宏伟的目标给予他力量,无情的打击、深切的痛苦更能激发他的斗志。

司马迁写孔子、屈原、信陵君、荆轲、项羽等人的文字,往往令读者废书而叹,原因何在?原因就在,孔子以迄项羽,他们虽然"失败"了,但一直努力向前,始终意气风发,他们无不具有伟大的人格。司马迁赞赏他们,其实也是为自己咏叹!

司马迁人格伟大,目光远大,胸襟阔大,内心强大,与江河同在,与日月同光。

《史记》是中国第一部纪传体通史,是"二十四史"之首,是中国史书的典范。鲁迅先生说:《史记》是"史家之绝唱,无韵之《离骚》"。

张仲景治愈老猿

张仲景一日入桐柏山觅草药,遇一病人求诊。仲景曰:子之腕有兽脉,何也?其人以实具对曰:吾乃¹峄山老猿也。仲景囊中丸药畀²之,一服辄³愈⁴。明日肩⁵一巨⁶木至,曰:此万年桐也,聊以相报。仲景斫⁷为二琴,一曰古猿,二曰万年。(见刘拱宸《南阳人物志》)

简述

张仲景不仅能为人治病,还能为猿治病,这似乎可以理解,可以接受。而令我们惊奇的是,猿界竟也知道张仲景医术高超,也前来求医。毋庸置疑,这是一个民间传说。民间传说,往往"誉者或过其实,毁者或损其真",我们要客观地看待。

注释

1 乃:是,就是。 2 畀:bì,予,给予。 3 辄:zhé,就,总是。 4 愈:病好转,痊愈。 5 肩:用肩担荷。 6 巨:大,大的。 7 斫:zhuó,砍,劈。

启迪

治愈老猿的故事反映了百姓对张仲景医术的崇拜。

张仲景(约150或154—约215或219),名机,字仲景。东汉末年医学家,被后人尊为"医圣"。

张仲景

张仲景广泛收集医方,写出了传世巨著《伤寒杂病论》。它确立的"辨证论治"原则,是中医临床的基本原则,是中医的灵魂所在。在方剂学方面,《伤寒杂病论》也做出了巨大贡献。人们熟知的经典药丸"六味地黄丸"就是宋代儿科名医钱乙将张仲景的"八味肾气丸"减去两味配制而成的。

中国古代有"十大名医",他们是:扁鹊(约前407—前310)、华佗(约145—208)、张仲景、皇甫谧(215—282,谧,mì)、葛洪(约284—364)、孙思邈(581—682)、宋慈(1186—1249)、李时珍(1518—1593)、叶天士(1666—1745)、薛生白(1681—1770)。

另一种版本的"古代十大名医":去宋慈、薛生白,增钱乙(1032—1113)、朱震亨(1281—1358)。

张松绘制军用地图

松曰:"大丈夫处世,当努力建功立业,著鞭¹在先。今若不取,为他人所取,悔之晚矣。"玄德曰:"备闻蜀道崎岖,千山万水,车不能方轨²,马不能联辔³;虽⁴欲取之,用何良策?"松于袖中取出一图,递与玄德曰:"深感明公盛德,敢献此图。但看此图,便知蜀中道路矣。"玄德略展视之,上面尽写着地理行程,远近阔狭,山川险要,府库钱粮,一一俱载明白。玄德拱手谢曰:"青山不老,绿水长存。他日事成,必当厚报。"松曰:"松遇明主,不得不尽情相告,岂敢望报乎?"说罢作别。(见罗贯中《三国演义》第六十回)

简述

张松的图上绘有"地理行程,远近阔狭,山川险要,府库钱粮",那它就可以当军用地图使用了。当时的测绘仪器、绘图工具相当落后,张松身边没有工作团队,"乃暗画西川地理图本",他是靠一人之力完成此图的。

注释

1 著鞭:驱马加鞭,指奋发向前。 2 方轨:车辆并行。 3 联辔:lián pèi,联骑,骑马并行。 4 虽:即使。

启迪

以张松献图为转折点,刘备明确了"立足荆州,谋取西川,北图汉中,直指许昌"的立国战略(即"隆中对"战略),最终成就了建立蜀国的霸业。

张松(?—212),益州牧刘璋别驾从事,因暗助刘备,后为刘璋斩杀。张松鼻偃齿露,身材矮小,形象丑陋,但正如杨修所说,他"过目不忘,真天下奇才也"!

关于偏才、怪才、专才之类,文献多有记载。某人在某方面有特别的悟性,已为科学证明。而要提请大家注意的是,张松"天赋异禀"自是难得,而他能用心、用力,能执着、坚守,才是最重要、最有意义的。

文武全才杜预

是时朝廷皆以预明于筹略,会匈奴帅刘猛举兵反,自并州西及河东、平阳,诏预以散侯定计省闼[1],俄[2]拜度支尚书。预乃奏立藉田,建安边,论处军国之要。又作人排新器[3],兴常平仓,定谷价,较盐运,制课调,内以利国外以救边者五十余条,皆[4]纳[5]焉。

预又以孟津渡险,有覆没之患,请建河桥于富平津。议者以为殷周所都,历圣贤而不作者,必不可立故[6]也。预

简述

杜预是晋灭吴之战的主帅之一,功勋卓著。战后,他兴建学校,督修水利,在整修前代河渠的基础上,他引滍(zhì)、淯(yù)诸水入田,使一万余顷农田受益。杜预开凿了从扬口到巴陵的运河一万余里,使夏水和沔、湘两水直接沟通,既解决了长江的

曰:"'造舟为梁',则河桥之谓也。"及桥成,帝从百僚临会,举觞⁷属⁸预曰:"非君,此桥不立也。"对曰:"非陛下之明,臣亦不得施其微巧。"

咸宁四年秋,大霖雨,蝗虫起。预上疏多陈农要,事在食货志。预在内七年,损益万机,不可胜数,朝野称美,号曰"杜武库",言其无所不有也。(见房玄龄等《晋书·杜预传》)

排洪问题,又改善了荆州南北间的漕运。当地百姓称他为"杜父"。

杜预在富平津建桥,也是大功一件。史载杜预自谓有"《左传》癖"。《春秋左氏经传集解》是杜预的倾心之作,考释严密,注解准确,影响深远。

注释

1 省闼:shěng tà,宫中,禁中。又称禁闼。 2 俄:不久,一会儿。 3 人排新器:新的人力鼓风装置。 4 皆:都。 5 纳:接纳,采纳。 6 故:原因。 7 举觞:jǔ shāng,指举杯饮酒。 8 属:即嘱,嘱咐。

启迪

杜预(222—285),中国魏晋时期军事家、经学家。晋人尊称杜预为"杜武库",谓其学识渊博,如武库兵器,无所不有。武库,即武器库,库内样样具备。

杜预是文武双全的人才。他是明朝之前唯一一位同时进入文庙和武庙之人。

杜预博学多通,深谋远虑,敏于事慎于言。他常说:"德不可以企及,立功立言可庶几也。"他的人生目标是立功、立言。他圆满实现了自己的人生目标,而且既立功立言,则立德亦在其中矣。

坚持十年，誉满天下

左思貌寝[1]，口讷[2]，而辞藻壮丽。造《齐都赋》，一年乃成。复欲赋三都，会妹芬入宫，移家京师，乃诣著作郎张载，访岷、邛之事。遂构思十年，门庭藩溷[3]，皆著[4]笔纸，遇得一句，即便疏之。自以所见不博，求为秘书郎。及赋成，时人未之重。思自以其作不谢[5]班张[6]，恐以人废言。安定皇甫谧有高誉，思造而示之。谧称善，为其赋序。张载为注《魏都》，刘逵注《吴》《蜀》而序之。陈留卫权又为思赋作《略解》，嘉其文。自是之后，盛重于时。司空张华见而叹曰："班张之流也。使读之者尽而有余，久而更新。"于是豪贵之家竞相传写，洛阳为之纸贵。

初，陆机入洛，欲为此赋，闻思作之，抚掌[7]而笑，与弟云书曰："此间有伧父[8]，欲作《三都赋》，须其成，当以覆酒瓮耳。"及思赋出，机绝[9]叹伏[10]，以为不能加也，遂[11]辍[12]笔焉。（见房玄龄等《晋书·左思传》）

> **简述**
>
> 左思颜值不高，木讷，但文字功夫了得。创作《齐都赋》，一年完成。创作《三都赋》时，室内外甚至篱笆、厕所都置笔纸，每思得一句，就随手记录。花十年时间，完成了《三都赋》。《三都赋》完成，皇甫谧、张载、刘逵、卫权、张华等一众名达都尽力推介，"文章冠世"的陆机改变态度，"绝叹伏"，豪贵之家则竞相传写。古人服善、扬善之举，弥足珍贵。

注释

1 貌寝：mào qǐn，状貌丑陋短小，或状貌不扬。 2 口讷：kǒu nè，说话迟钝。 3 藩溷：fān hùn，篱笆和厕所。 4 著：放置。 5 谢：逊，不如。 6 班张：班固、张衡。**7** 抚掌：fǔ zhǎng，拍手，鼓掌。表示欢乐或愤激。**8** 伧父：cāng fǔ，粗野鄙贱的人。伧，庸俗，粗俗。**9** 绝：极。**10** 叹伏：叹服。**11** 遂：于是。**12** 辍：chuò，停顿，停止。

> 启迪

左思（约250—约305），中国西晋文学家。

《三都赋》是"赋"体（大赋），写作难度很大。左思发挥个人优势，专心一意，坚持十年，终于誉满天下。"不经一番寒彻骨，怎得梅花扑鼻香？"

"洛阳纸贵"，左思《三都赋》写成之后，抄写的人非常多，洛阳的纸因此都涨价了。后比喻著作广泛流传，风行一时。

"覆酒瓮"，用它来盖酒坛子，极言著作没有价值。

竹扇身价大涨

王羲之尝[1]在蕺山[2]见一姥[3]，持六角竹扇卖之。羲之书其扇，各为五字。姥初有愠[4]色。因[5]谓姥曰："但言是王右军书，以求百钱邪[6]。"姥如其言，人竞买之。他日，姥又持扇来，羲之笑而不答。其书为世所重，皆此类也。（见房玄龄等《晋书·王羲之传》）

> 简述

竹扇，本不值钱，有王羲之的五个字，便值百钱。人不嫌其贵，竞买之。竹扇因王羲之的字身价大涨。

现在，绍兴市有座题扇桥，传说就是当年王羲之为老婆婆竹扇题字的地方。

> 注释

1 尝：曾经。**2** 蕺山：jí shān，又名王家山。在浙江绍兴。王羲之故居就在山脚。**3** 姥：mǔ，老妇，年老的妇女。**4** 愠：yùn，含怒，怨恨。**5** 因：于是，就。

6 邪:即耶。

启迪

王羲之(303—361),字逸少,有"书圣"之称。兼善隶、草、楷、行各体,影响深远。曾任右军将军,人称"王右军"。永和九年(353),组织兰亭雅集。他撰写的《兰亭序》,被米芾评为"天下第一行书"。后人评他的书法:飘若游云,矫若惊龙。

曾巩《墨池记》说:"羲之尝慕张芝,临池学书,池水尽黑。"又说:"羲之之书晚乃善。则其所能,盖亦以精力自致者,非天成也。然后世未有能及者,岂其学不如彼邪?则学固岂可以少哉!"王羲之凭借勤苦成为"书圣"。

中国古代著名书法家有:王羲之、王献之(344—386)、欧阳询(557—641)、张旭(685—759)、颜真卿(709—784)、怀素(737—799)、柳公权(778—865)、苏轼(1037—1101)、黄庭坚(1045—1105)、米芾(1051—1107)、赵孟頫(1254—1322,頫,fǔ)、董其昌(1555—1636)。

"楷书四大家":颜真卿、欧阳询、柳公权、赵孟頫。

"颜筋柳骨":颜真卿书法筋肉丰满,所以称为"颜筋";柳公权书法刚劲有力,所以谓之"柳骨"。

"颠张狂素":张旭作书时激情勃发,甚至达到狂颠的程度;怀素书法圆转飞动,空灵剔透。

"宋四家":苏轼、黄庭坚、米芾、蔡襄。

"德行有亏"而"书法了得"者有:蔡京、秦桧、严嵩、和珅。

陶渊明归去来¹兮²

乃瞻³衡⁴宇⁵,载欣⁶载奔。僮仆欢迎,稚子⁷候门。三径就荒⁸,松菊犹存。携幼

简述

刚刚看到自己简陋的家门,一边欣喜,一边奔跑。家僮欢快地迎接我,幼儿

入室，有酒盈樽[9]。引壶觞[10]以自酌，眄[11]庭柯[12]以怡[13]颜[14]。倚南窗以寄傲[15]，审[16]容膝[17]之易安。园日涉[18]以成趣，门虽设而常关。策[19]扶老[20]以流憩[21]，时矫首[22]而遐观。云无心以出岫[23]，鸟倦飞而知还。景翳翳[24]以将入，抚孤松而盘桓[25]。

归去来兮，请息交以绝游[26]。世与我而相违，复驾言[27]兮焉[28]求？悦亲戚之情话[29]，乐琴书以消忧。农人告余以春及[30]，将有事于西畴[31]。或[32]命巾车[33]，或棹[34]孤舟。既窈窕[35]以寻壑[36]，亦崎岖而经丘[37]。木欣欣以向荣，泉涓涓而始流。善[38]万物之得时，感吾生之行休[39]。

富贵非吾愿，帝乡[40]不可期[41]。怀[42]良辰以孤往，或植[43]杖而耘[44]耔[45]。登东皋[46]以舒啸，临清流而赋诗。聊[47]乘化[48]以归尽[49]，乐夫天命复[50]奚[51]疑！（见陶渊明《归去来兮辞》）

在门庭等待。院子里的小路快要荒芜了，松树菊花还长在那里；带着孩子们进了屋，美酒已经盛满了酒杯。我端起酒杯自斟自饮，观赏着庭树心情愉快；靠着南窗寄托我的傲世之情，深知这狭小之地容易使我心安。每天在园中散步，成为乐趣，小园的门经常关闭着；拄着拐杖走走歇歇，时时抬头望着远方。白云自然而然地从山峰飘浮而出，倦飞的小鸟也知道飞回巢中；天色黯淡，太阳即将落山，我流连不忍离去，手抚着孤松徘徊不已。

回家去吧！让我与外界断绝交游。世事跟我的志趣不合，还要出去追求什么？跟亲朋好友谈心使我愉悦，弹琴读书使我忘记忧愁；农夫把春天到了的消息告诉我，将要去西边的田地耕作。有时驾着有布篷的小车，有时划着小船，有时探寻那幽深的沟壑，有时走过那高低不平的山丘。树木欣欣向荣，泉水缓缓流动，真美慕万物恰逢繁荣滋长的时节，感叹自己一生行将告终。

富贵不是我追求的，升入仙界也没有希望。爱惜良辰美景，我独自去欣赏，有时扶着拐杖除草培苗。登上东边山坡我高声长啸，在清清的溪流边把诗歌吟唱；姑且顺随自然的变化，生活到生命的尽头。安然度过自然的寿命，还有什么需要犹豫怀疑的？

注释

1 来：助词，无义。2 兮：xī，语气词，多用于韵文的句末或句中，相当于现代汉语的"啊"。3 瞻：远望。4 衡：即横。5 宇：房子。6 欣：高兴。7 稚子：幼儿。8 就荒：接近荒芜了。9 盈樽：盛满了酒杯。10 壶觞：hú shāng，酒器。11 眄：miǎn，斜看，随便看看。12 柯：树枝。13 怡：愉快。14 颜：脸色。15 傲：傲世。16 审：觉察。17 容膝：只能容下双膝的小屋。18 涉：涉足。19 策：拄着。20 扶老：手杖。21 流憩：走走停停。22 矫首：举头，抬头。23 岫：xiù，有洞穴的山，山峰。24 翳翳：yì yì，阴暗的样子。25 盘桓：pán huán，盘旋，徘徊。26 绝游：断绝交游。27 言：助词，无义。28 焉：什么。29 情话：知心话。30 春及：春天来到。31 畴：chóu，田地。32 或：有时。33 巾车：有帷的小车。34 棹：zhào，船桨，这里是动词，划桨。35 窈窕：yǎo tiǎo，幽深曲折。36 壑：hè，山沟。37 丘：小土山，山路。38 善：欢喜，羡慕。39 行休：行将结束。40 帝乡：仙乡，仙界。41 期：希望。42 怀：留恋。43 植：扶着。44 耘：yún，除草。45 耔：zǐ，培土。46 皋：gāo，高地。47 聊：姑且。48 乘化：随着大自然运转变化。49 归尽：到死。50 复：又，还。51 奚：什么。

启迪

陶渊明(约365—427)，别号"五柳先生"，曾任江州祭酒、建威参军、镇军参军、彭泽县令等职，世称靖节先生，"田园诗派之鼻祖"。

陶渊明不肯为五斗米一束带向乡里小儿，于是"归去来"，毅然离开官场，回到故里过隐居的生活。昭明太子萧统说："渊明少有高趣，博学，善属文；颖脱不群，任真自得。尝著《五柳先生传》以自况，时人谓之实录。"钟嵘《诗品》说："文体省净，殆无长语。笃意真古，辞兴婉惬。每观其文，想其人德。世叹其质直。至如'欢颜酌春酒''日暮天无云'，风华清靡，岂直为田家语邪(邪，即耶)！古今隐逸诗人之宗也。"

陶渊明《饮酒(其五)》云："结庐在人境，而无车马喧。问君何能尔？心远地自偏。采菊东篱下，悠然见南山。山气日夕佳，飞鸟相与还。此中有真意，欲辨已忘言。"这是他歌颂隐居生活的名篇，悠然自得。

《桃花源记(并序)》描述："土地平旷，屋舍俨然，有良田、美池、桑竹之属。阡陌交通，鸡犬相闻。其中往来种作，男女衣着，悉如外人。黄发垂髫，并怡然自乐。"文章寄托着他的美好向往，是他的"田园梦"。

现代人对"隐士"和隐士文化要有所了解。许由、卞随、务光、严光,都是隐士,老子、鬼谷子、伯夷、叔齐也都可以看成隐士。《史记》为伯夷、叔齐作传,传中还提及许由、卞随、务光。范仲淹《严先生祠堂记》这样歌颂严光:"云山苍苍,江水泱泱,先生之风,山高水长!"苏轼论陶渊明其诗说:"吾与诗人无所甚好,独好渊明之诗。渊明作诗不多,然其诗质而实绮(qǐ,华丽),癯(qú,瘦,单薄)而实腴(yú,胖,丰满),自曹(曹植)、刘(刘桢)、鲍(鲍照)、谢(谢灵运)、李(李白)、杜(杜甫)诸人,皆莫过也。"他论陶渊明其人说:"欲仕则仕,不以求之为嫌;欲隐则隐,不以去之为高。饥则扣门而乞食;饱则鸡黍以迎客。古今贤之(以之为贤),贵其真也。"

柳应芳说:"只言归卧青山好,何处青山非世中。"王宗沐说:"洗心赖境终非静,避俗耽山亦是尘。"陈继儒说:"闭门即是深山,读书随处净土。"白居易说:"大隐住朝市,小隐入丘樊。丘樊太冷落,朝市太嚣喧。不如作中隐,隐在留司官。似出复似处,非忙亦非闲。"这些可以帮助我们理解"隐士"及隐士文化。

嘉陵江山水三百里图

明皇天宝中忽思蜀道嘉陵江水,遂假¹吴生驿驷²,令往写貌。及回日,帝问其状。奏曰:"臣无粉本³,并记在心。"后宣令于大同殿图之,嘉陵江三百余里山水,一日而毕。时有李思训将军,山水擅名,帝亦宣于大同殿图,累月方毕。明皇云:"李思训

简述

唐朝天宝年间,唐玄宗李隆基忽然想到蜀中嘉陵江一带风光无限,于是命画师吴道子入蜀将沿途所见的嘉陵江景物描绘下来,带回朝中供自己欣赏。吴道子回到长安后,皇帝召他到大同殿交画。他对唐玄宗说:"我没有画稿,不过,嘉陵江的山山水水已全部在我的心里。"玄宗命他在大同殿宫墙上画出嘉陵江山

数月之功,吴道子一日之迹,皆极其妙也。"(见朱景玄《唐朝名画录》)

水。他长袖一挥,凝神走笔,挥毫泼墨,仅仅一天时间就完成了壁画《嘉陵江山水三百里图》。玄宗评曰:"极其妙也。"

注释

1 假:借,此指安排。 2 驿驷:yì sì,车马。驿,驿马,古代供传递公文或传送消息用的马。驷,同驾一辆车的四匹马,或驾四马之车。 3 粉本:画稿。古人作画,先施粉上样,然后依样落笔,故称画稿为粉本。

启迪

吴道子(约680—759),唐代著名画家,被尊称"画圣"。

吴道子孤苦穷困,学画刻苦,年未弱冠之时,已"穷丹青之妙"。曾随张旭、贺知章学习书法,通过观赏公孙大娘舞剑,体会用笔之道。擅佛道、神鬼、人物、山水、鸟兽、草木、楼阁等,尤精于佛道、人物,长于壁画创作。"吴家样",是说他的作品成为画师们学习的楷模。"吴带当风"(郭若虚《图画见闻志·论曹吴体法》),是说他的作品栩栩如生,画上的衣带似乎飘举在风中。他的代表作品有《江海奔腾图》《地狱变相图》《送子天王图》《嘉陵江山水三百里图》等。

唐代著名画家有:阎立本(601—673,《步辇图》等)、李思训(653—716,《江帆楼阁图》等)、李昭道(675—758,《明皇幸蜀图》等)、张萱(生卒年不详,《虢国夫人游春图》等)、周昉(生卒年不详,《挥扇仕女图》等)、吴道子、王维(701—761,《雪溪图》等)、韩干(约706—783,《牧马图》等)、韩滉(723—787,《五牛图》等。滉,huàng)、孙位(生卒年不详,《高逸图》等)。

历代画马名家有:唐韩干(《牧马图》《神骏图》等)、金赵霖(生卒年不详,《昭陵六骏图》等)、北宋李公麟(1049—1106,《五马图》等)、元赵孟頫(《人骑图》等)、清郎世宁(1688—1766,《百骏图》等)。

大诗人李白也有敛手时

崔颢一窥塞垣[1]，状极戎旅，奇造往往并驱江、鲍[2]。后游武昌，登黄鹤楼，感慨赋诗。及李白来，曰："眼前有景道不得，崔颢题诗在上头。"无作而去。为哲匠敛手[3]云。（见辛文房《唐才子传》）

李白过黄鹤楼，有"眼前有景道不得，崔颢题诗在上头"之句，至金陵遂为《凤凰台》诗以拟[4]之。今观二诗真敌手棋[5]也。（见刘克庄《后村诗话》）

> **简述**
>
> 崔颢早期诗多写闺情。后游历天下，尤其深入边塞，诗风因而大变。其边塞诗激昂豪放，气势宏伟，反映戎旅之苦，抒写慷慨豪迈之情。
>
> 崔颢最为人称道的是《黄鹤楼》诗，曾使李白叹服。据说李白为之搁笔，有"眼前有景道不得，崔颢题诗在上头"的赞叹。

注释

1 塞垣：sāi yuán，本指汉代为抵御鲜卑所设的边塞。后亦指长城、边关城墙、北方边境地带。2 江、鲍：江淹和鲍照。3 敛手：liǎn shǒu，缩手，表示不敢妄为。4 拟：nǐ，比拟，比照，比。5 敌手棋：古代围棋的下法分为敌手棋、饶子棋等。位尊的，水平相当的下"敌手棋"。敌手，力量相当、能力相等的对手。

启迪

崔颢（约704—754），唐代诗人。

李白（701—762），字太白，号"青莲居士"，又号"谪仙人"，唐代伟大的浪漫主义诗人，被后人尊为"诗仙"，与杜甫并称为"李杜"。曾供奉翰林。代表作有《蜀道难》《行路难》《将进酒》《梦游天姥吟留别》《静夜思》《望庐山瀑布》

《早发白帝城》等。

崔颢《黄鹤楼》诗：

昔人已乘黄鹤去,此地空余黄鹤楼。

黄鹤一去不复返,白云千载空悠悠。

晴川历历汉阳树,芳草萋萋鹦鹉洲。

日暮乡关何处是？烟波江上使人愁。

崔诗浑然天成,气象恢宏。南宋严羽《沧浪诗话》说：唐人七言律诗,当以崔颢《黄鹤楼》为第一。

李白《登金陵凤凰台》诗：

凤凰台上凤凰游,凤去台空江自流。

吴宫花草埋幽径,晋代衣冠成古丘。

三山半落青天外,二水中分白鹭洲。

总为浮云能蔽日,长安不见使人愁。

李白

李白还有一首《鹦鹉洲》诗：

鹦鹉来过吴江水,江上洲传鹦鹉名。

鹦鹉西飞陇山去,芳洲之树何青青。

烟开兰叶香风暖,岸夹桃花锦浪生。

迁客此时徒极目,长洲孤月向谁明？

崔颢《黄鹤楼》诗竟使李白敛手,无作而去,可见《黄鹤楼》是多么成功。而李白的《登金陵凤凰台》《鹦鹉洲》与崔诗确实有相似之处。所以近人高步瀛《唐宋诗举要》说：太白尚心折,何况余子？《后村诗话》说：《黄鹤楼》与《登金陵凤凰台》真敌手棋也。

李白是否因崔诗"敛手"及作《登金陵凤凰台》以较胜负的故事,有或无,今人已不可知。但即使为传说,也是佳话。故事启示我们：其一,应该服善、服输。就连"诗仙"李白也是可以敛手的。其二,服善、服输并不是认输,不是逃避、放弃。有人认为律诗是李白的短板,即使如此,李白仍然作《登金陵凤凰台》《鹦鹉洲》,这表明他只是一时敛手。其三,尺有所短,寸有所长,工作中,事业上,要知己所短,发挥所长,还要因时制宜,因地制宜,因势利导。

为使别人惊慕,老杜拼了命锤炼文字

岱宗[1]夫如何?齐鲁青未了。造化[2]钟[3]神秀[4],阴阳[5]割[6]昏晓。荡胸生曾[7]云,决眦[8]入归鸟。会当[9]凌[10]绝顶,一览众山小。(见《杜工部集·望岳》)

岐王[11]宅里寻常[12]见,崔九[13]堂前几度闻。正是江南[14]好风景,落花时节[15]又逢君[16]。(见《杜工部集·江南逢李龟年[17]》)

风急天高猿啸哀[18],渚[19]清沙白鸟飞回[20]。无边落木[21]萧萧[22]下,不尽长江滚滚来。万里[23]悲秋常作客[24],百年[25]多病独登台。艰难[26]苦恨[27]繁霜鬓[28],潦倒[29]新停[30]浊酒杯。(见《杜工部集·登高》)

> 简述

《望岳》诗说:巍峨的泰山,到底如何雄伟?走出齐鲁,依然可见那青青的峰顶。神奇自然汇聚了千种美景,山南山北分隔出清晨和黄昏。层层白云,荡涤胸中沟壑;翩翩归鸟,引我极目远看。我定要登上泰山顶峰,俯瞰群山,豪情满怀。

《江南逢李龟年》诗说:当年在岐王宅里,常常见到你的演出;在崔九堂前,也曾多次欣赏你的艺术。没有想到,在这风景一派大好的江南,正是落花时节,能巧遇你这位老相识。

《登高》诗说:秋风急、秋气高、猿声凄哀,洲渚青、沙滩白、鸟儿回旋。落叶一望无际萧萧堕下,长江不见尽头滚滚涌来。万里悲秋感慨长期漂泊,一生多病独自登上高台。深为憾恨鬓发日益斑白,困顿潦倒病后停酒伤怀。

注释

1 岱宗：即岱山、泰山，泰山是五岳之首，为诸山所宗。2 造化：天地，大自然。3 钟：聚集。4 神秀：山色奇丽。5 阴阳：阴，山的北面、水的南面。阳，山的南面、水的北面。6 割：划分。7 曾：即层。8 决眦：极目远视。决，张大。眦，zì，眼眶。9 会当：一定要。10 凌：登上。11 岐王（686—726）：唐玄宗李隆基的弟弟，名叫李范，以好学爱才著称，雅善音律。12 寻常：经常。13 崔九（？—726）：即崔涤，唐朝人，在兄弟中排行第九，中书令崔湜的弟弟。玄宗时，曾任殿中监，出入禁中，得玄宗宠幸。14 江南：指今湖南一带。15 落花时节：暮春时候，通常指阴历三月。落花的寓意很多，人衰老飘零，社会的凋弊丧乱都在其中。16 君：指李龟年。17 李龟年（生卒年不详）：唐朝开元、天宝年间的著名乐师，擅长唱歌。有人称他"唐代乐圣"。因受到皇帝唐玄宗的宠幸曾红极一时。而在"安史之乱"后，李龟年流落江南，以卖艺为生。18 啸哀：指猿的叫声凄厉。19 渚：zhǔ，水中的小洲；水中的小块陆地。20 鸟飞回：鸟在急风中飞舞盘旋。回，回旋。21 落木：指秋天飘落的树叶。22 萧萧：模拟草木飘落的声音。23 万里：指远离故乡。24 常作客：长期漂泊他乡。25 百年：犹言一生，这里借指晚年。26 艰难：艰辛而困难。兼指国运和自身命运。27 苦恨：极恨，极其遗憾。苦，极。28 繁霜鬓：增多了白发，如鬓边着霜雪。繁，这里作动词，增多。29 潦倒：衰颓，失意。这里指衰老多病，志不得伸。30 新停：刚刚停止。杜甫晚年因病戒酒，所以说"新停"。

启迪

杜甫（712—770），字子美，自号少陵野老，曾做过左拾遗，严武举其为检校工部员外郎，故世称"杜少陵""杜拾遗""杜工部"。杜甫是唐代伟大的现实主义诗人，与李白合称"李杜"。被后世尊为"诗圣"，他的诗被称为"诗史"。杜甫的《江南逢李龟年》《蜀相》《闻官军收河南河北》《登高》《登岳阳楼》《望岳》《茅屋为秋风所破歌》《自京赴奉先县咏怀五百字》，还有"三吏""三别"等，脍炙人口，传诵不衰。

《望岳》充满青年诗人的浪漫与激情。诗描写了泰山雄伟磅礴的气势（"齐鲁青未了""阴阳割昏晓"），抒发自己勇于攀登、傲视一切的雄心和气魄,洋溢着蓬勃向上的朝气,感染着一代又一代华夏儿女。金圣叹说:《望岳》翻"望"字为"凌"字已奇,乃至翻"岳"字为"众山"字,益奇也。如此作结,真有力如虎。仇兆鳌说:此诗遒劲峭刻,可以俯视二家(指谢灵运、李白,二人有咏泰山诗)矣。

《江南逢李龟年》用四句诗就高度概括了整个开元时期(713—741)的沧桑变化,以及李龟年和诗人自己的颠沛流离生活。语言平常,内涵则极为丰满。黄生《杜诗说》说:《江南逢李龟年》诗,今昔盛衰之感,言外黯然欲绝。见风韵于行间,寓感慨于字里。即使龙标(王昌龄)、供奉(李白)操笔,亦无以过。

《登高》通过描绘登高所见秋江景色,倾诉了诗人长年漂泊、老病孤愁的复杂感情。首联、颔联写景,景中寓情。颈联、尾联叙事抒情,与首联、颔联互相关联。颈联身心俱疲,身体衰弱,心情沉痛,尾联仅艰、难、苦、恨四字中,就包含悲秋之情,愁苦之绪,绵延不断,足令人哀悼。宋朝严羽称崔颢《黄鹤楼》为"唐人七律第一",明代胡应麟则称赞《登高》为"旷代之作","当为古今七言律第一,不必为唐人七言律第一也"。

杜甫自言道:沉郁顿挫,随时敏给,扬雄、枚皋可企及也。唐诗人元稹说:杜甫诗上薄(bó,迫近,靠近)风骚(《诗经》《楚辞》),下该("赅",完备,包括一切)沈宋(沈佺期、宋之问),言夺苏李(苏武、李陵),气吞曹刘(曹植、刘桢),掩颜谢(颜延之、谢灵运)之孤标,杂徐庚(徐陵、庾信)之流丽,诗人以来,未有如子美者。

杜甫说过:"为人性僻耽佳句,语不惊人死不休。"(见《江上值水如海势聊短述》)意思是:我杜甫生平喜欢细细琢磨苦苦寻觅好的诗句,诗句的语言达不到让人惊慕的地步,我有生之年决不罢休。这是杜甫的执着态度、敬业精神,也是杜甫对文字的崇拜和敬畏,更是杜甫诗歌取得辉煌成就的原因之一。

颜真卿的书法代表作

《争座位帖》有篆籀气[1],为颜书第一,字属相连,诡异飞动得于意外。此帖在颜最为杰思,想其忠义愤发,顿挫郁屈,意不在字,天真罄[2]露在于此书。(见米芾《书史》)

简述

《争座位帖》是颜真卿致尚书右仆射、定襄郡王郭英义的信。颜真卿在信中直指郭英义于安福寺兴道会上蔑视礼仪,谄媚宦官鱼朝恩,致其礼遇高于六部尚书之事,字里行间洋溢着浩然之气。《争座位帖》风骨凛然,沉郁蟠曲,精彩飞动,是颜真卿行草书法的代表作。

注释

1 篆籀气:指运笔圆厚遒劲,造型沉郁古拙,有商周鼎彝风气的书法。米芾所谓"篆籀气"是指行书、草书等字体中表现出来的篆籀笔意和审美特征。颜真卿书法是具有"篆籀气"书法作品的主要代表。对中锋笔法的熟练运用是颜真卿书法中"篆籀气"的重要体现。篆籀,zhuàn zhòu,指的是篆文和籀文。2 罄:qìng,尽。

启迪

颜真卿(709—784),唐朝名臣、书法家,秘书监颜师古五世从孙、司徒颜杲卿从弟。书法传世作品有《多宝塔感应碑》《颜勤礼碑》《颜氏家庙碑》等。

《争座位帖》与《兰亭序》并称行书"双璧";与《祭侄文稿》《告伯父文稿》并称"颜书三稿"。《祭侄文稿》是仅次于《兰亭序》的"天下第二行书"(苏轼《黄州寒食帖》为"天下第三行书")。

苏轼曾说:"诗至于杜子美,文至于韩退之,书至于颜鲁公,画至于吴道子,而古今之变天下之能事毕矣。"

苏轼的老师欧阳修说:"余谓颜公书如忠臣烈士,道德君子,其端严尊重,人初见而畏之,然愈久而愈可爱也。斯人忠义出于天性,故其字画刚劲独立,不袭前迹,挺然奇伟,有似其为人。"字如其人,书显人格。

欧阳修又说:"古之人率皆能书,独其人之贤者传遂远,使颜鲁公书虽不工,后世见者必宝之。"诚哉斯言!秦桧精研颜真卿的字,书法绝对了得,甚至"宋体"字都是秦桧所"创",但后人很少"宝"之。不仅如此,乾隆时状元秦大士是秦桧哥哥的后人,他在岳坟前曾说:"人从宋后羞名桧,我到坟前愧姓秦。"

对人而言,德行、节操,是太重要了。

颜真卿

婆媳都是围棋高手

王积薪棋术功成,自谓天下无敌。将游京师,宿于逆旅¹。既²灭烛,闻³主人媪⁴隔壁呼其妇曰:"良宵难遣,可棋一局乎?"妇曰:"诺。"媪曰:"第几道下子矣。"妇曰:"第几道下子矣。"各言数十。媪曰:"尔败矣。"妇曰:"伏局⁵。"积薪暗记,明日复其势,

简述

王积薪把婆媳二人对弈的着法记下,根据着法复盘,发现其妙处自己无法企及。婆媳二人下盲棋,难度很大。各下数十手,应该是布局完成、进入中盘,这时,婆婆已推演出结局,媳妇也坦然认输,这是难上加难。这局棋婆媳只为消遣(即她

意思皆所不及也。(见李肇《国史补》)

们不以围棋为专业),围棋高手王积薪面对棋谱,竟然是莫明其妙,足见婆媳棋艺已臻化境。

注释

1 逆旅:迎客止宿之处,客舍。逆,迎接。 2 既:已经。 3 闻:听。 4 媪:ǎo,年老的妇女。 5 伏局:指下棋时失败的一方表示服输。

启迪

王积薪(生卒年不详),是唐玄宗时著名围棋高手,明代徐应秋在所著《玉芝堂谈荟》中曾说:"唐之弈,以开元积薪为第一。"

山外有山,人外有人,强中更有强中手。

艺无止境,功无止境,只有更好,没有最好。

瞥一眼,就知道这不是南零水

代宗朝李季卿刺¹湖州,李素熟陆名,有倾盖之欢,因之赴郡。至扬子驿,将食,李曰:"陆君善于茶,盖天下闻名矣。况扬子南零水又殊绝。今日二妙千载一遇,何旷²之乎!"命军士谨信者,挈³瓶操舟,深诣⁴南零,陆利器以俟⁵之。俄⁶水至,陆以勺扬其水曰:"江则江矣。非南零者,似临岸之水。"使曰:"某棹舟深入,见者累

简述

唐代宗时期,李季卿到湖州当刺史,到维扬(今扬州)与陆羽相逢。李季卿熟悉陆羽的名字,在扬子渡口的驿站停船。在将要吃饭时,李季卿说:"陆君善于煮茶,天下闻名;这里的扬子江南零水又特别好,二妙相遇,千载难逢。"因而命令谨慎可靠的士兵执瓶驾驶船只,到江中去取南零水。

百,敢虚绐⁷乎?"陆不言,既而倾诸盆,至半,陆遽⁸止之,又以勺扬之曰:"自此南零者矣。"使蹶然⁹大骇¹⁰,驰下曰:"某自南零赍¹¹至岸,舟荡覆半,惧其鲜¹²,挹¹³岸水增之。处士之鉴,神鉴也,其敢隐焉!"李与宾从数十人皆大骇愕¹⁴。(见张又新《煎茶水记》)

一会儿,水到了。陆羽用勺在水面一扬说:"水是扬子江的水,但不是南零地方的扬子江水,是江岸边的水!"军士大惊,急忙认错说:"我从南零取水回来,到岸边时由于船身晃荡,把水晃出了半瓶,便用岸边之水加满,不想处士之鉴别如此神明!"在场的人无不惊骇不已。

注释

1 刺:检核问事的意思,指监察之职。 2 旷:耽误。 3 挈:qiè,提,携,带。 4 诣:yì,到。 5 俟:sì,等待。 6 俄:不久,一会儿。 7 绐:dài,欺哄,欺骗。 8 遽:jù,立即,赶快。 9 蹶然:突然,忽然。蹶,jué。 10 骇:hài,震惊,惊吓。 11 赍:jī,持有,携带。 12 鲜:少,缺少。 13 挹:yì,舀,挹取。 14 愕:è,惊讶。

启迪

陆羽鉴水故事,或有夸饰成分。不过,陆羽嗜茶,因而深入研究水并熟知水性,所以品茶鉴水,达到炉火纯青、出神入化的地步,应属可信。

陆羽(733—804),誉为"茶仙",尊为"茶圣",祀为"茶神"。

陆羽的《茶经》流传至今,他的"水论",常被引用。《陆文学自传》云,字鸿渐,不知何许人,有仲宣(即王粲)、孟阳(即张载)之貌陋;相如(即司马相如)、子云(即扬雄)之口吃。

陆羽有《六羡诗》:不羡黄金罍,不羡白玉杯;不羡朝入省,不羡暮入台;千羡万羡西江水,曾向竟陵城下来。

《蒲元别传》等说:三国时期,才智超人的蒲元在斜谷替诸葛亮制造三千把军刀。刀铸成后,他说用蜀江水淬火能使军刀清亮刚烈。于是派人到成都取蜀江水。水取回后,蒲元用它为刀淬火,却发现水不纯,蜀江水中掺进了涪(fú)江的水。询问取水人,得知在运水路上泼洒了一些水,在涪江渡口增补了八升的涪江水。

的的确确,"水质"是有差异的,如果用现代技术检测,则会更加精确。

做事：会当凌绝顶

李贺有一只锦囊[1]

长吉细瘦,通眉[2],长指爪。能苦吟[3]疾书[4],最先为昌黎韩愈[5]所知。恒[6]从[7]小奚奴[8],骑距驴[9],背一古破锦囊,遇有所得,即书投囊中。及[10]暮归,太夫人使婢受囊出之[11],见所书多,辄[12]曰:"是儿要当呕出心乃已尔!"非大醉及吊丧日率如此。(见李商隐《李长吉小传》)

> **简述**
>
> 李贺体形细瘦,双眉相连,长手指。常苦吟,能快速书写。韩愈最先了解他。李贺常常骑骡子(史书改为骑弱马),跟随一个小书童,背着古旧锦囊,碰到何事何景,有何感触心得,就写下来投入囊中。等到晚上回来,他的母亲让婢女取囊中所有,见所写很多,就抱怨说:"这个孩子要呕出心肝才算完吗?"不是大醉及吊丧的日子全都如此。

注释

1 锦囊:jǐn náng,用绸、缎、帛等做的袋子,古人多用以藏诗稿或机密文件等。锦,有彩色花纹的丝织品,如绸、缎、帛等。囊,袋子。2 通眉:两眉相连。3 苦吟:写诗反复推敲。4 疾书:写得很快。5 韩愈:唐代文学家,很欣赏李贺的才华。6 恒:常常。7 从:使……跟从。8 小奚奴:小书童。9 距驴:骡子。10 及:到,等到。11 受囊出之:接过锦囊,把所写的文字取出。12 辄:zhé,就。

启迪

李贺(790—816),字长吉,唐朝中期浪漫主义诗人,被称为"诗鬼"。与李白、李商隐合称为"唐代三李"。

李贺的诗,"构思奇特,想象诡异,手法新颖,意象跳跃,语言峭奇、瑰丽"

(见钱钟书《谈艺录》)。诸如《李凭箜篌引》《雁门太守行》《老夫采玉歌》《听颖师弹琴歌》等,是李贺用心血凝成的佳篇,是他呕心沥血的收获。"一唱雄鸡天下白""黑云压城城欲摧""天若有情天亦老""大漠沙如雪,燕山月似钩""男儿何不带吴钩,收取关山五十州"等,是李贺精心铸炼的佳句,有些名句就可能出自他的"锦囊"。

李贺带着"锦囊","遇有所得,即书投囊中",这是一个积累的故事。李贺"非大醉及吊丧日率如此",这又是一个持之以恒、锲而不舍的故事。

梅尧臣(1002—1060)在宋初诗坛享有盛名,他游玩、吃饭、休息时,会在小纸条上写东西,写好后塞入算袋(放笔墨、砚台的小布袋)中。有人悄悄把算袋中的纸条倒出来,看到上面都是诗句,有的只有半联,有的是一两个字。这也是关于积累的故事。

要让积累成为习惯,成为技巧,长期积累,厚积薄发,离成功不远矣。苏轼《送张琥》说:"呜呼,吾子其去此而务学也哉!博观而约取,厚积而薄发,吾告子止于此矣。"

精益求精,杜牧焚诗

牧,字牧之,善属文[1]。第[2]进士,复举贤良方正。牧刚直有奇节,不为龌龊[3]小谨,敢论列大事,指陈病利尤切至。

乃自为墓志,悉[4]取所为文章焚[5]之。牧于诗,情致豪迈,人号为"小杜",以别杜甫云。(见宋祁、欧阳修等《新唐书》)

卒[6]年五十,临死自写墓志,多焚所

简述

杜牧对自己写的诗要求极为严格,每一首诗都要字斟句酌地反复修改,即使对已经传诵出去的诗歌也不例外。唐宣宗大中六年(852)冬,杜牧得病,他心知大限将至,自撰了墓志铭。在生命即将结束的时候,他以顽强

为文章。诗情豪迈,语率惊人。识者以拟杜甫,故称"大杜""小杜"以别之。(见辛文房《唐才子传》)

仲舅曰:"既不自期富贵,要有数百首文章,异日尔为我序,号《樊川集》。"明年冬,仲舅迁中书舍人,尽搜文章,阅千百纸,掷焚之,才属留者十二三。(见裴延翰《樊川文集·序》)

的毅力修改、审查自己一生的全部诗作。凡是他认为不太满意的诗都付之一炬。他的诗本来有一千多首,经这么一烧,只剩二百多首。他外甥保存着二百多首,这样杜牧的诗留传至今的有四百五十多首。

注释

1 属文:zhǔ wén,撰写文章。 2 第:科第,科举时代称考中为及第。 3 龊龊:chuò chuò,谨慎、拘谨。 4 悉:全都,都。 5 焚:烧。 6 卒:死。

启迪

杜牧(803—852),字牧之,杜佑之孙。诗、文均有盛名。与李商隐齐名,合称"小李杜"。

杜牧《阿房宫赋》《清明》《山行》《江南春》《寄扬州韩绰判官》《泊秦淮》《秋夕》《赤壁》《过华清宫绝句》《遣怀》《赠别》《题乌江亭》……脍炙人口。坊间感兴趣的,可能还有他的《杜秋娘诗》《张好好诗》(也是成功的作品)和"相约十年"故事。

杜牧在去世前,把自己的诗焚去十之七八。为什么要把自己心血凝成的文字烧掉呢?他在《献诗启》中有很好的说明。他说:"某苦心为诗,惟求高绝。既无其才,徒有其意,篇成在纸,多自焚之。今谨录一百五十篇,编为一轴,封留献上。"从"篇成在纸,多自焚之"看,他可能不是在去世前才有焚诗举动的。"今谨录",则是说现在从诗中挑选出"一百五十篇"。"无其才"云云,自然是杜牧自谦。"某苦心为诗,惟求高绝",是杜牧焚诗的原因,不符要求,即不能"高绝"者即焚去。去世前,"多焚所为文章","尽搜文章,阅千百纸,掷焚之,才属留者十二三",是又一次集中焚烧诗文,原因当然是"惟求高绝",只有"情致豪迈"的诗文才留下。

杜牧精益求精,把最好的作品留给后人,后人何其幸运!

晚唐文学天空,杜牧是耀眼夺目的明星。

后生不笑,后世传扬

欧公晚年,尝¹自窜²定平生所为文,用思甚苦。其夫人止之曰:"何自苦如此!尚³畏先生耶?"公笑曰:"不畏先生嗔⁴,却怕后生笑!"(见沈作喆《寓简》)

> **简述**
>
> 欧阳修晚年曾修改平生所写文字,费尽心思。夫人劝阻他说:"何必自找苦吃,还怕老师责怪吗?"欧阳修笑说:"现在不怕老师责怪了,但却怕后辈学生耻笑啊!"

注释

1 尝:曾经。 2 窜:cuàn,改易。 3 尚:还,仍然。 4 嗔:责怪,埋怨。

启迪

欧阳修(1007—1072),字永叔,号醉翁,晚号六一居士,北宋政治家、文学家。"唐宋八大家"之一。与韩愈、柳宗元、苏轼合称"千古文章四大家"(清人张鹏翮撰苏姓宗祠用联:一门父子三词客,千古文章四大家)。欧阳修是宋代文学史上最早开创一代文风的文坛领袖。

欧阳修的《朋党论》《五代史·伶官传序》《醉翁亭记》《丰乐亭记》《秋声赋》《祭石曼卿文》《卖油翁》等广为流传,他参修的《新唐书》,独撰的《新五代史》同列"二十四史"。

曹丕说:"文章乃经国之大事,不朽之

欧阳修

伟业。"杜甫说:"文章千古事,得失寸心知。"欧公"怕后生笑",是对文字负责,是对自己的声誉负责,也是对历史负责,而历史也很好地回馈于他。不仅后生不笑,而且后世传扬。

卖油翁说出了真理

陈康肃公[1]尧咨善射,当世无双,公亦以[2]此自矜[3]。尝[4]射于家圃[5],有卖油翁[6]释担[7]而立,睨[8]之,久而不去[9]。见其发矢十中八九,但微颔之[10]。康肃问曰:"汝亦知射乎?吾射不亦精乎?"翁曰:"无他[11],但手熟尔[12]。"康肃忿然[13]曰:"尔[14]安[15]敢轻吾射!"翁曰:"以我酌油知之[16]。"乃取一葫芦置于地,以钱覆[17]其口,徐[18]以杓[19]酌油沥之[20],自钱孔入,而钱不湿。因[21]曰:"我亦无他,惟[22]手熟尔。"康肃笑而遣之[23]。(见《欧阳文忠公集·归田录》)

> **简述**
>
> 康肃公陈尧咨擅长射箭,世上没有第二个人能跟他相媲美,他也就凭着这种本领而自夸。有一次,他在家里的场地射箭,有个卖油的老翁放下担子,站在那里不介意地看着,很久都没有离开。卖油的老头看他射十箭中了八九箭,只是微微点点头。陈尧咨问卖油翁:"你也懂得射箭吗?我的箭法不是很高明吗?"卖油的老翁说:"没有别的奥妙,不过是手法熟练罢了。"陈尧咨听后,很气愤,说:"你怎么敢轻视我射箭的本领!"老翁说:"凭我倒油的经验就可以明白这个道理。"于是,他拿出一个葫芦放在地上,把一枚铜钱盖在葫芦口上,慢慢地用油勺舀油注入葫芦里,油从钱孔注入而钱却没有碰到油。于是老翁说:"我也没有别的奥妙,只不过是手法熟练罢了。"陈尧咨笑着将他送走了。

注释

1 公:旧时对男子的尊称。2 以:凭借。3 矜:夸耀。4 尝:曾经。5 家圃:家里的场地。圃,园子,这里指场地。6 翁:老年男人。7 释担:放下担子。释,放。8 睨:斜着眼看,形容不在意的样子。9 去:离开。10 但微颔之:只是微微对此点头,意思是略微表示赞许。但,只,不过。颔,点头,对……点头。11 无他:没有别的(奥妙)。12 但手熟尔:只是手熟罢了。但,只,只是。熟,熟练。尔,表限止,相当"罢了"。13 忿然:fèn rán,气愤的样子。然,的样子。14 尔:你。15 安:怎么。16 以我酌油知之:凭我倒油(的经验)知道这个(道理)。以,凭、靠。酌,斟酒,这里指倒油。之,指射箭也是凭手熟的道理。17 覆:盖。18 徐:缓慢,慢慢地。19 杓:同勺,勺子。20 沥之:注入葫芦。沥,注。之,指葫芦。21 因:于是,就。22 惟:只。23 遣之:让他走,打发。遣,使离去。

启迪

没有别的奥妙,只是熟能生巧。无论是陈尧咨,还是卖油的老翁,他们都是因熟练而巧妙。不过,"手熟"是习得的。从手不熟到"手熟",有一个漫长的过程,这个过程必然是艰难的。在这个过程中,要保持信心,要有毅力,不能浅尝辄止,不能半途而废。

古代《庖丁解牛》《轮扁斫轮》两个故事,同样包含了熟能生巧的道理。

陈尧咨任荆南守,母亲问他治理业绩。他说,我善射,过客无不佩服。母亲斥责他"顾(不过,只是)专卒伍一夫之技",以杖击之,将他身上佩戴的金鱼袋(宋代四品以上官员可佩戴金鱼袋)都打落了。

不称职的皇帝

煜为人仁孝,善属文[1],工书画,而丰额、骈齿[2],一目重瞳子[3]。

简述

李煜(yù)为人仁义而且孝顺,善于作诗文,又善于写字作画。他的额煜尝⁴怏怏⁵国蹙⁶为忧，日与臣下酣宴，愁思悲歌不已。

煜性骄侈，好声色，又喜浮图⁷，为高谈，不恤⁸政事。（见欧阳修《新五代史》）

后主在赐第，因七夕，命故伎作乐，声闻于外。太宗闻之，大怒。又传"小楼昨夜又东风"及"一江春水向东流"之句，并坐⁹之，遂被祸¹⁰云。（见王铚《默记》）

头很宽，两个前齿并成一个，有一只眼睛里有两个瞳仁。李煜常常因为国家日益困窘而怏怏不乐，满怀忧愁，成天和臣子饮酒，愁思悲歌，不能自已。

李煜性格骄矜奢侈，喜爱声色，又喜奉佛，爱高谈阔论，不理政事。

"七夕"这一天，李煜在宋帝所赐的府第中命从前的宫妓奏乐唱词，声音传出户外，宋太宗听后大怒。加上《虞美人》新词中有"小楼昨夜又东风"和"恰似一江春水向东流"这些句子，引来惩罚，于是被害。

注释

1 善属文：擅长写文章。2 骈齿：pián chǐ，牙齿重叠。3 重瞳子：目有两瞳。4 尝：即常。5 怏怏：yàng yàng，不满意，不高兴。6 蹙：cù，紧迫、急迫。7 浮图：即浮屠、佛图，指佛、佛教徒、和尚、宝塔。8 不恤：bù xù，不顾念，不体恤。9 坐：因犯……罪，定罪。10 被祸：bèi huò，遭到祸殃。

启迪

李煜（937—978），字重光，初名从嘉，唐元宗李璟第六个儿子，南唐后主。

古人以为，重瞳、骈齿是圣人之相。相传仓颉、虞舜、重耳、项羽、李煜等都生有重瞳子。帝喾（kù）、周武王、孔子、李煜等都长有骈齿。虽然李煜生有异相，但作为皇帝，他遇上赵匡胤，绝对不是对手。《新五代史》《南唐书》等记载，李煜精书法、工绘画、通音律，诗文均有很高造诣，尤以词的成就为最高。他的词歌咏他的生活，歌咏他的帝国，如泣如诉，或有减轻他痛苦之情的作用。李

李煜

煜绝对是一流词人，他的词对后世词坛影响深远。李煜有"词帝"之称。

李煜《虞美人》词：

春花秋月何时了？往事知多少。小楼昨夜又东风，故国不堪回首月明中。

雕栏玉砌应犹在，只是朱颜改。问君能有几多愁？恰似一江春水向东流。

词说：三春花开，中秋月圆，岁月多么美好；可我这囚犯的苦难日子，什么时候才能完结？多少往事，历历都在眼前！昨夜小楼上又吹来了春风，在这皓月当空的夜晚，怎承受得了回忆故国的伤痛。那些精雕细刻的栏杆、玉石砌成的台阶应该还在那里，只是人的年轻容貌因愁苦而变得憔悴了、衰老了。要问我心中有多少哀愁，我的哀愁就像那金陵城边的长江春水，滔滔不尽，滚滚东流。

《虞美人》是李煜的代表作，也是李后主的绝命词。这首词通过今昔交错对比，表现了一个亡国之君的无穷的哀怨。

由李煜，我们想到赵佶（jí）和朱由校。

赵佶（1082—1135），即宋徽宗，北宋第八位皇帝。民间传说，赵佶是李煜的后身，这当然不可信，但二人身上确有很多共同点。赵佶对绘画的爱好十分真挚，他创建宣和画院，推动绘画，使宋代的绘画艺术有了空前发展。他的花鸟画独步天下，无人可及，自成"院体"（"宣和体"）。书法上，他自创"瘦金体"。不可否认，皇帝的身份有利于李煜、赵佶的文艺创作，但同样不可否认，文艺创作直接妨碍了他们的治国理政大业，赵佶的经历更能证明这一点。《宋史》及多种文献说，赵佶是天才、全才，诸事皆能，独不能为君。赵佶是艺术型皇帝。

朱由校（1605—1627），即熹宗，明朝第十一位皇帝。《明史》及文献记载，朱由校天性极巧，癖爱木工，手操斧斤，营建栋宇，即大匠不能及。他对制造木器有极浓厚的兴趣，凡刀锯斧凿、丹青髹（髹，xiū，把漆涂在器物上）漆之类的木匠活，他都要亲自操作。他手造的漆器、床、梳匣等，均装饰五彩，精巧绝伦，出人意料。朱由校是个很称职的木匠，还可以说是个天才的木匠，但他却是个极不负责任的、极不称职的皇帝，世称木匠皇帝。

李煜、赵佶、朱由校三位都是"不务正业"的人，都没有做好本职工作，都是不称职的皇帝，所谓德不配位，能不当职。

在当时的历史条件下，做皇帝不是他们自己的选择，让他们改行也做不到,改变他们的兴趣、追求、天性也不大可能,那么,人生悲剧、社会悲剧、历史悲剧也就是一种必然了。

积累是成功的阶梯

余友天台陶君九成,避兵三吴[1]间,作劳之暇,每以笔墨自随。时时辍耕休于树阴,抱膝而啸,鼓腹而歌,遇事肯綮[2],摘叶书之,贮一破盎[3],去则埋于树根,人莫测焉。如是者十载,遂累盎至十数。一日,尽发其藏,俾[4]门人小子萃[5]而录之,得凡若干条,合三十卷,题曰《南村辍耕录》。(见陶宗仪《南村辍耕录》之《孙序》)

简述

陶宗仪为避兵乱,便在吴地安家。出去劳作,常随身携带笔墨,休息时,就坐在树阴下,或抱膝长叹,或袒腹而歌。遇有所得,就摘树叶记录下来,贮藏在一个破罐里,埋在树根底下,别人也不知道是什么内容。十年下来,积累了十多罐子。某一天,他将树叶全部倒出来,让学生们集中誊录,共得若干条,分为三十卷,编成了一部书,即《南村辍耕录》。

注释

1 三吴:指吴郡、吴兴、会稽,是指代长江下游江南的一个地域名称。一般意义上的三吴是泛指江南吴地,例如苏州、常州、湖州、杭州、无锡、上海和绍兴等地。 2 肯綮:kěn qìng,要害或关键之处。 3 盎:àng,腹大口小的瓦罐。 4 俾:bǐ,使。 5 萃:cuì,聚集。

启迪

陶宗仪(1329—约1412),字九成,史学家,文学家。

补充一则流传颇广的文字:宗仪客松江,躬亲稼穑(jià sè,泛指农业劳动。稼,种植。穑,收割)。作劳之暇,休于树阴。有所得,摘叶书之,贮一破盎,去则埋之树根。如是十年,积盎以十数。一日令门人发而录之,得三十卷,名为《辍耕录》。

"积叶成书"也是一个重视积累的故事。古人今人都喜欢谈这个故事。但考查下来,"遇事肯綮",或"有所得""摘叶书之",这种作劳之暇(即辍耕时)的工作,只能是零星的、碎片化的,内容则很可能是关键词式的,与他窗前灯下的系统研读、严肃著述是不能同日而语的。还有,树叶上的文字,时间长了,辨认也是一件难事。所以,应该澄清:陶宗仪"积叶"之事确实有,但要说一部书都是靠积叶而成则与常情常理不合。

陶宗仪珍惜时间,坚持不懈,勤于思考,善于积累,完成《南村辍耕录》等多部著作,值得今人好好学习。

鲁迅先生说:"无论什么事,如果连续搜集材料,积之十年,总可以成为一个学者。"

注重积累,心无旁骛,不懈努力,成功就在前方。

积累是成功的阶梯。

中国最早的人造人

周穆王西巡狩,越昆仑,不至弇山[1],反[2]还。未及中国,道有献工[3]人名偃师,穆王荐之。问曰:"若[4]有何能?"偃师曰:"臣唯命所试。然臣已有所造,愿王先观之。"穆王曰:"日以俱来,吾与若俱观之。"

简述

周穆王巡视西方,越过昆仑,抵达弇山。在返回途中,碰到一个自愿奉献技艺的工匠名叫偃师的。穆王召见他,问道:"你有什么本领?"偃师回答:"只要是大王的命令,我都愿意尝试。但我已经制造了一件东西,希望大王先观看一下。"穆王说:"明天你把它带来,我和你翌[5]日，偃师谒见王，王荐之，曰："若与偕来者何人耶？"对曰："臣之所造能倡[6]者。"穆王惊视之。趋步、俯仰，信人[7]也。巧夫！领[8]其颐[9]，则歌合律；捧其手，则舞应节。千变万化，惟意所适。王以为实人也。与盛姬[10]、内御并观之。技将终，倡者瞬[11]其目而招王之左右侍妾。王大怒，立欲诛偃师。偃师大慑，立剖散倡者以示王，皆傅会[12]革、木、胶、漆、白、黑、丹、青之所为。王谛料[13]之：内则肝胆、心肺、脾肾、肠胃，外则筋骨、支节、皮毛、齿发，皆假物也，而无不毕具者。合会复如初见。王试废其心，则口不能言；废其肝，则目不能视；废其肾，则足不能步。

穆王始悦而叹曰："人之巧，乃[14]可与造化者同功乎！"（见《列子·汤问》）

第二天，偃师晋见周穆王。穆王召见他，问道："跟你同来的是什么人呀？"偃师回答："是我制造的歌舞艺人。"穆王惊奇地看去，只见歌舞艺人疾走缓行，前俯后仰，完全像个真人。真巧妙啊！按它腮帮就歌唱，歌声合乎音律；抬起两手就舞蹈，舞步符合节拍。其动作千变万化，随心所欲。穆王以为它是个真人，便叫来自己宠爱的盛姬和妃嫔们一道观看表演。表演快要结束时，歌舞艺人特意眨着眼睛去看妃嫔们。穆王大怒，要立刻杀死偃师。偃师恐惧，立刻把歌舞艺人拆散，展示给穆王看。原来是用皮革、木头、树脂、漆和白垩(è)、黑炭、丹砂、青雘(huò)之类的颜料凑合而成的。穆王又仔细地检视，只见它里面有着肝胆、心肺、脾肾、肠胃；外部则是筋骨、肢节、皮毛、齿发，东西全都是假的，但每件都有。把这些东西重新拼合起来，歌舞艺人和刚来到时就一模一样了。穆王要求拿掉它的心脏，嘴巴就不能说话；再拿掉它的肝脏，眼睛就不能观看；拿掉它的肾脏，双脚就不能行走。穆王高兴地叹道："人的技艺竟能与自然造化有同样的功效吗？"

注释

1 弇山：即崦嵫(yān zī)山，在今甘肃天水西境。古代常用来指日落的地方。弇，yǎn。2 反：即返。3 献工：奉献技艺。4 若：你。5 翌：yì，次于当天、当年的。**6** 倡：倡优，古代以乐舞戏谑为业的艺人。**7** 信人：真人。**8** 领：qìn，即揿，向下按。**9** 颐：yí，面颊，腮。**10** 盛姬：周穆王的宠姬。**11** 瞬：shùn，眼珠儿一动，一眨眼。**12** 傅会：即附会，凑合。**13** 谛料：仔细检视。**14** 乃：竟然。

启迪

周穆王（约前1026—前922），姬姓，名满，又称"穆天子"，周昭王之子，西周第五位君主。

周穆王遇到偃师，偃师献上了一个人造人，穆王感叹："人之巧，乃可与造化者同功乎！"这是中国最早的人造人。

《列子·汤问》中的《偃师造倡》是一篇难得的科幻作品。

其一，写假人之巧，即是写偃师之巧。偃师是古代传奇中最神奇的机械工程师，超过了公输班甚至墨翟，但是，按照战国时期的科技水平，偃师不太可能制造出如此精巧如此逼真的木偶艺人。

其二，周穆王最后感叹说："人之巧，乃可与造化者同功乎！"人类的高超技巧，是可以巧夺天工的，人类的力量在造化（自然力）面前也不是无能为力的。

其三，故事与《佛说国王五人经》（见佛经《佛说生经》卷三）的内容基本相同，但有所添加，具有本土文化特色。

其四，假人"倡者"（歌舞艺人）是高水平的机器人。《偃师造倡》是地道的科幻小说，故事巧妙融入科学精神，其创作"结合当时的科技并加以延伸"，有现实性和可能性。

其五，"倡者瞬其目而招王之左右侍妾"，这是精彩的细节描写，作者以丰富的想象力，运用夸张的手法，对假人进行了绝妙的描写。说"夸张"，是指真实性不确定，但说"想象力"，那是要高度肯定的。很多科幻，很多科学假说，后来都成了事实。而这个"科幻"故事至少在东晋（317—420）就有了。而《凡尔纳三部曲》（1865—1875）在《偃师造倡》产生1400多年后才出现。

一枚桃核成了一条船

明有奇巧人曰[1]王叔远,能以[2]径[3]寸之木,为宫室、器皿、人物,以至鸟兽、木石,罔[4]不因[5]势象形,各具情态。尝[6]贻[7]余核舟一,盖[8]大苏泛[9]赤壁云[10]。

舟首尾长约八分有[11]奇[12],高可[13]二黍[14]许。中轩[15]敞者为舱,箬篷[16]覆[17]之。旁开小窗,左右各四,共八扇。启[18]窗而观,雕栏相望焉。闭之,则[19]右刻"山高月小,水落石出",左刻"清风徐[20]来,水波不兴",石青糁[21]之。

船头坐三人,中峨冠[22]而多髯[23]者为东坡,佛印居[24]右,鲁直居左。苏、黄共阅一手卷。东坡右手执[25]卷端,左手抚[26]鲁直背。鲁直左手执卷末,右手指卷,如有所语[27]。东坡现右足,鲁直现左足,各微侧,其两膝

> **简述**
>
> 明朝有一个技艺精巧的人,名字叫王叔远。他能用直径一寸的木头,雕刻出宫殿、器具、人物,还有飞鸟、走兽、树木、石头,全部是按照材料原来的形状刻成各种事物的形象,各有各的神情姿态。他曾经送给我一个用桃核雕刻成的小船,刻的是苏轼乘船游赤壁的故事。

核舟

船头到船尾长八分多一点,有两个黄米粒那么高。中间高起而开敞的部分是船舱,用箬竹叶做的船篷覆盖着它。旁边有小窗,左右各四扇,一共八扇。打开窗户来看,雕刻着花纹的栏杆左右相对。关上窗户,右边刻着"山高月小,水落石出",左边刻着"清风徐来,水波不兴",用石青涂在字的凹处。船头坐着三个人,中间戴着高高的帽子,胡须浓密的人是苏东坡,佛印位于右边,黄鲁直位于

相比[28]者,各隐卷底衣褶[29]中。佛印绝[30]类[31]弥勒,袒胸露乳,矫[32]首昂视,神情与苏、黄不属[33]。卧右膝,诎[34]右臂支船,而竖其左膝,左臂挂念珠倚[35]之——珠可历历数也。

舟尾横卧一楫[36]。楫左右舟子[37]各一人。居右者椎髻[38]仰面,左手倚一衡[39]木,右手攀[40]右趾,若啸呼状[41]。居左者右手执蒲葵扇,左手抚炉,炉上有壶,其[42]人视端容寂,若[43]听茶声然[44]。

其船背稍夷[45],则题[46]名其[47]上,文曰"天启壬戌秋日,虞山王毅叔远甫[48]刻",细若蚊足,钩画了了[49],其色墨。又用篆章一,文曰"初平山人",其色丹。

通[50]计一舟,为人五;为窗八;为箬篷,为楫,为炉,为壶,为手卷,为念珠各一;对联、题名并篆文,为字共三十有[51]四。而计[52]其长,曾[53]不盈[54]寸。盖简[55]桃核修狭[56]者为之。嘻,技亦灵怪矣哉[57]!(见张潮《虞初新志·核舟记》)

左边。苏、黄共同看着一幅书画长卷。苏右手拿着卷的右端,左手轻按在鲁直的背上。鲁直左手拿着卷的左端,右手指着手卷,好像在说些什么。东坡露出右脚,鲁直露出左脚,身子都略微侧斜,他们互相靠近的两膝,都被遮蔽在手卷下边的衣褶里。佛印极像佛教的弥勒菩萨,袒着胸脯,露出乳头,抬头仰望,神情和东坡、鲁直不同。佛印卧倒右膝,弯曲着右臂支撑在船上,竖着他的左膝,左臂靠在左膝上,念珠简直可以清清楚楚地数出来。船尾横放着一支船桨。船桨的左右两边各有一名撑船的人。位于右边的撑船者梳着椎形发髻,仰着脸,左手倚在一根横木上,右手扳着右脚趾头,好像在大声呼喊的样子。在左边的人右手拿着一把蒲葵扇,左手轻按着火炉,炉上有一把水壶,那个人的眼光正视着火炉,神色平静,好像在听壶中水声似的。

船的背面较平,作者在上面题上自己的名字,文字是"天启壬戌秋日,虞山王毅叔远甫刻"。笔画像蚊子的脚一样细小,清清楚楚,它的颜色是黑的。还刻着一枚篆书图章,文字是"初平山人"。它的颜色是红的。

总计一条船,刻了五个人,八扇窗户,箬竹叶做的船篷、船桨、炉子、茶壶、手卷、念珠各一件;对联、题名和篆文,刻的字共计三十四个。可是计算它的长度,不满一寸。原来是挑选长而窄的桃核雕刻而成的。哈哈!技艺也真是神奇啊!

注释

1 曰:叫。2 以:用。3 径:直径。4 罔:无,没有。5 因:依据。6 尝:曾经。7 贻:赠。8 盖:大概,原来是。9 泛:泛舟。10 云:句尾语气词,无义。11 有:即又,放在整数与零数之间。12 奇:jī,零数。13 可:大约。14 黍:又叫黍子,去皮后叫黄米。15 轩:高。16 箬篷:ruò péng,用箬竹叶做成的船篷。17 覆:覆盖。18 启:打开。19 则:就。20 徐:缓缓地。21 糁:shēn,涂染,名词作动词。22 峨冠:戴着高高的帽子。23 髯:rán,两腮的胡须。这里泛指胡须。24 居:位于。25 执:拿着。26 抚:轻按。27 语:说话。28 比:靠近。29 衣褶:yī zhě,衣服的褶裥。(裥,jiǎn,衣服上的褶子)30 绝:极,非常。31 类:像。32 矫:举。33 属:类。34 诎:即屈,弯曲。35 倚:倚靠。36 楫:船桨。37 舟子:撑船的人。38 椎髻:zhuī jì,是一种椎形发髻。39 衡:即横,与纵相对。40 攀:用手拉;抓住。41 状:的样子。42 其:那。43 若:好像。44 然:的样子。45 夷:平。46 题:题写。47 其:船的背面,船底。48 甫:古代男子的美称。49 了了:清楚明白。50 通:总。51 有:即又,放在整数与零数之间。52 计:计算。53 曾:zēng,尚,还。54 盈:满。55 简:即拣,挑选。56 修狭:长而窄。57 技亦灵怪矣哉:技艺也真是奇妙啊! 矣、哉:表示惊叹的语气词,相当于了、啊。

启迪

王叔远(生卒年不详),名毅,字叔远,又名叔明,号初平山人,约明熹宗朱由校时期在世,明代微雕艺术家。

《核舟记》描述的是我国古代精巧绝伦的一件微雕作品。完成这样的艺术品除了必须掌握微雕技艺外,还必须有雄心、野心,有细心、耐心,有童心、静心、痴心。

微雕艺术是中国传统艺术,是雕刻艺术的一个分支,也是中华传统工艺美术中最细微精致的一种。

微雕是一种极为讲究的手工技艺,技艺高超的工匠可以在极小的面积上进行雕刻。常见的微雕作品有核雕、骨雕、玉雕、象牙雕、寿山石雕等。当代微雕大师曾在一根头发丝上雕刻一篇《兰亭集序》。

出神入化的口技表演

京中有善[1]口技者。会[2]宾客大宴,于厅事[3]之东北角,施[4]八尺屏障[5],口技人坐屏障中,一桌、一椅、一扇、一抚尺[6]而已。众宾团[7]坐。少顷[8],但[9]闻屏障中抚尺一下[10],满坐寂然[11],无敢哗[12]者。

遥闻深巷中犬吠,便有妇人惊觉[13]欠伸[14],其夫呓语[15]。既而儿醒,大啼[16]。夫亦醒。妇抚[17]儿乳[18],儿含乳啼,妇拍而呜之。又一大儿醒,絮絮[19]不止。当是时[20],妇手拍儿声,口中呜声,儿含乳啼声,大儿初醒声,夫叱[21]大儿声,一时齐发,众妙毕备[22]。满坐宾客无不伸颈,侧目[23],微笑,默叹,以为妙绝[24]。

未几[25],夫齁[26]声起,妇拍儿亦渐拍渐止。微闻[27]有鼠作作索索[28],盆器倾侧,妇梦中咳嗽。宾客意少舒[29],稍稍正坐。

忽一人大呼:"火起!"夫起大呼,妇亦起大呼。两儿齐哭。俄而[30]百千人大呼,百千儿哭,百千犬吠。中间[31]力拉崩倒[32]之声,火爆声,呼呼风声,百千齐作;又夹百千求救声,曳[33]屋许许[34]声,抢夺声,泼水声。凡所应有,无所不有。虽[35]人有百手,手有百指,不能指其一端[36];人有百口,口有百舌,不能名[37]其一

> **简述**
>
> 演员少:一人。
>
> 道具简单:一桌、一椅、一扇、一抚尺而已。
>
> 演出方式:一张嘴巴模拟各种声音。
>
> 演出效果:静夜中,夫妇两儿的声音,犬声,一时齐发,众妙毕备。宾客无不伸颈、侧目、微笑、默叹。火起后,风声、火声、水声、救火声,凡所应有,无所不有。宾客无不变色离席,奋袖出臂,两股战战,几欲先走。

处也。于[38]是[39]宾客无不变色[40]离席[41],奋袖出臂[42],两股[43]战战[44],几[45]欲先走[46]。

忽然抚尺一下,群响毕绝[47]。撤屏视之,一人、一桌、一椅、一扇、一抚尺而已[48]。(见张潮《虞初新志·口技》)

> 注释

1 善:擅长,善于。 2 会:适逢,正赶上。 3 厅事:大厅,客厅。原指官府办公的地方,亦作"听事"。后来私宅的堂屋也称厅事。 4 施:设置,安放。 5 屏障:指屏风、帷帐一类用来隔断视线的东西。 6 抚尺:艺人表演用的道具,也叫"醒木"。 7 团:聚集、集合。 8 少顷:shǎo qǐng,不久,一会儿。 9 但:只。 10 下:拍。 11 满坐寂然:全场静悄悄的。坐,即座,座位,这里指座位上的人。寂然,安静的样子。 12 哗:喧哗,大声说话。 13 惊觉:jué,惊醒。 14 欠伸:打呵欠伸懒腰。欠,打呵欠。伸,伸懒腰。 15 呓语:yì yǔ,说梦话。 16 啼:啼哭。 17 抚:抚摸,安慰。 18 乳:作动词用,喂奶。 19 絮絮:连续不断地说话。 20 当是时:在这个时候。 21 叱:chì,呵斥。 22 众妙毕备:各种声音模仿得惟妙惟肖。毕,全、都。备,具备。 23 侧目:偏着头看,形容听得入神。 24 妙绝:妙极了。绝,到了极点。 25 未几:不久。 26 齁:hōu,鼾声,鼻息声。 27 微闻:隐约地听到。 28 作作索索:拟声词,老鼠活动的声音。 29 意少舒:心情稍微放松了些。意,心情。少,shǎo,稍微。舒,伸展、松弛。 30 俄而:一会儿,不久。 31 间:jiàn,夹杂。 32 力拉崩倒:噼里啪啦,房屋倒塌。力拉,拟声词。 33 曳:yè,拉。 34 许许:hǔ hǔ,拟声词,呼喊声。 35 虽:即使。 36 不能指其一端:不能指明其中的任何一种声音。形容口技模拟的各种声响同时发出,交织成一片,使人来不及一一辨识。一端,一头,这里是"一种"的意思。 37 名:作动词用,说出。 38 于:在。 39 是:这。 40 变色:变了脸色,惊慌失措。 41 离席:离开座位。 42 奋袖出臂:捋起袖子,露出手臂。奋,张开、展开。出,露出。 43 股:大腿。 44 战战:发颤。 45 几:jī,几乎,差一点儿。 46 先走:抢先逃跑。走,跑。 47 群响毕绝:各种声音全部消失。毕绝,全部消失。 48 而已:罢了。

> 启迪

模拟声音不易,模拟多种声音更是不易,在同一时间内模拟多种声音,呈现生活场景,讲述故事全程,那更是几乎不可能。但这位口技演员做到了,那当然就是高超的技术、艺术了。宾客们如闻其声,如临其境,以为妙绝,愉快地享用着听觉大餐。

口技是优秀的民间表演技艺,是杂技的一种。表演者用口、齿、唇、舌、喉、鼻等发声器官模仿各种声音,使人有身临其境、置身其中之感。掌握这种技艺,需要专门培训,需要刻苦实践。

口技起源甚早。可以一直追溯到上古时代。那时候,人们为了狩猎,需要模仿鸟兽的叫声来欺骗并引诱它们,或以恐吓的吼叫声驱赶围猎野兽,以利捕捉。

《史记·孟尝君列传》记载:战国时齐国的孟尝君田文被扣留在秦国,他的一个门客装狗夜入秦宫,偷盗出已经献给秦王的狐裘,送给秦王的一个爱妾,得到爱妾帮助,孟尝君才获得释放。又有一个门客学鸡叫,惟妙惟肖,于是周围所有的鸡跟着鸣叫,骗开了函谷关的城门,孟尝君才逃回齐国。《鸡鸣狗盗》的故事,是口技的实际运用,收到了很好的效果。

《史记·日者列传》曰:"富为上,贵次之;既贵,各各学一伎(技)能立其身。"颜之推曰:"有学艺(技艺,才能)者触地(到处)而安。"诚哉斯言。

京师缝人经验丰富

嘉靖中,京师缝人¹某姓者,擅²名一时,所制长短宽窄,无不称³身。尝⁴有御史令裁员领⁵,跪请入台年资⁶,御史曰:"制衣何

> 简述

嘉靖年间,京城有个裁缝,名噪一时,他所裁制的衣服的长短宽窄,没有不合身的。曾经有个御史官员,让他给裁制盘领衫,裁缝跪着请御史写下做官的年限与资

用[7]知此?"曰:"相公辈[8]初任雄职[9],意高气盛,其体微仰[10],衣当[11]后短前长;在事将半,意气微平,衣当前后如一;及[12]任久欲[13]迁,内存冲挹[14],其容俯,衣当前短后长:不知年资,不能称也。"(见赵吉士《寄园寄所寄》)

历。御史说:"裁制一件衣服还用得着知道这个吗?"裁缝说:"做官的人初任高职,意气高昂强盛,他的身体就会向后微微仰着,衣服就应当做得后短前长;而在职时间比较久了,意气就会略微平和一些了,衣服就应当做得前后一样长短;等到任职时间很久了,就会想着升官了,心存谦和之意,身体就会微微下俯,衣服就应当做得前短后长……不知道您的为官年限与资历,就不能做得合身啊。"

注释

1 缝人:裁缝,古时有专掌王宫内缝纫之事的裁缝。 2 擅:擅长。 3 称:符合。 4 尝:曾经。 5 员领:盘领衫,旧时官吏服饰。 6 入台年资:当官的年限、资历。 7 何用:为什么,凭什么,用什么。用反问的语气表示不用、不须。 8 辈:表复数,们。 9 雄职:要职。 10 微仰:身体微微向后仰,挺胸凸肚。 11 当:应当。 12 及:等到。 13 欲:想要。 14 冲挹:chōng yì,谦抑,谦退。

启迪

京师某缝人因长期制衣,能根据为官资历裁制合体衣服。初上任意气盛者,往往挺胸凸肚,故而衣服要前长后短;为官既久,又欲升迁,对上则"彬彬有礼",往往胁肩收腹,故此衣服则应前短后长。这位缝人经验丰富,这得益于他的观察。他观察细致,且细致入微。他成为著名缝人绝对不是偶然的。

行行出状元,这话很对。不过,状元是怎样练成的呢?需要作研究。状元的成长道路不会是笔直的,状元路上的障碍同样是不会少的,不同状元碰到的问题也是不一样的。

我们要刻苦读书,既要读有字书,还要读无字书,还要读人、读社会、读大自然。

择业不可不慎重

余尝就老胥[1]而问焉:"彼[2]于刑者、缚者[3],非相仇也,期有得耳;果无有,终亦稍宽之,非仁术[4]乎?"曰:"是立法以警其余,且惩后也;不如此,则人有幸心[5]。"主梏扑者[6]亦然。余同逮以木讯[7]者三人:一人予三十金,骨微伤,病间月[8];一人倍之,伤肤,兼旬[9]愈;一人六倍,即夕行步如平常。或[10]叩[11]之曰:"罪人有无不均[12],既各有得,何必更以多寡为差[13]?"曰:"无差,谁为多与者?"孟子曰:"术不可不慎[14]。"信[15]夫!(见方苞《狱中杂记》)

> **简述**
>
> 我曾问过一个老役吏:"大家对受刑、受绑的人没什么深仇大恨,目的只不过希望弄点钱而已;犯人果真拿不出钱,最后又何妨放人一马,不也算善行吗?"老役吏说:"这是因为要立下规矩以警告其他犯人,并警告后来的犯人的缘故。如果不这样,便人人都心存侥幸了。"主管上刑具和拷打的也一样。和我同时被捕受审时挨过夹棍的有三个人。其中有一个人给了二十两银子,只骨头受点轻伤,结果病了个把月;另一个人给了双倍的银子,只伤了皮肤,二十天便好了;再一个人给了六倍的银子,当天晚上便能和平常一样走路。有人问这役吏说:"犯人有的富有的穷,大家都拿出了钱,又何必按多少分别对待?"回答说:"没有分别,谁愿意多出钱?"由这故事,印证孟子"选择职业不可不慎重"的话,真是一点也不错!

> **注释**
>
> 1 老胥:多年的老役吏。胥,掌管文案的小吏。 2 彼:他,他们。 3 刑者、缚者:指受刑的和被捆的。 4 仁术:善行,好心。 5 幸心:侥幸心理。 6 主梏扑者:

专管上刑具、打板子的人。梏,gù,木制的手铐。扑,用板子扑打。7 木讯:用木制刑具如板子、夹棍等拷打审讯。8 病间月:病了一个多月。间,jiàn,隔。9 兼旬:两旬,二十天。10 或:有人。11 叩:询问,问。12 有无不均:即贫富不一。13 为差:分等级。14 术不可不慎:意谓选择职业不可不慎重。术,技艺、技术,这里指谋生的手段,职业。15 信:的确,确实。

启迪

方苞(1668—1749),清代散文家,桐城派创始人,与姚鼐(nài)、刘大櫆(kuí)合称"桐城三祖"。

孟子说:"矢人岂不仁于函人哉?矢人唯恐不伤人,函人唯恐伤人。巫匠亦然。故术不可不慎也。"术,选择谋生之术,即选择职业。术不可不慎,选择职业不能不谨慎。

孟子又说:"人役而耻为役,由(即犹)弓人而耻为弓,矢人而耻为矢也。如耻之,莫如为仁。"有些职业"自然"向善,如教师、医生,有些职业极易趋恶,如文中的"主梏扑者"。人身在向善的职业内,要敬畏、珍惜,努力做好本职工作。而极易趋恶的职业,人或耻之,"如耻之,莫如为仁"。"官"是一种特殊职业,易善易恶,可善可恶,为官者要如履薄冰,战战兢兢,要牢记百姓为大,正道如天,行善为仁。

《红楼梦》的荒唐[1]言

《作者自题》:满纸荒唐言[2],一把辛酸泪。都云作者痴,谁解其中味。(见曹雪芹《红楼梦》第一回)

《后人结〈红楼梦〉偈》:说到辛酸处,荒唐愈[3]

简述

《作者自题》说:看起来满篇都是荒唐话,其实字里行间都渗透着我心酸的泪水。都说作者沉迷于儿女私情,谁能懂得书中的真正意味?

《后人结〈红楼梦〉偈》说:写到最辛酸

可悲,由来同一梦,休⁴笑世人痴。(见曹雪芹《红楼梦》第一百二十回)

的地方,却不得不用荒唐的方式——多么令人悲愤!人们的辛酸、悲愤啊,都来自这红楼之梦哟,请不要嘲笑他们如痴如醉、呆笨愚钝。

注释

1 荒唐:广大而不着边际,引申为夸大不实或荒谬无理。2 荒唐言:顽石的来历荒唐,太虚幻境荒唐,很多情节荒唐,这都是荒唐;与外国人说小说是"聪明的谎话",是"白日梦"一样,曹雪芹的"荒唐言"告诉我们,《红楼梦》是虚构的作品;作者的理念与当时的主流思想不一致,甚至是对立的,必然被视为"荒唐"。"荒唐言"至少有以上这三层意思。3 愈:越,更加。4 休:不要。

启迪

曹雪芹(约1715—约1763),名霑,字梦阮,号雪芹,清代小说家,是古典名著《红楼梦》的作者。《红楼梦》规模宏大、结构严谨、情节复杂、描写生动,塑造了众多具有典型性格的艺术形象。《红楼梦》代表中国古代长篇小说的最高成就,在世界文学史上也占有重要地位。

曹雪芹

《红楼梦》全书间用"梦""幻",将"真事隐去",用"假语村言"敷衍,似乎荒唐,但离合悲欢,兴衰际遇,按迹循踪,不敢稍加穿凿,故能惊天地、泣鬼神、感人心。

曹雪芹于悼红轩中,披阅十载,增删五次,究竟情有何寄,意有何托,细玩颇有趣味。

中国痴迷《红楼梦》的人前赴后继,代无穷绝。酒酣茶酽或酒余饭后谈论《红楼梦》者如恒河沙数。毫不夸张地说,《红楼梦》每一页的内容都被仔细研究过。对《红楼梦》进行研究是"红学","红学"是显学。研究《红楼梦》有成就者成"红学家","红学家"是难得的桂冠。

贱卖海张五

泥人张只管饮酒，吃菜，西瞧东看，全然没有把海张五当个人物。但是不会儿，就听海张五那边议论起他来。有个细嗓门的说："人家台下一边看戏一边手在袖子里捏泥人。捏完拿出来一瞧，台上的嘛样，他捏的嘛样。"跟着就是海张五的大粗嗓门说："在哪儿捏？在袖子里捏？在裤裆里捏吧！"随后一阵笑，拿泥人张找乐子。

只见人家泥人张听赛[1]没听，左手伸到桌子下边，打鞋底抠下一块泥巴。右手依然端杯饮酒，眼睛也只瞅着桌上的酒菜，这左手便摆弄起这团泥巴来，几个手指飞快捏弄，比变戏法的刘秃子还灵巧。海张五那边还在不停地找乐子，泥人张这边肯定把那些话在他手里这团泥上全找回来了。随后手一停，他把这泥团往桌上"叭"地一截，起身去柜台结账。

吃饭的人伸脖一瞧，这泥人张真捏绝了！就赛把海张五的脑袋割下来放在桌上一般。瓢似的脑袋，小鼓眼，一脸狂气，比海张五还像海张五。只是只有核桃大小。海张五在那边，隔着两丈远就看出捏的是他。他朝着正走出门的泥人张的背影叫道："这破手艺也想

> **简述**
>
> 泥人张打鞋底抠下一块泥巴，几个手指飞快捏弄，随后手一停，他把这泥团往桌上"叭"地一截，嗬，就赛把海张五的脑袋割下来放在桌上一般。瓢似的脑袋，小鼓眼，一脸狂气，比海张五还像海张五。
>
> 可是，海张五还嘴巴硬，说："这破手艺也想赚钱，贱卖都没人要。"
>
> 第二天，北门外估衣街的几个小杂货摊上摆出来一排排海张五这个泥像，还加了个身子，大模大样坐在那里。摊上还都贴着个白纸条，上边使墨笔写着：贱卖海

赚钱,贱卖²都没人要。"

第二天,北门外估衣街的几个小杂货摊上摆出来一排排海张五这个泥像,还加了个身子,大模大样坐在那里。而且是翻模子扣的,成批生产,足有一二百个。摊上还都贴着个白纸条,上边使墨笔写着:贱卖海张五。估衣街上来来往往的人,谁看谁乐。乐完找熟人来看,再一块乐。

三天后,海张五派人花了大价钱,才把这些泥人全买走,据说连泥模子也买走了。泥人是没了,可"贱卖海张五"这事却传了一百多年,直到今儿个。(见冯骥才《泥人张》)

注释

1 赛:如同;胜过。 2 贱卖:低价出售;便宜拍卖。

启迪

冯骥才(1942—),中国当代作家、画家、社会活动家。

冯骥才

手艺道上的人,捏泥人的"泥人张"排第一。而且,有第一,没第二,第三差着十万八千里。

泥人张艺高胆大,充满智慧,故事中他没有说话,凭借巧手,捏出的泥人"比海张五还像海张五"。最妙的是,你海张五不是说我的泥人贱卖都没人要吗?好,我就来个"贱卖海张五"。而最后来买泥人的,恰好就是你这个贱人海张五,贱人促成了贱卖。泥人张真是个奇人!

"泥人张"创始人是张明山,生于天津,绘画是他的主业,彩塑是他的爱好。他心灵手巧,富于想象,时常在闹市观察各行各业的人,在戏院观察各种角色,偷偷地在袖口里捏制。他捏制出来的泥人个个逼真,栩栩如生。

张明山从绘画、戏曲、民间木版年画等姊妹艺术中吸收营养,数十年辛勤努力,创作了一万多件作品。他的艺术独具一格而蜚声四海。老百姓喜爱他的作品,亲切地送给他一个昵称——泥人张。"泥人张",类似古人"庖丁""轮扁""弈秋""梓庆"的称呼方式。

做一个整个的人

做一个整个[1]的人,有三种要素:

要有健康的身体。要有独立的思想。要有独立的职业——为的是要生利,生利的人,自然可以得到社会的报酬。

我曾做了一首白话诗[2],说人要有独立的职业:

滴自己的汗;吃自己的饭。

自己的事,自己干。

靠人,靠天,靠祖先,都不算好汉。(见陶行知《学做一个人》)

简述

人要有健康的身体,要有独立的思想,要有独立的职业。如果没有健康的身体,衣食住行可能都有困难;如果没有独立的思想,那就人云亦云,亦步亦趋,严重的就是行尸走肉;如果没有独立职业,经济不独立,只能是依附者,甚至是乞讨者,自然难有作为。健康的身体,独立的思想,独立的职业三者兼具,就是一个完整的人,就是一个完全的人。而自己的事自己干,干好本职工作,既对社会做贡献,又使自己得到报酬。有独立的职业,不靠人,不靠天,不靠祖先,通过努力,或可使自己成为英雄好汉。

注释

1 整个：这里是完整、完全的意思。 2 白话诗：指五四运动和新文化运动后打破旧诗格律，不拘字句长短、用白话写的诗，也称"语体诗""白话韵文"。

启迪

陶行知（1891—1946），中国教育家、思想家，伟大的民主主义战士。

古人说"食钱"，说"薪俸"，说"糊口"（纪晓岚语），说"为稻粱谋"（龚自珍语），今人说"混一碗饭吃"，说的是人要有个职业。

鲁迅先生在《隐士》中说：虽是渊明先生，也还略略有些生财之道在，要不然，他老人家不但没有酒喝，而且没有饭吃，早已在东篱边饿死了。

钱穆先生说：中国文化，最简切扼要言之，乃以教人做一个好人，即做天地间一完人，为其文化之基本精神者。此所谓好人之好，即孟子之所谓善，中庸之所谓中庸，即孔子之所谓仁。

对芸芸众生而言，只有有了职业，上才能孝顺父母，下才能养育后代，中才能实现自己的理想。人必须有职业，职业保证生存，生存了才可以谈发展，发展了才可以谈事业，以及其他。所以，敬业是觉悟，是义务，而不是高尚品德。但是，若能做好本职工作，甚至把职业做成事业，对社会有所贡献，那也就接近仁、善和中庸了。

人要对自己的职业怀有敬意，怀有一颗敬畏之心，有了敬畏心之后才有可能"做一个整个的人"，也才可能"凌绝顶"，进而"一览众山小"。

做人：
智者必怀仁

仁者不忧，知者不惑，勇者不惧。

登山则情满于山，观海则意溢于海。

疾风知劲草，板荡识诚臣。勇夫安识义，智者必怀仁。

花繁柳密处拨得开，才是手段；风狂雨急时立得定，方见脚跟。

人应该干净地生活。

君子风范,季札挂剑

延陵季子将西聘[1]晋,带宝剑以过[2]徐君[3]。徐君观剑,不言而色[4]欲[5]之。延陵季子为有上国[6]之使,未献也,然[7]其心许之矣。使于晋,顾[8]反,则徐君死于楚,于是脱[9]剑致[10]之嗣[11]君。从者止之曰:"此吴国之宝,非所以[12]赠也。"延陵季子曰:"吾非赠之也,先日吾来,徐君观吾剑,不言而其色欲之;吾为有上国之使,未献也。虽然[13],吾心许之矣。今死而不进,是欺心也。爱剑伪[14]心,廉[15]者不为也。"遂脱剑致之嗣君。嗣君曰:"先君无命,孤不敢受剑。"于是季子以剑带[16]徐君墓树而去。徐人嘉而歌之曰:"延陵季子兮[17]不忘故[18],脱千金之剑兮带丘墓。"(见刘向《新序》)

简述

季札代表吴国出使晋国。经过徐国时,季札与徐君谈古论今,意气相投。徐君喜爱季札的佩剑,但未敢说出口。季札心知其意,但还要出使上国,需按礼仪佩剑,所以没有把宝剑赠送徐君。出使上国后,回到徐国,徐君已逝世,于是季札解其宝剑,系之徐君墓冢的树上。随从的人说:徐君已死,还赠剑干什么?季札说,当时我内心已经答应徐君,哪能因为徐君逝去就违背我的初心?

"延陵季子兮不忘故,脱千金之剑兮带丘墓",在春秋时期,徐国人真诚地传唱着这首《季子歌》。

注释

1 聘:聘问,访问。2 过:探望,拜访。3 徐君:徐国国君。徐国在今安徽泗县北。4 色:神态。5 欲:想要。6 上国:大国。7 然:可是。8 顾:回返。9 脱:解下。10 致:给予。11 嗣:sì,继承,接续。12 所以:用来……的。13 虽然:即使这样。**14** 伪：欺。**15** 廉：正直，方正。**16** 带：佩带，这里指挂在树上。**17** 兮：xī，语气词，多用于韵文的句末或句中，相当于现代汉语的"啊"。**18** 故：故旧。

> 启迪

季札（前576—前484），吴泰伯十九世孙，吴王寿梦第四子。封于延陵（即常州），称延陵季子。生活于春秋末年，是外交家、政治家、思想家、美学家、文艺评论家。与孔子齐名，有"南季北孔"之说。也有文献说，季札是孔子老师。

《史记》是这样记载这个故事的：季札之初使，北过徐君。徐君好（喜爱）季札剑，口弗敢言。季札心知之，为使上国，未献。还至徐，徐君已死，于是乃（就）解其宝剑，系之徐君冢树而去。从者曰："徐君已死，尚（还）谁予乎？"季子曰："不然。始吾心已许之，岂以死倍（即背，违背，违反）吾心哉！"

今徐州云龙山西坡筑有"季子挂剑台"，台侧有"挂剑酬心，践信泉台"八字，后人盛赞季札公诚信、仁德、重情重义。

君子——儒家心目中的理想人格

君子成人之美，不成人之恶[1]。

君子食无求饱，居无求安。

君子矜[2] 而不争，群而不党[3]。

君子欲讷[4] 于言而敏于行。

君子不以言举[5] 人，不以人废言。（见《论语》）

> 简述

君子成全别人的好事，不成全别人的坏事。

君子吃饭不求饱足，居住不求舒适。

君子庄矜而不争执，合群而不闹宗派。

君子要言语迟钝，行动迅速。

君子不因别人一句话说得好便提拔他，也不因为他品德不好虽说得对，却把对的话也废弃掉。

注释

1 恶:坏,不好。 2 矜:jīn,庄重。 3 党:勾结。 4 讷:说话谨慎,寡言。
5 举:推举,提拔。

启迪

孔子(前551—前479),名丘,字仲尼,中国古代伟大的思想家、政治家、教育家,儒家学派创始人,"大成至圣先师"。孔子晚年修订《诗》《书》《礼》《乐》《易》《春秋》六经。孔子去世以后,其弟子及再传弟子把他和他的弟子的言行和思想记录下来,编纂成《论语》一书。

《论语》总共13700字,"君子"一词出现了108次。《论语》说:"文质彬彬,然后君子。"君子是孔子和儒家心目中的一种理想人格,也成了华夏传统中的一种理想人格。

孔子

孔子谓君子有三德:"仁者不忧,知(即智)者不惑,勇者不惧。"君子有三畏:"畏天命,畏大人,畏圣人之言。"君子有三戒:"少之时,血气未定,戒之在色;及其壮也,血气方刚,戒之在斗;及其老也,血气既衰,戒之在得。"君子崇五德:"惠而不费,劳而不怨,欲而不贪,泰而不骄,威而不猛。"君子有九种事情需要考虑:"视思明,听思聪,色思温,貌思恭,言思忠,事思敬,疑思问,忿思难,见得思义。"

《孟子》说:"富贵不能淫,贫贱不能移,威武不能屈,此之谓大丈夫。"这"大丈夫"就是君子。

张载(1020—1077)说:"为天地立心(立心,即立天理,立仁孝之理),为生民立命(命,命运),为往圣继绝学(绝学,失传的学术),为万世开太平(开太平,致太平)。"大意是:为社会构建包含仁、孝在内的精神价值观;为民众选择正确的命运方向,确立生命的意义;为先贤继承发扬即将消失的学统;为万世开辟永久太平的基业。做到"四为",就是顶天立地的人,就是君子。

《世说新语》赞赏龙跃云津、凤鸣朝阳、九皋鸣鹤、空谷白驹、岁寒茂松、幽夜逸光这一类人,他们也是君子。

两学生都做好事,老师孔子却批评其中一人

鲁国之法[1],鲁人为人臣妾[2]于诸侯,有能赎[3]之者,取其金于府[4]。子贡赎鲁人于诸侯,来而让[5],不取其金。孔子曰:"赐失之矣。自今以往,鲁人不赎人矣。取其金则无损[6]于行,不取其金则不复[7]赎人矣。"

子路拯[8]溺[9]者,其[10]人拜[11]之以牛,子路受之。孔子曰:"鲁人必拯溺者矣。"

孔子见之以细[12],观化[13]远也。(见吕不韦《吕氏春秋》)

简述

鲁国有一条法令,鲁国人在国外沦为奴隶,如果有人能把他们赎出来,可以到国库报销赎金。有一次,孔子的弟子子贡在国外赎回一个鲁国人,回国后却没有去国库领取赎金。他之所以辞让,是因为他是孔子弟子中的首富,腰缠万贯。中国民间传说中有"九大财神",他是其中之一。孔子知道后,说:"这件事子贡做错了。从今以后,鲁国人将不会从别国赎回奴隶了。报销赎金,不会损害他的品行;但不报销赎金,鲁国以后就没有人再去赎回自己的同胞了。"普通人没有子贡那样富有,若赎人回来"不取其金",是一笔不小的损失,可能影响自己的生活;若赎人回来"取其金于府",别人就可能责备说,你为什么不学习子贡?那么,多数人会选择不去惹麻烦了,谁还去"赎鲁人于诸侯"?

子路救起一名溺水者,那人感谢他,送了一头牛,子路收下了。在男耕女织时代,一头牛,那可是一个家庭的巨大财产。常人可能会指责子路太贪心。孔子知道这件事后,给予子路充分肯定,高兴地说:"鲁国人从此一定会勇于救落水者了。"

注释

1 法：法令，法规。 2 臣妾：古时对奴隶的称谓，男称臣，女称妾。 3 赎，shú，用财物换回人或抵押品。 4 府：国库。 5 让：辞让，即不取其金。 6 损：损害。 7 复：再。 8 拯：拯救，援救。 9 溺，nì，淹没在水里。 10 其：那。 11 拜：拜谢。 12 细：小。 13 化：教化。

启迪

子贡（前520—前456），即端木赐，字子贡，孔子的得意门生，"孔门十哲"之一。子贡曾任鲁国、卫国的丞相。子贡雄辩。史载：子贡一出，存鲁，乱齐，破吴，强晋而霸越。子贡是孔子弟子中的首富，被后世尊为"儒商之祖"，"端木遗风"指子贡遗留下来的诚信经商风气。

子贡

子路（前542—前480），即仲由，字子路，又字季路，孔子的学生，"孔门十哲"之一，"孔门七十二贤"之一，中国古代"二十四孝"之一。仲由性情刚直，好勇尚武，曾"陵暴孔子"，孔子设礼稍诱之，仲由"因门人请为弟子"。随孔子周游列国，担任侍卫。

在《子贡赎人》故事中，孔子想到的是众多的"臣妾"，他希望解救更多这样的奴隶，所以批评子贡的行为，"赐失之矣"。在《子路拯溺》故事里，孔子认为人的生命才是最宝贵的，一头牛的价值无法和人的生命相比，所以肯定了子路的做法。孟子说"仁者爱人"，后人说"人命关天""救人一命胜造七级浮屠"等，与孔子对人的重视、对生命的珍视是完全一致的。

孔子见微知著，洞察人情，重视教化，重视生命，关注的是事情的深远影响。

做人：智者必怀仁

一个应诺[1]价值千金

曹丘[2]至，即揖[3]季布曰："楚人谚[4]曰'得黄金百（斤），不如得季布一诺'，足下何以得此声于梁楚间哉？且[5]仆[6]楚人，足下亦楚人也。仆游扬[7]足下[8]之名于天下，顾[9]不重邪[10]？何足下距[11]仆之深[12]也！"季布乃[13]大说[14]，引入，留数月，为上客，厚送之。季布名所以[15]益[16]闻[17]者，曹丘扬之也。（见司马迁《史记·季布栾布列传》）

简述

曹丘生登门拜访季布，他先恭恭敬敬地向季布施礼，然后慢条斯理地说："楚地有句俗语，说是得一百斤黄金，不如得季布一诺。您是怎样得到这么高的声誉呢？您和我都是楚人，如今我在各处宣扬您的好名声，这难道不好吗？您又何必不愿见我呢？"季布觉得曹丘生说得很有道理，就热情款待他，留他在府里住了几个月。曹丘生临走时，季布还送他许多礼物。季布的名声传布更远，曹丘生为其宣扬是重要原因。

注释

1 诺：许诺，答应，允许。 2 曹丘：即曹丘生，曹丘是复姓。 3 揖：yī，拱手行礼。 4 谚：yàn，谚语。 5 且：况且。 6 仆：pú，男子谦称。 7 游扬：到处宣扬。 8 足下：旧时交际用语，下称上或同辈相称的敬词。 9 顾：难道。 10 邪：即耶。 11 距：即拒。 12 深：甚。 13 乃：于是，就。 14 说：即悦。 15 所以：……的原因。 16 益：更加。 17 闻：闻名，著称。

启迪

季布（生卒年不详），原是项羽部属，因夏侯婴说情，刘邦赦免他，并封为郎中,后又封为河东太守。

曹丘生(生卒年不详),是一位辩士,能说会道。

"一诺千金"由曹丘生的话概括而来,指许下的诺言有千金的价值,形容一个人讲信用,说话算数。"千金一诺""季布一诺"是同义成语。

孔子说:人而无信,不知其可也。

子贡说:夫勇者不避难,仁者不穷约,智者不失时,王者不绝世,以立其义。

"信"本义为言语真实,引申为诚实,不欺,又引申指信用,即能履行诺言而令对方不疑。"信"是儒家五常(五常指仁义礼智信,系儒家价值体系中的核心因素)之一。朱熹说:百行万善总于五常,五常又总于仁。

老子说:轻诺必寡信。意思是,随便答应人,肯定不能守信用。在现实中,青年人不知世事难为,别人请托,爽快答应(轻诺),结果事情未办成,诺言未兑现(失信),双方都尴尬。因此,重信用者,不轻然诺。儒家从正面论道,老子往往从反面说理,从反面说理有时更能启发人。

"尾生抱柱"(或"尾生之信")是一个讲信约的故事。尾生与女子约定桥梁相会,水涨了,尾生也不离开,最后抱着桥柱被淹死。尾生确实讲信约,但他那样做是拘泥、呆板、愚蠢。庄子说:尾生溺死,信之患也。应该说,守信没有错,但像尾生这般死板地守信就错了。

晏殊诚实到家了

晏元献公为童子[1]时,张文节荐之于朝廷,召至阙下[2]。适[3]值[4]御试进士,便令公就试。公一见试题,曰:"臣十日前已作此赋,有赋草[5]尚在,乞别命题。"上极爱其不隐。

简述

晏殊小时候,张文节就把他推荐给朝廷。召至京城时,正值殿试进士,皇上便令晏殊参加考试。晏殊一见试题,就说:"臣十天前已作过此赋,此赋的草稿还在,请另外命题。"皇上喜欢一日选东宫官,忽自中批[7]除[8]晏殊。执政莫谕[9]所因,次日进覆[10],上谕[11]之曰:"近闻馆阁臣寮[12],无不嬉游燕[13]赏,弥日继夕[14]。唯殊杜门[15],与兄弟读书。如此谨厚,正可为东宫官[16]。"公既受命,得对,上面谕除授之意,公语言质野[17],则曰:"臣非不乐燕游者,直[18]以[19]贫,无可为之。臣若有钱,亦须[20]往,但无钱不能出耳。"上益嘉[21]其诚实,卒[22]至大用[23]。(见沈括《梦溪笔谈》)

他如此诚实不隐瞒。

某日,朝廷选东宫官,忽然宫中传出皇上的批示,授晏殊为此官。执政大臣不明白缘由,第二天见皇上,皇上解释说:"近来听说馆阁臣僚无不嬉戏、游乐、宴会、赏景,夜以继日。只有晏殊闭门不出,与兄弟们在家读书。如此沉稳谨慎,最适合做东宫官。"晏殊受命为此职后,皇上向他说明授予他东宫官的用意。晏殊语言质朴,竟说:"臣并非不喜欢宴集游乐,仅仅是因为贫穷,不能去游乐嬉戏。我要是有钱,也会参加,只是无钱不能出去参与罢了。"皇上更加欣赏他的诚实,到仁宗朝时,晏殊终于成为宰相。

注释

1 童子:儿童。2 阙下:帝王宫阙内。3 适:恰好,正巧。4 值:碰上……的时候。5 草:草稿。6 中:禁中,皇宫内。7 批:公文。8 除:除旧布新,拜官。9 谕:明白,理解。10 覆:复命,回复。11 谕:告晓,告示。12 寮:即僚。13 燕:即宴。14 弥日继夕:夜以继日。弥日,终日。弥,终,尽。15 杜门:闭门。16 东宫官:辅导太子的官。17 质野:朴实率直。18 直:只是,仅仅。19 以:因为。20 须:应当。21 嘉:嘉许,嘉奖。22 卒:终,终于。23 大用:获得重用。

启迪

张文节(956—1028),北宋宰相。虽显贵,清约如寒士。尝言:由俭入奢易,由奢入俭难。

晏殊(991—1055),北宋宰相、文学家,谥号元献。范仲淹、孔道辅、王安石等均出其门下;韩琦、欧阳修等经他荐引,得到重用;晏殊有两个女儿,一嫁富弼,一嫁杨察,而富弼、杨察当时身在寒素之中。

故事中说了两件事。第一件,参加一次非常重要的考试(御试进士),题目是自己做过的,这应该是梦寐以求的事,应该高兴得跳起来,但晏殊不这么看,他觉得自己做这个题目,对别人是不公平的,于是要求换题目。第二件,做东宫官。皇上"面谕除授之意",晏殊竟然说,不是自己高雅、高尚、爱读书,只是因为自己贫穷,如果有钱,他会跟别人一样,去嬉戏、宴集、品酒、赏景。晏殊这样回答是不是显得很傻?

《中庸》说:君子诚之为贵。

晏殊诚实到家了!为晏殊的真诚、诚实、实在点赞!

君子风采与小人嘴脸

君子求诸[1]己,小人求诸人。

君子喻[2]于义,小人喻于利。

君子上达,小人下达。

君子坦荡荡,小人长戚戚。

君子怀德,小人怀土。君子怀刑,小人怀惠。

君子周[3]而不比[4],小人比而不周。

君子泰[5]而不骄[6],小人骄而不泰。

君子和[7]而不同[8],小人同而不和。(见《论语》)

简述

君子要求自己,小人要求别人。

君子懂得正义,小人只懂得私利。

君子向上,通达仁义;小人向下,追求财利。

君子心地平坦宽广,小人常常局促忧愁。

君子念念不忘道德,小人念念不忘乡土;君子关心法制,小人关心恩惠。

君子团结而不互相勾结,小人互相勾结而不团结。

君子安详舒展,却不骄傲盛气凌人;小人骄傲盛气凌人,却不安详舒展。

君子在人情世故和道义之间互相协调,却不盲目跟随;小人则盲目跟随,却不能用道义来协调人情世故。

注释

1 诸:兼词,相当于"之于"。2 喻:明白,知道。3 周:亲近,组合。4 比:勾结。5 泰:安舒。6 骄:骄横放纵。7 和:古哲学术语,与"同"相对。有相反相成之意,即在矛盾对立诸因素的作用下实现真正的和谐和统一。8 同:随合,附合。

启迪

孔子往往把君子与小人放在一起形成对比,以突出君子的品德。律己、正义、向上、坦荡、崇德、团结、从容、不盲从,还有中庸,仁智勇,仁义礼智信,温良恭俭让,君子人格是亲切的、温暖的、纯粹的、温润的。

人不可能生下来就有君子品格,而小人心性倒可能是与生俱来的,我们要通过进修提升自己,向君子人格靠近,把成为君子当作自己的目标。

君子以庄敬自持,则小人自不能近。

人生下来就是小人?

材性知^{1}能,君子小人一也。好^{2}荣恶^{3}辱,好利恶害,是君子小人之所同也。

饥而欲^{4}食,寒而欲暖,劳而欲息,好利而恶害。是人之所生而有也,是无待而然者也,是禹桀^{5}之所同也。目辨^{6}白黑美恶,耳辨音声清浊,口辨酸咸甘苦,鼻辨芬芳腥臊,骨体肤理辨寒暑疾痒,是又人之所生而有也,是无待而然者也,是禹桀之所同也。可以为尧禹,

简述

荀子认为,好荣恶辱,好利恶害,君子、小人都是这样的。人可以成为尧、禹,也可以成为桀、跖。荀子说,尧和禹者,非生而具者也,夫起于变故,成乎修为,待尽而后备者也。他这话的意思是:尧、禹这种人,并不是生下来就具备了当圣贤的条件,而是

可以为桀跖[7]，可以为工匠，可以为农贾[8]，在注错[9]习俗之所积耳。

尧禹者，非生而具者也，夫起于变故，成乎修为，待尽而后备者也。

人之生固小人[10]，无师无法则唯利之见耳[11]。（见《荀子·荣辱》）

从改变他原有的本性开始，由于整治身心才成功的，而整治身心的所作所为，是等到原有的恶劣本性都除尽了而后才具备的啊。

注释

1 知：即智。2 好：hào，嗜好，喜爱。3 恶：wù，讨厌，憎恨。4 欲：想要，希望。5 桀（生卒年不详）：jié，夏朝末代君主。相传桀有才力，性暴虐，嗜酒好声色。6 辨：判别，区分。7 跖（生卒年不详）：zhí，春秋末鲁国人，姬姓，展氏，名跖，又名柳下跖、柳展雄，在先秦古籍中被称为"盗跖"。中国民间传说中春秋时期率领盗匪数千人的大盗。柳下惠的弟弟。8 贾：gǔ，商人。9 注错：安排，措置。注，投。错，即措。10 人之生固小人：人生下来的时候，本来就是小人。之，主谓之间，取消句子独立性。固，本来。11 无师无法则唯利之见耳：如果没有老师教导、没有法度约束，就只会看到财利罢了。则，就。耳，罢了。

启迪

荀子（约前313—前238），名况，先秦儒家代表人物之一。

"人之生固小人"，这是荀子的"性恶论"，与"性恶论"相对的，是孟子的"性善论"。

《孟子·告子上》说："恻隐之心，人皆有之；羞恶之心，人皆有之；恭敬之心，人皆有之；是非之心，人皆有之。恻隐之心，仁也；羞恶之心，义也；恭敬之心，礼也；是非之心，智也。仁义礼智非由外铄我也，我固有之也。"《孟子·滕文公上》说："孟子道性善，言必称尧舜。"

荀子说，"非生而具者也"，"无师无法则唯利之见耳"，人本来就是小人。孟子

荀子

说:"非由外铄我也,我固有之也",人原有潜在的君子品质。荀子、孟子所见到的那些活生生的、未经教化的人,身上可能都没有多少君子的气息。怎么对待这种处于"原始"状态的人呢?孟子主张,要发掘、培育人的君子品格,培养其浩然之气。荀子则强调,要先把人原有的恶劣本性、小人心性除去,"待尽而后备者也"。

荀子、孟子相同的地方在于,都强调教化,都强调学习、修养的重要性。其实,诚意、正心本来就是要去恶存善,就是引导人向善向美。荀子"去恶"与孟子"存善"并不矛盾,则荀、孟也是能一致的。

对"人之生固小人",信之无害处。

玩笑旦的伎俩

出场的不是老旦,却是花旦了,而且这不是平常的花旦,而是海派戏广告上所说的"玩笑旦"。这是一种特殊的人物,他(她)要会媚笑[1],又要会撒泼[2],要会打情骂俏[3],又要会油腔滑调。总之,这是花旦而兼小丑的角色。不知道是时世造英雄(说"美人"要妥当些),还是美人儿多年阅历[4]的结果?

所以要一把眼泪一把鼻涕,哭哭啼啼,而又刁声浪气[5]的诉苦说:我不入火坑,谁入火坑。

(见鲁迅《伪自由书·大观园的人才》)

> **简述**
>
> "玩笑旦"是一种特殊的角色,要会媚笑,又要会撒泼,要会打情骂俏,又要会油腔滑调。花旦不易,小丑也不易,玩笑旦是花旦而兼小丑的角色,所以显得很不一般。
>
> "玩笑旦"还要能一把眼泪一把鼻涕,哭哭啼啼,刁声浪气地诉苦说:我不入火坑,谁入火坑。得了好处,却又去卖乖。

注释

1 媚笑：mèi xiào，有意做出妩媚的笑，以取得别人欢心。 2 撒泼：sā pō，放肆横行，无理取闹。 3 打情骂俏：指男女间假意打骂玩笑，互相调情。 4 阅历：亲身经验过；经历过。 5 刁声浪气：形容说话装腔作势，语调轻浮。

启迪

中国传统戏曲里的人物角色行当分类一般为生、旦、净、末、丑。

生行，是扮演男性角色的一种行当。

净行，俗称花脸，一般都是扮演男性角色。大花脸以唱工为主，如包拯；二花脸以做工为主，如曹操。

末行，扮演中年以上男子，多数挂须。

丑行，又叫小花脸、三花脸。

旦行，扮演各种不同年龄、不同性格、不同身份的女性角色。分为青衣（正旦）、花旦、武旦、刀马旦、老旦、彩旦、花衫等。

旦角

青衣（正旦），扮演端庄娴雅的女子，如白素贞、窦娥、王宝钏。

花旦，扮演天真活泼的少女或性格泼辣的少妇，如红娘。

武旦，扮演勇武的女性人物，如杨排风、孙二娘。

刀马旦，擅长武艺的青壮年妇女，如樊梨花、穆桂英、扈三娘。

老旦，老年妇女，如《赤桑镇》里的吴妙贞、《西厢记》里的崔老夫人。

彩旦，俗称丑婆子，扮演滑稽诙谐的喜剧性人物，如东施。

花衫，熔青衣、花旦、武旦、刀马旦于一炉的全才演员等称为花衫。梅派的杨贵妃、花木兰、西施，程派的红拂、祝英台，尚派的谢小娥、明妃，荀派的霍小玉、杜十娘等，都属花衫。

花旦，又细分为闺门旦、玩笑旦、泼辣旦、刺杀旦等。

玩笑旦多饰轻浮或活泼的女子，大都扮相艳丽，举止诙谐、伶俐。玩笑旦唱"南锣""吹腔""柳枝腔"等民间小调，用唢呐伴奏。《小上坟》里的萧素贞、《小放牛》里的村姑、《打面缸》里的周腊梅、《打花鼓》里的鼓婆都是玩笑旦。

舞台上的玩笑旦,是表演者,若是表演艺术高超者,可称艺术家。

鲁迅先生说的是生活中的玩笑旦(花旦而兼小丑的角色),那是生活中的小丑,是生活中的小人。男女皆可成为"玩笑旦"。

水土与性格成正相关?

安剽[1]楚庶民。(见《史记·太史公自序》)

师傅皆楚人,轻悍[2]。(见《史记·吴王濞列传》)

楚兵剽轻[3],难与争锋。(见《史记·绛侯周勃世家》)

荆楚僄勇[4]轻悍,好作乱,乃自古记之矣。(见《史记·淮南衡山列传》)

简述

司马迁谈到荆楚之人,喜用轻、剽、僄、悍等字,指出荆楚之人是敏捷、勇敢、强悍的人。一方水土养一方人,难道水土与人的性格成正相关?

注释

1 剽:piāo,勇猛,强悍。2 轻悍:qīng hàn,轻捷勇悍。3 剽轻:强悍轻捷;轻疾。4 僄勇:piào yǒng,敏捷勇敢。

启迪

《隋书·地理志》云:悲歌慷慨,俗重气侠,自古言勇敢者,皆出幽燕。韩愈《送董邵南序》开篇第一句是:燕赵古称多感慨悲歌之士。苏东坡亦曾赞叹:幽燕之地,自古号多豪杰,名于图史者往往皆是。"千场纵博家仍富,几

度报仇身不死"的邯郸游侠,"风萧萧兮易水寒,壮士一去兮不复还"的刺客荆轲,都是燕赵豪杰。长坂坡单骑救主的赵子龙,"当阳桥头一声吼,喝断桥梁水倒流"的张飞,也都是燕赵勇士。

山东人说,我生于泰山之下、洙泗之旁,长于孔孟之乡,所以视仁义如使命。十万大山中的人说,我自小就向往山那边的天地,所以突围、向前是我执着的理念。生活在海边的人说,我看海看天看日升月出,所以心胸如大海如天空般宽阔。

我们还常常听人说某处人奸滑,某处人野蛮,某处人豪爽,而"南京大萝卜"的说法,则是说南京人敦厚、热情和实心眼。

水土与人的性格成正相关?这也算是"一方水土养一方人"?

塑造一个人性格的因素是很多的。遗传是先天因素,家庭环境、社会环境、教育经历等是后天因素。如何评估一个人的性格?正确的态度和方法,是对这个人进行全面的观察和客观具体的分析。至于他是哪里人,仅做参考而已。

人世间竟然有这么多恶事

苟或[1] 非义而动,背理而行;以恶为能[2],忍作残害;阴贼[3] 良善,暗侮[4] 君亲[5];慢其先生,叛其所事;诳诸无识,谤诸同学;虚诬诈伪,攻讦[6] 宗亲;刚强不仁,狠戾[7]自用[8]。是非不当,向背乖宜;虐下取功,谄上[9] 希旨[10];受恩不感,念怨不休;轻蔑天民[11],扰乱国政;赏及非义,刑及无辜;杀人取财,倾人取位;诛降戮服,贬正排贤;凌孤逼寡,弃法受赂;以直为曲,以曲为直;入轻为重,见杀加怒;知过不改,见善不为;自罪[12] 引他[13],壅塞[14] 方术;讪谤[15] 圣贤,侵凌道德。射飞逐走,发蛰惊

简述
人世间竟然有这么多恶事:对父母、兄弟、妻儿、宗亲、圣贤、老师、同学、同事、或侮辱,或

栖；填穴覆巢，伤胎破卵。

愿人有失，毁人成功；危人自安，减人自益；以恶易好，以私废公；窃人之能，蔽人之善；形人之丑，讦人之私；耗人货财，离人骨肉；侵人所爱，助人为非；逞志作威，辱人求胜；败人苗稼，破人婚姻。

苟富而骄，苟免[16]无耻；认恩推过[17]，嫁祸卖恶；沽买虚誉，包贮险心；挫人所长，护己所短；乘威迫胁，纵暴杀伤；无故剪裁，非礼烹宰；散弃五谷，劳扰众生；破人之家，取其财宝；决水放火，以害民居；紊乱规模[18]，以败人功；损人器物，以穷人用。

见他荣贵，愿他流贬；见他富有，愿他破散；见他色美，起心私之；负他货财，愿他身死；干求[19]不遂，便生咒恨；见他失便[20]，便说他过；见他体相不具而笑之，见他才能可称而抑之。

埋蛊厌人[21]，用药杀树；恚[22]怒师傅，抵触父兄；强取强求，好侵好夺；掳掠致富，巧诈求迁[23]；赏罚不平，逸乐过节；苛虐[24]其下，恐吓于他。怨天尤人，呵风骂雨；斗合[25]争讼，妄逐朋党[26]；用妻妾语，违父母训；得新忘故，口是心非；贪冒于财，欺罔其上；造作恶语，谗毁平人[27]；毁人称直，骂神称正；弃顺效[28]逆，背亲向疏；指天地以证鄙怀，引神明而鉴猥事。

施与后悔，假借不还；分外营求，力上[29]施设；淫欲过度，心毒貌慈；秽食喂人，左道[30]惑众；短尺狭度，轻秤小升；以伪杂真，采取奸利[31]；压良为贱，谩蓦愚人[32]；贪婪无厌，咒诅求直。

嗜酒悖乱，骨肉忿争；男不忠良，女不柔顺；不和其室，不敬其夫；每好矜夸[33]，常行妒忌；无行于妻子，失礼于舅姑；轻慢先灵[34]，违逆上命；作为无益，怀挟外心；自咒咒他，偏憎偏爱。越井越灶，跳食跳人；损子堕胎，行多隐僻。

晦[35]腊[36]歌舞,朔[37]旦[38]号怒[39];对北[40]涕唾及溺[41],对灶吟咏及哭;又以灶火烧香,秽柴作食;夜起裸露,八节行刑;唾流星,指虹霓;辄指三光,久视日月;春月燎猎,对北恶骂;无故杀龟打蛇。(见李昌龄《太上感应篇·第六章　诸恶》)

注释

1　苟或:假如,如果。2　能:能力,能干。3　阴贼:暗地里伤人。4　侮:侮辱,欺侮。5　亲:父母。6　攻讦:gōng jié,用言论攻击别人的短处或揭发别人的隐私。7　狠戾:暴戾凶狠。8　自用:恃才任性。9　谄上:谄媚上司。10　希旨:迎合旨意。11　天民:按天理行事的平民。12　自罪:自己犯罪。13　引他:牵连别人。14　壅塞:yōng sè,堵塞不通,阻止。15　讪谤:恣意诋毁。16　苟免:用非正当手段躲过危难。17　认恩推过:恩非己出而冒认,过在自身却推给别人。18　紊乱规模:扰乱政策、法令、制度。19　干求:达到目的,追求目标。指求人给自己官职等。20　失便:失意,不得志。21　埋蛊厌人:一种妖术。22　恚:huì,恼恨,发怒。23　迁:升迁。24　苛虐:残酷迫害。25　斗合:挑拨。26　妄逐朋党:树立党羽,互相倾轧。27　平人:平白无辜之人。28　效:仿效,学习。29　力上:超出能力。30　左道:旁门左道,妖术。31　采取奸利:用不正当手段谋取利益。32　谩蓦:用变化多端的计谋欺骗。谩,mán,欺骗,诡计。蓦,mò,突然。33　矜夸:自我夸耀。34　先灵:先祖之灵。35　晦:每月最后一天。36　腊:每年腊月。37　朔:每月初一。38　旦:每天天亮。39　号怒:大怒。40　北:北方,北斗众星居住地。41　溺:即尿。

启迪

恶分小恶、大恶。小恶是错,大恶是罪。

做恶事的就是恶人。恶人分小人、罪人。小人自私自利,争名夺利。罪人极端卑鄙,极端残忍,天良丧尽。作恶多端的人,罪大恶极,恶贯满盈,死有余辜。罪人受法律制裁。

如何看待错?

不知者不为错。比如,覆巢、破卵,就是捣毁鸟巢,砸烂鸟蛋,小朋友不了解这是错,无意中犯了错,这是无心之错,可以宽容、原谅。但要教育小朋友,让他认识到这是错。

了解了某事是错,但因为别人的原因,因为利益的原因,还是去做了,这当然是错。

了解了某事是错,还是坚持做了,然后找借口,辩解文饰,这还是错,而且是错上加错。

了解了某事是错,自己以前犯了这种错,那就要纠正过来,改过来,所谓君子不贰过。人非圣贤,孰能无过,过而能改,善莫大焉。过错是日食、月食,改错以后,不减太阳、月亮的光辉。

总之,恶虽小,但不可忽视,小恶积累起来就是大恶,"勿以恶小而为之"。

如何看待小人?

古人说:见利向前,见害退后,同功专美于己,同过委罪于人,此小人恒态,而丈夫之羞行也。古人又说:子弟宁可终岁不读书,不可一日近小人。

小人心性恶性发展,小人就有可能成为罪人。小人身上多恶,避恶就要远离小人,远离小人也就是远离诸恶。

《太上感应篇》是道家作品,它提倡"积德累功,慈心于物",强调"忠孝友悌,正己化人,矜孤恤寡,敬老怀幼",体现的却是儒家的仁爱理念。"诸恶莫作","众善奉行",不为小恶,不近小人,一颗心向上、向善、向美,人格就会高大起来。

为博褒姒笑,烽火戏诸侯

大举烽火[1],复擂起大鼓。鼓声如雷,火光烛天。畿[2]内诸侯,疑镐京[3]有变,一个个即时领兵点将,连夜赶至骊山。但闻楼阁管龠[4]之音,幽

简述

褒姒不爱笑,周幽王想出各种办法让她笑,她就是不笑。有一次,周幽王命令手下人点

王与褒妃饮酒作乐。使人谢诸侯曰:"幸无外寇,不劳跋涉。"诸侯面面相觑[5],卷旗而回。褒妃在楼上,凭栏望见诸侯忙去忙回,并无一事,不觉抚掌大笑。幽王曰:"爱卿一笑,百媚俱生,此虢石父[6]之力也!"髯翁有诗,单咏"烽火戏诸侯"之事。诗曰:良夜骊宫奏管簧,无端烽火烛穹苍。可怜列国奔驰苦,止博褒妃笑一场!(见冯梦龙《东周列国志》)

燃烽火,诸侯都率兵赶来。诸侯到达后却发现没有敌人,褒姒看到诸侯惊慌失措的样子,果然大笑起来。

周幽王说:"爱卿一笑,百媚俱生,此虢石父之力也。"为了博得褒姒一笑,虢石父建议利用烽火戏耍诸侯,周幽王居然采纳,且事后夸奖虢石父。

注释

1 烽火:古时边防报警的烟火。烽火燃起表示军情紧急。古代在边境建造烽火台,通常台上放置干柴,遇有敌情时则燃火以报警——通过山峰之间的烽火迅速传达讯息。2 畿:jī,国都四周的广大地区。3 镐京:hào jīng,西周国都。位于今陕西省长安县西南,沣(fēng)河东岸,简称为"镐"。为周武王建都的地方。4 龠:yuè,古代一种乐器,形状像箫。5 面面相觑:指相互对看着。后形容惊惧、紧张、尴尬或束手无策的样子。觑,qù,看。6 虢石父:guó shí fǔ,周幽王时期的上卿。

启迪

幽王(?—前771),即周幽王,姬姓,名宫湦(shēng),西周第十二任、也是最后一任君主。

褒姒(bāo sì,生卒年不详),姒姓,褒国人,周幽王姬宫湦的第二任王后。

关于褒姒,《史记》《左传》《吕氏春秋》等均有记载。但专家考证,《烽火戏诸侯》故事是小说家言,不可信。褒姒入宫前,周幽王已经十分昏庸。周幽王宠幸褒姒是实,但西周完结,却不能归罪于褒姒。

不过,古人不这么看,《左传》说:"夏以妺(mò)喜(生卒年不详),殷以妲(dá)己(姓己名妲,生卒年不详),周以褒姒,三代所由亡也。"更有认定赵飞燕、杨玉环(肥环瘦燕)为"红颜祸水"的。曹雪芹说:"千红一窟(哭)""万艳同杯(悲)",古代女性的悲哀是普遍存在的,有曹公《红楼梦》为证。

客观地说,吕雉、贾南风、客氏……是祸水,夏桀、秦桧、魏忠贤……是祸根,都是祸国殃民之流。

王安石,你也太不讲究了

王荆公性简率[1],不事修饰[2]奉养,衣服垢污[3],饮食粗恶[4],一无有择,自少时则[5]然[6]。(见朱弁《曲洧旧闻》)

简述

王安石生性简朴率真,不讲究穿戴、吃喝,衣服满是污垢,饮食粗糙难咽,他都不计较,一点也不挑拣,从年轻的时候就是这样了。

注释

1 简率:简单随意。2 修饰:梳妆打扮。3 垢污:gòu wū,污垢,肮脏。4 粗恶:粗糙低劣,与精良相对。5 则:就,便。6 然:这样。

启迪

王安石(1021—1086),字介甫,号半山。曾封荆国公,故称王荆公。

《宋史·王安石传》这样记载:"性不好华腴,自奉至俭,或衣垢不浣,面垢不洗。"

从个人习惯说,我吃什么、穿什么不关他人什么事。但从礼仪说,穿戴、佩饰还是应该讲究的,在公共场合、作为公众人物更应该讲究。衣服整洁,佩饰得体,是对人的一般要求。我们反对过分讲究,但过分不讲究,还不如过

王安石

分讲究。苏洵《辨奸论》指责王安石,"衣臣虏(奴仆)之衣,食犬彘(狗猪。彘,zhì,猪)之食,囚(囚徒)首丧(居丧)面,而谈诗书,此岂其情也哉?"苏洵甚至说:"凡事之不近人情者,鲜不为大奸慝(tè,恶,邪恶),竖刁、易牙、开方是也。"为了讨好齐桓公,竖刁杀子、易牙自阉、开方父死不奔丧。苏洵把王安石与齐桓公身边的这三个小人相提并论,他或许是"过分"了,但王安石也太不讲究了,所以授人以口实。相传,同僚曾试探王安石,在他洗澡后,拿一套新衣服给他,他穿上后,也没有察觉不是原来的衣服。他其实就是"简率,不事修饰奉养",也就是不讲究——太不讲究了。有人说他是"邋遢哥",也没说错啊。

社会上有"只重衣衫不重人"的说法,太不讲究,会被误会、误解甚至曲解。

"人靠衣装,佛靠金装","人靠衣装马靠鞍",这些俗语是有其道理的。

《离骚》中"制芰(jì,菱角,指菱叶)荷以为衣兮,集芙蓉以为裳","高余冠之岌岌兮,长余佩之陆离",多么美好啊。

"山水花月之际看美人,更觉多韵,是美人借韵于山水花月也","花看水影,竹看月影,美人看帘影",古人很懂得陪衬烘托之法。

王安石是"唐宋八大家"之一,词独树一帜,晚年的绝句直追唐人。杨万里诗说:"半山绝句当早餐",他把王安石的绝句当成"早餐"。

王安石的《伤仲永》《答司马谏议书》《游褒禅山记》《读孟尝君传》《祭欧阳文忠公文》和《明妃曲二首》《泊船瓜洲》《登飞来峰》《梅花》《元日》《书湖阴先生壁二首》及《千秋岁引·秋景》《桂枝香·金陵怀古》《渔家傲·灯火已收正月半》《菩萨蛮·数家茅屋闲临水》《浣溪沙·百亩中庭半是苔》《菩萨蛮·集句》《浪淘沙令·伊吕两衰翁》等,新颖、深邃、淡远、空阔,值得咀嚼品味。

做人:智者必怀仁

人心隔肚皮,如何识人心?

子曰:"视其所以[1],观其所由[2],察其所安[3]。人焉廋哉[4]?人焉廋哉?"(见《论语·为政》)

孔子闻之,曰:"吾以言取人[5],失之宰予;以貌取人[6],失之子羽。"(见司马迁《史记·仲尼弟子列传》)

魏文侯谓李克曰:"先生尝教寡人曰:'家贫则思良妻,国乱则思良相。'今所置非成[7]则璜[8],二子何如?"李克曰:"君不察故也。居视其所亲,富视其所与,达视其所举,穷视其所不为,贫视其所不取,五者足以定之矣,何待克哉!"文侯曰:"先生就舍,寡人之相定矣。"(见司马迁《史记·魏世家》)

> **简述**
>
> 孔子的"识人三法"是:看这个人做的事;看这个人做事的方法、动机;看这个人心安于什么事,不安于什么事。孔子说,以言取人,以貌取人,都是靠不住的。例如:宰予能说会道,但"朽木不可雕也";子羽相貌丑陋,但努力进修,光明磊落,跟随他的弟子达三百多人,在诸侯国之间有很高的声誉。
>
> 李克的"识人五术"是:做普通人时看他亲近什么人,富裕了看他与什么人交往,做官时看他推举什么人,困窘落魄时看他不屑于做什么事情,贫穷时看他会不会乱拿别人的东西。李克只是提出方法供魏文侯参考。没有代替魏文侯做主,决定权是魏文侯,这也是智慧之举。

> **注释**
>
> 1 所以:用来……的,所做的,所作所为。 2 所由:所经过的途径,处事的动机。 3 所安:心安于什么事情。 4 人焉廋哉:这个人的内心怎能掩盖得了呢?廋,sōu,隐藏,隐蔽。 5 吾以言取人,失之宰予:我凭借言辞判断人,对宰予的判

断出错了。6 以貌取人,失之子羽:从相貌上判断人,对澹台灭明的判断出错了。7 成:指魏成。8 璜:指翟璜。

启迪

孔子的"识人三法"极有价值,仍有现实意义。

李克(生卒年不详),战国初期人,魏国政治家,儒家卜子夏的弟子,魏武侯时期任中山相。李克的"识人五术"至今仍有借鉴意义。

不过,人心不同,有如其面,对具体时空下的真实人物的识别、判断其实并不容易,识人是很难的。圣明如孔老夫子,也曾错误判断宰予、子羽。

白居易有诗曰:"赠君一法决狐疑,不用钻龟(zuàn guī,古人一种占卜术。钻刺龟里甲,并以火灼,视其裂纹以断吉凶)与祝蓍(zhù shī,古人占卜的一种方式)。试玉要烧三日满,辨材须待七年期。周公恐惧流言日,王莽谦恭未篡时。向使当初身便死,一生真伪复谁知?""辨材须待七年期",白居易主张用时间去检测。

《资治通鉴》记载:

翟璜曰:"今者闻君召先生而卜相,果谁为之?"克曰:"魏成。"

翟璜忿然作色曰:"西河守吴起,臣所进也。君内以邺为忧,臣进西门豹。君欲伐中山,臣进乐羊。中山已拔,无使守之,臣进先生。君之子无傅,臣进屈侯鲋。以耳目之所睹记,臣何负于魏成!"李克曰:"子言克于子之君者,岂将比周以求大官哉?君问相于克,克之对如是。所以知君之必相魏成者,魏成食禄千钟,什九在外,什一在内;是以(以是,因此)东得卜子夏、田子方、段干木。此三人者,君皆师之;子所进五人者,君皆臣之。子恶(wū,怎么,如何)得(能够)与魏成比也!"李克通过仔细观察、对比分析,得出了结论。翟璜也不得不信服。

让正义的怒火燃烧起来

予[1]惟闻汝众言,夏氏有罪,予畏上帝,不敢不正。今汝其曰:"夏罪其如台[2]?"夏王率遏众力[3],率割[4]夏邑。有众率怠弗协,曰:"时[5]日曷[6]丧?予及汝皆[7]亡。"夏德若兹[8],今朕[9]必往。(见《尚书·汤誓》)

简述

这样的言论我早已听说过,但是夏桀有罪,我敬畏上帝,不敢不去征讨。现在你们要问:"夏桀的罪行到底怎么样呢?"夏桀耗尽了民力,剥削夏国人民。民众大多怠慢不恭,不予合作,并说:"这个太阳什么时候才能消失?我们宁可和你(指夏桀)一起灭亡。"夏桀的德行败坏到这种程度,现在我一定要去讨伐他。

注释

1 予:我。 2 如台:如何。 3 率遏众力:竭尽民力。率,语气助词。遏,即竭,尽。 4 割:剥削。 5 时:是,这个。 6 曷:hé,何。 7 皆:即偕,一起。 8 兹:此,这样。 9 朕:第一人称代词,我。秦始皇之后成为皇帝专用的自称。

启迪

夏桀(生卒年不详),夏朝末代君主。姒姓,夏后氏,名癸,一名履癸,帝发之子,桀是其谥号,故史称夏桀。帝发死后,桀继任夏朝君主之位。夏桀昏庸无道,奢侈无度,嗜酒,好声色,"时日曷丧?予及汝皆亡。"老百姓盼望他早些灭亡,老百姓宁可跟他同归于尽。

某地某人为了私心私利搞所谓"改制",是可忍孰不可忍?民意沸腾,民情激愤,"改制"未遂。有诗咏此:"瞒天过海手法新,民意强奸褶皱心。与日偕亡风雨起,花凋叶谢作柴薪。"

传说路易十五的情妇蓬巴杜夫人曾有言:"我死之后,哪管洪水滔天(或译成:可能洪水滔天)。"可见她不管不顾,不顾一切了。可见她任性自是、狂妄至极。

美国波士顿犹太人屠杀纪念碑刻有德国牧师马丁·尼莫拉的话:"在德国,起初他们追杀共产主义者,我没有说话,因为我不是共产主义者;接着他们追杀犹太人,我没有说话,因为我不是犹太人;后来他们追杀工会成员,我没有说话,因为我是新教教徒;最后他们奔我而来,再也没有人站出来为我说话了。"他的话包含无助,包含忏悔。

所以,血气之怒不可有,义理之怒不可无。

所以,正义的怒火应该燃烧起来。

柳下惠其人其事

鲁人有男子独处于室,邻之厘妇[1]又独处于室[2]。夜,暴风雨至而室坏,妇人趋[3]而托之,男子闭户而不纳[4]。妇人自牖[5]与之言曰:"子[6]何为不纳我乎?"男子曰:"今子幼,吾亦幼,不可以纳子!"妇人曰:"子何不若[7]柳下惠然?"男子曰:"柳下惠固可[8],吾固不可。吾将以吾不可,学柳下惠之可。"(见《诗·小雅·巷伯》之《毛传》)

鲁柳下惠,姓展名禽,远行夜宿都门外。时大寒,忽有女子来托宿,下惠恐[9]其冻死,乃[10]坐之于怀,以衣覆[11]之,至晓不为乱。(见胡炳文《纯正蒙求》)

柳下惠夜宿郭门,有女子来同宿,恐[9]

> **简述**
>
> 鲁男子在大雨之夜,关着门不让邻居的妇人进门。他的理由简单,两个年轻人在一起,可能会做出失礼的事情。
>
> 柳下惠遇到女子来同宿,因天大寒,担心她冻死,让她坐自己腿上,用衣服裹着她。到第二天早上也没有违背礼法。

其冻死,坐之于怀,至晓不为乱。(见陶宗仪《南村辍耕录·不乱附妄》)

颜叔子独居,夜大雨,有女子投之,令¹²其¹³执¹⁴烛¹⁵,至明¹⁶不二志。(见陶宗仪《南村辍耕录·不乱附妄》)

颜叔子在大雨夜,让女子进入自己的家。但让女子手拿火炬。直到天亮,颜叔子心志专一,不生异念。

注释

1 厘妇:lí fù,即嫠妇,寡妇。 2 室:房屋。 3 趋:跑,疾走。 4 纳:接纳。 5 牖:yǒu,窗。 6 子:第二人称的尊称,您。 7 若:像。 8 固:本来。 9 恐:担心。 10 乃:于是,就。 11 覆:覆盖。 12 令:使,让。 13 其:她。 14 执:握,持。 15 烛:照明用的火炬。 16 明:天明,天亮。

启迪

颜叔子(生卒年不详),春秋时人。

柳下惠(前720—前621),姬姓,展氏,名获,谥号惠。因其封地在柳下,后人尊称其为"柳下惠"。

孔子、孟子,《荀子》《庄子》《墨子》《战国策》等,都谈到过柳下惠。唐以后的诗词中,有大量歌咏柳下惠"坐怀不乱"的篇什。古人经常将柳下惠、颜叔子并称,他俩的故事经常放在一起。鲁男子以自己的"不可"学柳下惠的"可",你我都年轻,正心、修身还没有达到柳下惠那样的高度,所以,我不让你进我家,就是在学柳下惠的精神。

男性不能做摘花客,不能拈花、惹草、扶柳丝。武侠中的田伯光,尚有一二分"可爱"之处。而史书记载明朝一个叫桑冲的人,"妆妇人身首",专职做坏事,终被绳之以法,凌迟处死,那是罪有应得。凌迟,即剐刑,割肉离骨。剐,guǎ,割肉离骨。莫言的《檀香刑》详细描写这种酷刑。《窦娥冤》第四折:"合拟凌迟,剐一百二十刀处死。"

女性中,有卫宣姜、齐文姜、夏姬,臭名昭著,被唾弃。也有许穆夫人(卫宣姜之女儿),却是一位受到歌颂的女子。

杜甫说:颠(即癫)狂柳絮随风舞,轻薄桃花逐水流。

王儒卿说:郎心亦是浮萍草,莫怪杨花易逐风。

故君子慎其独也,无论男性、女性都要慎独。

饮酒要有德性

有大人先生,以天地为一朝,以万期[1]为须臾,日月为扃牖[2],八荒[3]为庭衢[4]。行无辙迹,居无室庐,幕天席地,纵意所如。止则操卮[5]执觚[6],动则挈[7]榼[8]提壶,唯酒是务,焉[9]知其余?

有贵介[10]公子,搢绅[11]处士[12],闻吾风声,议其所以。乃奋袂攘襟[13],怒目切齿,陈说礼法,是非锋起。先生于是[14]方捧甖[15]承槽[16]、衔杯漱醪[17];奋髯[18]踑踞[19],枕麹[20]藉[21]糟[22];无思无虑,其乐陶陶[23]。兀然[24]而醉,豁尔而醒;静听不闻雷霆之声,熟视不睹泰山之形,不觉寒暑之切[25]肌,利欲之感情[26]。俯观万物,扰扰焉[27],如江汉之载浮萍;二豪[28]侍侧焉,如蜾蠃[29]之与螟蛉[30]。(见刘伶《酒德颂[31]》)

简述

有一个大人先生,他把天地开辟以来的漫长时间看作一瞬之间,他把一万年当作一眨眼工夫,他把天上的日月看作自己屋子的门窗,他把辽阔的远方当作自己的庭院。他放旷不羁,自由自在。停歇时,他便捧着卮子,端着酒杯;走动时,他也是提着酒壶,他只以喝酒为要事,又怎肯理会酒以外的事!

你看,大人先生捧起了酒器,把杯中美酒倾入口中,悠闲地摆动胡须,大为不敬地伸着两脚坐在地上,他枕着酒曲,垫着酒糟,不思不想,陶陶然进入快乐乡。他无知无觉地大醉,很久了才酒醒。酒醒后,静心听时,他听不到雷霆的巨声;用心看时,他连泰山那么大也看不清;寒暑冷热的变化,他感觉不到;利害欲望这些俗情,也不能让他动心。

大人先生饮酒有德性。大人先生唯酒是务。他沉醉酒中,纵情任性,睥睨万物,不受羁绊,何其潇洒,何其旷达。

《酒德颂》讽刺"礼法",蔑视贵介公子、搢绅处士,"二豪侍侧焉",如同二虫。

注释

1 万期：万年。期，jī。 2 扃牖：jiōng yǒu，门窗。 3 八荒：八方，极远的地方。 4 衢：qú，四通八达的大路。 5 卮：zhī，古代一种盛酒的器具。 6 觚：gū，古代一种盛酒的器具。 7 挈：qiè，提。 8 榼：kē，古代盛酒或贮水的器具。 9 焉：哪里。 10 贵介：尊贵。 11 搢绅：jìn shēn，有官职或做过官的人。 12 处士：隐士。 13 奋袂攘襟：挥挥袖子，撩起衣襟，奋然而起。形容愤恨或激动。袂，mèi，袖子。攘，rǎng，撩起。襟，jīn，衣襟。 14 于是：在这时。 15 罂：yīng，即罍，古代大腹小口的酒器。 16 槽：cáo，盛饮料或其他液体的器具，注酒器。 17 醪：láo，浊酒。 18 髯：颊毛。 19 跂踞：jī jù，即箕踞，坐时伸两足，手据膝，若箕状。箕踞为对人不敬的坐姿。 20 麹：qū，酒麹，酒曲。 21 藉：jiè，草垫。 22 糟：酒糟。 23 陶陶：和乐的样子。 24 兀然：无知觉的样子。 25 切：接触。 26 感情：感于情。 27 扰扰焉：纷乱的样子。 28 二豪：指贵介公子与搢绅处士。 29 蜾蠃：guǒ luǒ，一种昆虫。 30 螟蛉：míng líng，一种绿色小虫。 31 酒德颂：赞扬饮酒的德性。颂，一种文体。

启迪

刘伶（221—300），魏晋名士，"竹林七贤"之一。或称其"酒鬼""酒仙"。大人先生是一个"借酒反抗"的形象。这个形象体现刘伶的精神面貌。

相传，黄帝史官杜康（或称其"酒圣"）造酒；夏禹时仪狄（或称其"酒神"）造酒。有酒之后，出现很多喝酒名士。刘伶是一个代表。刘伶说，天生刘伶，以酒为名；一饮一斛（hú，量器，原来十斗为一斛，后五斗为一斛），五斗解酲（解酲，除去病症。酲，chéng，病酒）。

酒器

孔群嗜酒，别人劝说，没见你家盖酒坛的布容易烂？孔群回答说，你难道没看见用酒腌制过的肉保存时间更长？张翰说，使我有身后名，不如即时一杯酒。王忱说，三日不饮酒，觉形神不复相亲；阮籍胸中垒块，故须酒浇之。

酒是儒法道三家都喜欢的东西。谈判交流,折冲樽俎(zūn zǔ,樽以盛酒,俎以盛肉),酒是入世工具。行酒令,定赏罚,酒是施政手段。遗世独立,飘逸潇洒,酒是出世媒介。普通人身上兼具儒法道之性,所以酒是普通人的爱物。

有朋自远方来,佳肴佳酿,小酌怡情,不亦乐乎?但若酩酊大醉,甚至不省人事,既不能叙旧情,又因酒失态,因酒失言,斯文扫地,岂不愧哉?岂不尬尴哉?饮酒要有德性。

中国古代关于喝酒的诗文如山似海。我们读读辛弃疾的"戒酒词"《沁园春·将止酒,戒酒杯使勿近》:

杯汝来前!老子今朝,点检形骸(检查身体)。甚长年抱渴,咽如焦釜(锅烧糊了);于今喜睡,气(鼾声)似奔雷。汝说"刘伶,古今达者,醉后何妨死便埋"。浑如此,叹汝于知己,真少恩哉!

更凭歌舞为媒。算合作平居鸩毒猜。况怨无小大,生于所爱;物无美恶,过则为灾。与汝成言,勿留亟(急,快)退,吾力犹能肆(打碎酒杯)汝杯。杯再拜,道"麾(即挥)之即去,招亦须来"。

辛弃疾戒酒能否成功呢?不得不打个问号。再读读辛弃疾的"醉酒词"《西江月·遣兴》:

醉里且贪欢笑,要愁那(即哪)得工夫。近来始觉古人书,信著全无是处。

昨夜松边醉倒,问松我醉何如?只疑松动要来扶,以手推松曰去!

要得戒酒法,醒眼看醉人。

做人：智者必怀仁

古典作家如何看世界看人生

试看书林隐处，几多俊逸儒流。虚名薄利不关愁，裁冰及剪雪[1]，谈笑看吴钩[2]。 评议前王并后帝，分真伪，占据中州[3]，七雄[4]扰扰乱春秋。兴亡如脆柳，身世类虚舟[5]。（见施耐庵《水浒传》之《引首》）

滚滚长江东逝水，浪花淘尽[6]英雄。是非成败转头空。青山依旧在，几度夕阳红。 白发渔樵[7]江渚[8]上，惯看秋月春风。一壶浊酒喜相逢。古今多少事，都付笑谈中。（见罗贯中《三国演义》开篇引《临江仙·滚滚长江东逝水》）

争名夺利几时休？早起迟眠不自由！骑着驴骡思骏马，官居宰相望王侯。只愁衣食耽劳碌，何怕阎君就取勾[9]。继子荫孙图富贵，更无一个肯回头。（见吴承恩《西游记》第一回）

为官的，家业凋零。富贵的，

简述

《水浒传》之《引首》：你看那史书记载的和隐居山林的，有多少俊朗飘逸的儒生学士？他们不关心那些虚名薄利，只是吟诗作词，笑谈战事、历史。评论历代帝王，或真或幻在中原征战割据，就像春秋时争霸的七雄一样。帝王衰败像脆柳一样，人的身世也类同虚舟，随风飘摇。

《临江仙·滚滚长江东逝水》：波涛汹涌的长江日夜不停地向东奔流，多少英雄豪杰都像那翻飞的浪花一样消逝了。那些是非、成败、荣辱，在历史的长河中，转眼之间即成为过去，只有青山绿水依旧，日落日升依然。那江上打渔和山上砍柴的白发老翁，习惯了春夏秋冬的变化。和老朋友难得见面，痛快地畅饮一壶浊酒，古往今来的诸多大小事情，都成了闲谈的话题、下酒的菜肴。

《西游记》第一回七言律诗：每

金银散尽。有恩的,死里逃生。无情的,分明报应。欠命的,命已还。欠泪的,泪已尽。冤冤相报实非轻,分离聚合皆前定。欲知命短问前生,老来富贵也真侥幸。看破的,遁入空门。痴迷的,枉送了性命。——好一似食尽鸟投林,落了片白茫茫大地真干净!(见曹雪芹《红楼梦》之《飞鸟各投林》)

人生南北多歧路,将相神仙,也要凡人做。百代兴亡朝复暮,江风吹倒前朝树。 功名富贵无凭据,费尽心情,总把流光误。浊酒三杯沉醉去,水流花谢知何处?(见吴敬梓《儒林外史》第一回)

个人都在追求功名利禄,什么时候是个止境呢?为功名利禄起早贪黑,身心全无自由。骑着驴子又想要骏马,当了宰相又想当王封侯。为穿衣吃饭而忙忙碌碌,为何不怕阎王爷把命勾?又想着挣下家业传给子孙,从来没有一个明白人,没有一个能回头。

《红楼梦》之《飞鸟各投林》说:冤冤相报实非轻,分离聚合皆前定。好一似食尽鸟投林,落了片白茫茫大地真干净!

《儒林外史》第一回之《蝶恋花》说:人生南北多歧路,功名富贵无凭据,浊酒三杯沉醉去,水流花谢知何处?

注释

1 裁冰及剪雪:即吟诗作赋的意思。裁、剪,营构、制作。冰、雪,代指超尘拔俗、词意清新的文词。2 吴钩:春秋时吴国制造的铜刀,后世泛指锋利的刀剑。3 中州:古代地区名称,与中土、中原同义。4 七雄:指战国时代齐、楚、燕、韩、赵、魏、秦七个诸侯强国。5 虚舟:无人驾驶、乘坐的空船。比喻漂泊无定,不能自主。6 淘尽:荡涤一空。7 渔樵:渔父和樵夫。8 渚:水中的小块陆地。9 取勾:勾取,指鬼卒勾摄人的灵魂。

启迪

"七雄扰扰乱春秋","滚滚长江东逝水,浪花淘尽英雄","官居宰相望王侯","落了片白茫茫大地真干净","功名富贵无凭据",作家们自觉地站在"历史"的高度来描述故事。

我国的历史久远、厚重,沉甸甸的,给我们无限的自豪感。

"唐尧虞舜夏商周,春秋战国乱悠悠。秦汉三国晋统一,南朝北朝是对头。隋唐五代又十国,宋元明清帝王休。""良渚文明"距今5300年。从尧时代算起,华夏历史也已有四千余年!

《水浒传》《三国演义》《西游记》《红楼梦》《儒林外史》都是小说,但它们何尝不是"以小说为形式"的"历史"?大仲马说:历史就是钉子,用来挂我的小说。

王维说:黄帝孔丘何处问,安知不是梦中身!

苏轼说:休言万事转头空,未转头时皆梦。又说:古今如梦,何曾梦觉,但有旧欢新怨。

施耐庵、罗贯中、吴承恩、曹雪芹、吴敬梓这些顶级的作家,王维、苏轼这些顶级的诗家,都把人生、世界"看透""看穿""看淡"了。但生活、生命本身的意义极为深远。千年以降,百年以来,我们还在读名著,传诵着那些精彩绝伦的故事。我们还在读王维,读苏轼,做着他们的朋友。一大批古人虽死犹生,孔、孟、朱熹、王阳明都还活着,作家、诗人们也还活着,正如司马迁论屈原时所说:"虽与日月争光可也。"

日月经天,江河行地,我们活在世上——美好的世界是不朽的。

损有余而补不足

天之道[1],其[2] 犹张弓[3] 欤?高者抑[4]之,下者举之;有余者损[5]之,不足者补之。天之道,损有余而补不足[6]。(见《道德经·第七十七章》)

简述

大自然的法则不就如同拉弓射箭吗?高了压低它,低了抬高它;有余的就减少,不足的加以补足。所以,大自然的法则是减少有余而补充不足。

注释

1 道：道理，规律。2 其：副词，表示推测、估计、大约、或许。3 张弓：拉弓射箭。4 抑：往下按。5 损：减少。6 损有余而补不足：削减有多余的一方，补给不足的一方。

启迪

老子（生卒年不详），姓李名耳，字聃，一字伯阳，春秋末期人。中国古代思想家、哲学家、文学家和史学家，道家学派创始人和主要代表人物，与庄子并称"老庄"。后被道教尊为始祖，称"太上老君"。

老子

我曾做高三年级奖励方案。无章可依，无法可循。我分会考、高考两项。高考以市奖励等级和课时为重要依据，会考以一次性100%通过率、30%优秀率、课时为重要参考。以总额的60%均分，40%根据等级、优秀率等评定。高三老师座谈会上，我解说方案，老师们无任何异议，奖励方案顺利通过。为什么拿出60%均分？我相信老子的话："天之道，损有余而补不足。"也相信《礼记》的话："过之者，俯而就之，不至焉者，跂（qǐ，踮起脚后跟）而及之。"高个子低低头，矮个子跂跂脚。要有差别，但差别不能大，各方面都易于接受。（见《检点流年心依然》）

《尚书》说："若网在纲，有条而不紊"，要抓住关键。《老子》说："天下大事，必作于细"，细节决定成败。《荀子·礼论》说："故绳者，直之至；衡者，平之至；规矩者，方圆之至；礼者，人道（为人、治国的原则）之极（准则，法则）也"，无规矩不成方圆。

中庸是儒家发现、提倡的。中，既不过多，又不过少，是适度，是恰到好处，是适当其时（孟子谓孔子"圣之时者也"）。庸，普通，庸常，寻常，吃饭喝水，顺乎人性，"率性之谓道"。中庸了，合乎分寸了，个人内心就平衡了，集体就和睦了。须知，人的天性是倾向于过分、极端的，唯中庸能药之。

做人:智者必怀仁

不看重难得之货

不尚贤,使民不争;不贵¹难得之货,使民不为盗²;不见可欲,使民心不乱。(见《道德经·第三章》)

简述

不崇尚贤才功名,使人们不去争名夺位。不视难得的奇珍异宝为贵重之物,使人们不去做偷盗的事。不让人们了解可贪的功名和利禄,使人们不产生邪恶和动乱的念头。

注释

1 贵:以……为贵。 2 盗:偷窃。

启迪

"铜钱双狮",是用历代铜钱编成的一双狮子,据说仅数以百计的铜钱也颇有价值。但是,无须拥有它。诗云:千钱双狮价千千,缘在他人非我缘。畅快退人心畅快,和谐和睦更和安。(见《检点流年心依然》)

老子言,不贵难得之货。《尚书》言,无总(聚敛)于货宝。《礼记》言,临财毋苟得。《中庸》言,贱货而贵德。《列子·杨朱》言,生民之不得休息,为四事故。一为寿,二为名,三为位,四为货。孔子言,视思明,听思聪,色思温,貌思恭,言思忠,事思敬,疑思问,忿思难,见得思义(见得思义,面对可得的利益,考虑是否合于仁义)。太史公更有言,夫子罕(很少)言利者,常防其原(原,祸乱的根源)也。故曰"放(fǎng,依循,依据)于利(利益)而行,多怨(怨恨)"。

吾眼前见天下无一个不好人

苏子瞻泛爱天下士,无[1]贤不肖,欢如[2]也。尝自言:"上可以陪玉皇大帝,下可以陪卑田院[3]乞儿。"子由晦默,少许可,尝戒子瞻择交。子瞻曰:"吾眼前见天下无一个不好人。"此乃一病。子由监筠州酒税,子瞻尝就见之。子由戒以口舌之祸,及饯[4]之郊外,不交一谈,唯指口以示[5]之。(见贾似道《悦生随抄》引刘壮舆《漫浪野录》)

简述

"玉皇大帝"也好,"卑田院乞儿"也好,贤也罢,不肖也罢,大家都是一样的,众生都是平等的,没有什么高低尊卑贵贱之分。我苏轼可以陪他们聊、陪他们玩,真诚地与他们交往。在我苏东坡眼里,天下所有人都是好人。

注释

1 无:无论,不论。 2 欢如:欣喜貌。 3 卑田院:即"悲田院",原为佛寺救济贫民之所,后泛称收容乞丐的地方。 4 饯:设酒食为人送行。 5 示:摆出来给人看,或指出来使人知道。

启迪

苏轼(1037—1101),是全才式的艺术巨匠。诗与黄庭坚并称"苏黄";词开豪放一派,与辛弃疾同是豪放派代表,并称"苏辛";散文与欧阳修并称"欧苏",为"唐宋八大家"之一。苏轼擅长写行书、楷书,与黄庭坚、米芾、蔡襄并称为"宋四家";擅长文人画,尤擅墨竹、怪石、枯木等。

苏轼代表作品有《念奴娇·赤壁怀古》《水调歌头·中秋》《江城子·乙卯正月二十日夜记梦》和《赤壁赋》《记承天寺夜游》《石钟山记》等。

"吾眼前见天下无一个不好人",很好地体现了苏轼的人格魅力。"上可以陪玉皇大帝,下可以陪卑田院乞儿。"能这样做其实很难。对玉皇大帝,很多人是仰视,甚至跪视,对卑田院乞儿,很多人是俯视,甚至是睥睨。苏轼则平视玉帝,也平视乞儿,绝无歧视。这就是苏轼的性格、格局、境界。

"吾眼前见天下无一个不好人",这是儒家的仁爱思想,这是佛家的悲悯情怀。既然把别人都看成是好人,自然就可以与之融洽相处。苏轼在很多地方生活过,无论是到哪里,都能与当地人打成一片。农夫、农妇、和尚、道士、酒监、药师、郎中、知县、太守,都能成为他的朋友。实际上,世上还是有"不好人"的,他也遇到过"不好人",遇到过坏人,遇到过十分坏的人。"吾眼前见天下无一个不好人",这是他的心性气度,是他的博大胸怀,是他的人格魅力。世人喜欢苏轼不是没有理由的。

《易经》说:天行健,君子以自强不息;地势坤,君子以厚德载物。苏轼是自觉的、忠实的实践者,他自强且厚德,所以一直奋发向上,所以能容天下万物。

《漫浪野录》是苏轼的朋友刘恕之子刘壮舆的作品。

生我者父母,知我者鲍子也

管仲夷吾者,颍上人也。少时常与鲍叔牙游[1],鲍叔知其贤。管仲贫困,常欺[2]鲍叔,鲍叔终善遇之,不以为言。已而鲍叔事齐公子小白,管仲事公子纠。及小白立为桓公,公子纠死,管仲囚焉。鲍叔遂[3]进[4]管仲。

管仲既[5]用,任政于齐。齐

简述

管仲年轻的时候,就和鲍叔牙交往,鲍叔牙知道他贤明、有才干。齐桓公即位后,鲍叔牙向桓公推荐管仲。在管仲协助下,齐桓公成为春秋时期第一个霸主。齐桓公以霸主的身份,多次会合诸侯,使天下归正于一。

桓公以霸,九合诸侯,一匡⁶天下,管仲之谋也。

管仲曰:"吾始困时,尝与鲍叔贾,分财利多自与,鲍叔不以我为贪,知我贫也。吾尝为鲍叔谋事而更穷困⁷,鲍叔不以我为愚,知时有利不利也。吾尝三仕三见逐于⁸君,鲍叔不以我为不肖⁹,知我不遭时也。吾尝三战三走,鲍叔不以我为怯,知我有老母也。公子纠败,吾幽囚受辱,鲍叔不以我为无耻,知我不羞小节,而耻功名不显于天下也。生我者父母,知我者鲍子也。"鲍叔既进管仲,以身下之。子孙世禄于齐,有封邑者十余世,常为名大夫。天下不多¹⁰管仲之贤而多鲍叔能知人也。(见司马迁《史记·管晏列传》)

管仲说:我当初贫困时,曾经和鲍叔一起做生意,分财利时自己总是多要一些,鲍叔并不认为我贪财,他知道我家里贫穷。我曾经替鲍叔谋划事情,反而使他更加困顿不堪,陷于窘境,鲍叔不认为我愚笨,他知道时运有好也有不好的时候。我多次做官多次被国君驱逐,鲍叔不认为我不成器,他知道我没遇上好时机。我多次打仗多次逃跑,鲍叔不认为我胆小,他知道我家里有老母需要赡养。公子纠失败,我被囚禁遭受屈辱,鲍叔不认为我没有廉耻,知道我不因小的过失而感到羞愧,却以功名不显扬于天下而感到耻辱。生养我的是父母,真正了解我的是鲍叔啊。鲍叔推荐了管仲以后,自己成为管仲的助手。天下的人不称赞管仲的才干,反而赞美鲍叔能够识别人才。

注释

1 游:交往。2 欺:诈,欺骗,这里指多占钱物。3 遂:于是,就。4 进:推举。5 既:已经。6 匡:kuāng,纠正,匡正。7 穷困:困窘。8 于:被。9 不肖:不才,不贤。10 多:称赞。

启迪

管仲(前723—前645),齐桓公元年(前685),得到鲍叔牙推荐,担任国相。

鲍叔牙(?—前644),齐桓公四十一年(前645),担任国相。

管鲍互相信任,友情深厚,他们的故事感人至深,影响久远。

相传,现在吃的鲍鱼,原来名字是盾鱼,因为鲍叔牙爱吃盾鱼,人们改称它为鲍鱼。

知音最是难得

伯牙善鼓琴,钟子期善听。伯牙鼓琴,志在登高山,钟子期曰:"善哉,峨峨兮若泰山!"志在流水,钟子期曰:"善哉,洋洋兮若江河!"伯牙所念,钟子期必得之。伯牙游于泰山之阴,卒[1]逢暴雨,正于岩下,心悲,乃援琴而鼓之。初为霖雨之操,更造崩山之音。曲每奏,钟子期辄[2]穷其趣,伯牙乃舍琴而叹曰:"善哉,善哉,子之听夫!志想象犹吾心也,吾于何逃声哉?"(见《列子·汤问》)

伯牙鼓琴,钟子期听之。方鼓琴而志在太山[3],钟子期曰:"善哉乎鼓琴!巍巍乎若太山。"少选[4]之间,而志在流水,钟子期又曰:"善哉乎鼓琴!汤汤[5]乎若流水。"钟子期死,伯牙破琴绝弦,终身不复鼓琴,以

简述

伯牙弹琴的时候,想着在登高山。钟子期高兴地说:"弹得真好啊!我仿佛看见了一座巍峨的大山!"伯牙又想着流水,钟子期又说:"弹得真好啊!我仿佛看到了长江黄河!"伯牙每次想到什么,钟子期总是能从琴声中领会到伯牙所想。有一次,他们一起去泰山游玩,游兴正浓的时候,突然下起了暴雨,于是他们来到一块大岩石下避雨,伯牙心里突然感到很悲伤,于是就拿出随身携带的琴弹起来。开始弹的是连绵细雨,后来又弹大山崩裂。钟子期每次都能听出琴声中所表达的含义。伯牙于是放下琴感叹地说:"好啊,好啊,你能根据琴声想象出乐曲的意境,我的琴声无论如何也逃不出你的听力!"

伯牙得知钟子期去世消息后,到钟子期坟前,流着泪弹奏了一首哀伤的曲子。之后,伯牙伏在地上嚎啕大

为世无足⁶复为鼓琴者。(见吕不韦《吕氏春秋·本味》)

哭,说:"先生不在了,再也没人能听懂我的乐曲,我还弹琴干什么?"说完,竟然双手举琴狠狠摔在地上,将琴摔得粉碎。从此以后,伯牙再也不弹琴了。

注释

1 卒:即猝,cù,突然,急遽。2 辄:zhé,就,总是。3 太山:即泰山。4 少选:表示时间不长,一会儿,不多久。5 汤汤:shāng shāng,水势浩大的样子。6 足:值得,配。

启迪

伯牙(前387—前299),伯氏,名牙。著名的琴师,琴艺高超。说伯牙"姓俞名瑞,字伯牙",是明末小说家冯梦龙的杜撰。

相传琴曲《高山》《流水》和《水仙操》都是伯牙的作品。《琴操》记载:伯牙学琴三年不成,他的老师成连把他带到东海蓬莱山去听海水澎湃、群鸟悲鸣之音,于是他有感而作《水仙操》。

荀子《劝学篇》说:"伯牙鼓琴而六马仰秣(仰秣,仰首吃草。指被琴声感染)。"

钟子期(生卒年不详)是一位善于欣赏音乐的人,是知音,知音最难得。

在冯梦龙的《警世通言》开卷第一篇《俞伯牙摔琴谢知音》中,钟子期头戴箬笠,身披蓑衣,手持尖担,腰插板斧,脚踏

伯牙

芒鞋,是一个樵夫形象。

为了两年前的一个约定

范式字巨卿,山阳金乡人也,一名汜[1]。少游太学[2],为诸生[3],与汝南张劭为友。劭字元伯。二人并告归乡里。式谓元伯曰:"后二年当还,将过拜尊亲[4],见孺子[5]焉。"乃共克[6]期日。后期方至,元伯具以白[7]母,请设馔[8]以候之。母曰:"二年之别,千里结言,尔何相信之审[9]邪?"

对曰:"巨卿信士,必不乖违[10]。"母曰:"若然,当为尔酝酒[11]。"至其日,巨卿果到,升堂拜饮,尽欢而别。(见范晔《后汉书·独行传》)

简述

东汉时期,有个叫范式字巨卿的人,年轻的时候在太学游学,和汝南郡人张劭字元伯的结为好友。后来两人一起告假回乡,范式对元伯说:"两年后我要回京城,去拜见您的父母,看看您的孩子。"然后就共同约定了日期。两年后,约定的日期快到了,元伯请母亲准备宴席,但是母亲认为没准人家是随口说的,而且都过了两年,你还这么当真。元伯说:"巨卿是讲信用的人,一定不会违背诺言。"到了约定的日子,巨卿果然来了,两个好朋友吃鸡、食黍,共饮美酒,非常开心。

注释

1 汜:sì,原指汜水,在河南,这里是人名。2 太学:是中国古代的国立最高学府。3 诸生:古代经考试录取而进入中央、府、州、县各级学校,包括太学学习的生员。生员有增生、附生、廪生、例生等,统称诸生。4 尊亲:敬称他人父母。5 孺子:小孩子。6 克:限定,约定。7 白:表白,禀告。8 馔:zhuàn,饭食。9 审:确实,果真。10 乖违:违反,违背。11 酝酒:yùn jiǔ,酿酒。

启迪

元人宫天挺(约1260—约1330)根据范式、张劭的故事,创作《死生交范张鸡黍》杂剧,影响很大。鸡黍之交,指守信的朋友。

喜欢孤独的,不是神仙,就是魔鬼。人不喜孤独,而比较喜欢群居。作为社会的一分子,人总是要与他人交往的。有倾盖如故,也有白首如新。为什么会如此呢?气质、趣味、性格、观念的异同起重要作用。物以类聚,人以群分。一群人在一起活动,往往有共同爱好,两三人成为朋友,往往是志趣相投。

"群"也会解散,朋友也会"背叛",那是因为离群背友者的气质、趣味、性格、观念发生变化,或是因为外部环境发生变化。"没有永远的朋友",也是有一定道理的。

中国古人非常重视交友,看重交情。除了管鲍之交、知音之交、鸡黍之交之外,还有下面这些著名的交友故事:

莫逆之交:指情投意合、友谊深厚的朋友。"子桑户、孟子反、子琴张三人……相视而笑,莫逆于心,遂相与为友。""目击而道存矣。"(见《庄子》)"所与游集,尽一时名流。与邢子才、王景等并为莫逆之交。"(见李延寿《北史·司马膺之传》)

刎颈之交:指即使掉脑袋也不变心的朋友。"卒相与欢,为刎颈之交。"(见《史记·廉颇蔺相如列传》)

胶漆之交:指友谊深厚的朋友。"乡里为之语曰:胶漆自谓坚,不如雷与陈。"雷义与陈重亲密无间。(见范晔《后汉书·独行传》)

杵臼之交:指不计较贫贱、身份而结交的朋友。"公沙穆来游太学,无资粮,乃变服客佣,为祐赁舂。祐与语大惊,遂共定交于杵(舂米用的木棒)臼(舂米用的石臼)之间。"(见范晔《后汉书·吴祐传》)

总角之交:也作"总角之好",指童年时结交的朋友。"周公瑾英俊异才,与孤有总角之好、骨肉之分。"(见陈寿《三国志·吴志·周瑜传》裴松之注引《江表传》)总角,古代儿童把头发梳成小髻,用以代指童年时代。

车笠之交:指不因贵贱的变化而改变深厚友情的朋友。"越俗性率朴,初与人交,有礼,封土坛,祭以犬鸡,祝曰:'卿虽乘车我戴笠,后日相逢下车揖;我步行,君乘马,他日相逢君当下。'言交不以贵贱而渝也。"(见周处《风

土记》）

竹马之交：也作"竹马之好"，指幼时结交的朋友。"帝曰：'卿故复忆竹马之好不（否）？'"（见刘义庆《世说新语·方正》）竹马，指小孩把竹竿骑在裆下作马，用以代指幼年。

忘年之交：指不计年岁长幼而重在德行才能而交的朋友。"南乡范云见逊对策，大相称赏，因结忘年交。"（见李延寿《南史·何逊传》）

忘形之交：指彼此以心相许，不拘形迹的朋友。"少隐嵩山，性介，少谐合，韩愈一见，为忘形交。"（见宋祁、欧阳修等《新唐书·孟郊传》）

再世之交：指与人父子两代都结为朋友。亦指两家世代交往，称世交、世谊、世好。"伯温入闻父教，出则事司马光等，而光等亦屈名位辈行，与伯温为再世交。"（见脱脱、阿鲁图《宋史·邵伯温传》）

生死之交：指生死与共的朋友。"晋公在枪刀险难之中，我父亲挺身赴战，救他一命，身中六枪，因此上与俺父亲结为生死之交。"（见郑德辉《伫梅香》）

此外，还有八拜之交、金兰之交、肺腑之交、患难之交、谏诤之交、君子之交、市道之交、布衣之交、贫贱之交、一面之交、泛泛之交等多种。

亲益友，远损友

曰："益者三友，损者三友。友直[1]，友谅[2]，友多闻[3]，益矣。友便辟[4]，友善柔，友便佞[5]，损矣。"（见《论语·季氏》）

简述

孔子说："有益的朋友有三种，有害的朋友也有三种。同正直的人交朋友，同诚信的人交朋友，同见闻广博的人交朋友，便受益了。和逢迎谄媚的人交朋友，和当面恭维、背后诽谤的人交朋友，和夸夸其谈、华而不实的人交朋友，便有害了。"

注释

1 直:正直。 2 谅:诚信,信实。 3 多闻:见多识广,见闻广博。 4 便辟:pián pì,谄媚奉承,玩弄手腕。 5 便佞:pián nìng,用花言巧语取悦于人。

启迪

正直不搞歪门邪道,有时敢于批评你,这种朋友难能可贵。一诺千金,诚实守信,这样的朋友让你放心,让你感到踏实。知识多,见闻广,这个朋友会使你受到启发。谄媚你,讨好你,可能想跟你拉近关系,可能要从你这里得到东西,这是损友。在你面前奉承你与在你背后诽谤你的往往是同一个人,这是损友。巧言令色足恭者,十之八九不是好人,这也是损友。要亲益友,远损友。

古人云:松柏本孤直,难为桃李颜。又云:松竹之凌霄而不摧者,以其高而清也;桃李之艳阳而不耐者,以其丽而娇也。珍惜"高而清"者,远离"丽而娇"者。

友情也会有变化。竹林七贤,志趣清远,但面对司马氏的不懈进攻,嵇康进行对抗,阮籍处于矛盾中,山涛等走"投靠"之路。七贤离散,竹林枯萎。

真正的相知相交是:温不增华,寒不改叶,能四时而不衰,历夷险而益固。

《菜根谭》说:交友须带三分侠气,做人要存一点素心。这话值得我们记取。

卫灵公一口两舌

昔者弥子瑕见爱于卫君。卫国之法,窃驾君车者罪至刖[1]。既而弥子之母病,人闻,往夜告之,弥

简述

弥子瑕的母亲生了重病。弥子瑕不顾个人安危,假传君令让车夫驾着卫灵公的

做人：智者必怀仁

子矫[2]驾君车而出。君闻之而贤[3]之曰："孝哉,为母之故而犯刖罪！"

与君游果园,弥子食桃而甘[4],不尽而奉君。君曰："爱我哉,忘其口而念我！"

及[5]弥子色衰[6]而爱弛[7],得罪于君。君曰："是尝矫驾吾车,又尝食我以其余桃。"故弥子之行未变于初也,前见贤而后获罪者,爱憎之至变也。（见《韩非子·说难》）

座车送他回家。卫灵公知道这件事后,不但没有责罚弥子瑕,反而称赞道："你真是一个孝子啊！为了替母亲治病,竟然连断足之刑也无所畏惧了。"

弥子瑕陪卫灵公到果园游览。当时正值蜜桃成熟的季节,满园的桃树结满了桃子,白里透红,芳香弥漫。弥子瑕摘了一个又大又熟的蜜桃,不洗不擦就大口吃了起来。桃子很甜很脆,十分可口。当吃到一半的时候,他想起了身边的卫灵公,就把吃剩的一半递给卫灵公,让他同享。卫灵公说："你忍着馋劲把可口的蜜桃让给我吃,这真是爱我啊！"

后来,卫灵公以"矫驾吾车"和"食我以其余桃"责罚弥子瑕,而忘了弥子瑕的"孝哉"和"爱我哉"。卫灵公前后态度截然相反,一口两舌。

注释

1 刖:yuè,古代的一种酷刑,砍掉双脚或脚趾。 2 矫:jiǎo,假托,诈称。 3 贤:以……为贤。 4 甘:甜。 5 及:到,等到。 6 色衰:容貌衰老。 7 爱弛:宠爱减退。

启迪

卫君,指卫灵公（前540—前493）,姬姓,名元,春秋时期卫国第二十八代国君,前534年—前493年在位。

弥子瑕（生卒年不详）,春秋时人,卫国下大夫,美男子。

子鱼对卫灵公说,弥子瑕是君之狗。所以,弥子瑕这样的"遭遇"也是应该。

卫灵公一口两舌,而古今"善变"如卫灵公者,也有人在。

《左传》《新序》等都有关于弥子瑕的记载。

《史记》引用韩非子的文章包括上面的故事。韩非子借这个故事说明"说难"。说，shuì,游说(shuì)。难,nán,困难。说难，就是游说的困难。

"按市场交易方法结交"

廉颇之免长平归也,失势之时,故客尽[1]去。及复用为将,客又复至。

廉颇曰:"客退矣!"客曰:"吁!君何见之晚也?夫天下以市道交,君有势,我则从君,君无势则去,此固其理也,有何怨乎?"(见司马迁《史记·廉颇蔺相如列传》)

夫以汲、郑之贤,有势则宾客十倍,无势则否[2],况众人乎!下邽[3]翟公有言,始翟公为廷尉,宾客阗[4]门,及废,门外可设雀罗[5]。翟公复为廷尉,宾客欲往,翟公乃大署其门曰:"一死一生,乃[6]知交情。一贫一

简述

廉颇被免职从长平归来,失势的时候,原来的门客全部离去了。等到再被任命为将,门客又都回来了。廉颇说:"你们都走吧!"门客说:"哎呀!你的见识怎么这样陈旧呀?天下朋友相交就像市场交易,你有势,我就跟从你;你无势,我就离开你。这本是通常的道理,又有什么怨恨呢?"

汲黯于景帝时任太子洗马,在武帝时任东海太守,后又召为主爵都尉;而郑庄则先任太子舍人,后迁为大农令。二人其时皆位居高官,受人敬畏,每日户限为穿,车如流水马如龙,巴结逢迎者,不计其数。后二人俱丢官失势,致生计陷入困境。与此同时,宾客尽散,门前冷落鞍马稀。下邽人翟公(名不详),乃汉文帝时大臣,任廷尉时,为九卿之一,位高权重。每日车马盈门,宾客如云,络绎不绝,水泄不通。其失官后,宾客绝迹,门可罗雀。后官复原职,众宾客复登门求见。翟公感世态炎凉,忿懑之余,便于门首书一行大字曰:"一死一生,乃知交情;一贫一富,乃知交

富,乃知交态⁷。一贵一贱,交情乃见⁸。"汲、郑亦云⁹,悲夫!(见司马迁《史记·汲郑列传》)

态;一贵一贱,交情乃见。"经过生与死的考验,才了解交情的深浅。朋友之间,一个贫穷一个富有,才能了解交往的状态。两人之间地位相差悬殊,交情的真实状况才能显现出来。汲黯、郑庄亦如此不幸,可悲夫!

注释

1 尽:全,全部。2 否:不,不是。3 下邽:xià guī,地名,在今渭南市。4 阗:tián,填塞,充满。5 罗:捕鸟的网;张网捕捉。6 乃:才。7 交态:交往的状态。8 见:即现。9 云:如此。

启迪

廉颇(生卒年不详),嬴姓,廉氏,名颇。战国末期赵国名将,杰出军事家。与白起、王翦、李牧并称"战国四大名将"。

廉颇、翟公,有伏有起,见到宾客的前后变化,颇具戏剧性,更能见到人心人性。汲黯、郑庄丢官后,生活无着,如此不幸,令人唏嘘,令人悲从心起。

"天下熙熙,皆为利来;天下攘攘,皆为利往",这里的天下,应该是天下的商人。如果按市场交易方法来结交,即所谓"以市道交",怎能不叫人心冷齿寒?

孟浩然诗:不才明主弃,多病故人疏。

郑谷诗:杏花杨柳年年好,不忍回看旧写真。

李白诗:一朝去金马,飘落成飞蓬。宾客日疏散,玉樽亦已空。

王维诗:酌酒与君君自宽,人情翻覆似波澜。白首相知犹按剑,朱门先达笑弹冠。草色全经细雨湿,花枝欲动春风寒。世事浮云何足问,不如高卧且加餐。

一个叫郭尖,一个称李锥

巧于钻刺,郭尖[1]李锥[2],有道之士,耻[3]而不为。(见许名奎《劝忍百箴》)

简述

北魏郭景尚擅长星相占卜之术,常借此溜须拍马,与当权者结交,因此得到提拔,时人讥为"郭尖"。北魏李世哲巧于事人,善于给当权者行贿,因此做了高官,人称"李锥"。有道德修养的人是不会像他们一样投机钻营、摇尾乞怜的,正直之士都以此为耻。

注释

1 尖:物体细而锐的末端。2 锥:钻孔的工具,利锥可刺。3 耻:以……为耻。

启迪

郭景尚(生卒年不详),北魏大臣,出身太原郭氏。

李世哲(?—524),北魏大臣。

尖、锥,适合钻、刺。常言道,"削尖脑袋钻营",关键就在一"尖"字,有尖方可钻、刺。钻刺,钻营也。

黄庭坚(1045—1105)《牧童》诗云:骑牛远远过前村,吹笛风斜隔垄闻。多少长安名利客,机关用尽不如君。明朝涂时相评黄庭坚《牧童》诗说:细玩此诗,飘逸出神,无富贵相。而世人争名夺利,多方营谋,巧设机关,总为半世浮荣,坏尽一生心术。君子当辨之于早。

有一次中书省聚餐,羹汤弄脏了寇准(961—1023)的胡须,丁谓(966—1037)赶忙起身,走上前,慢慢地为寇准擦拭胡须上的汤水。寇准笑着说:"参知政事,是国家的重臣,是为官长捋胡子的吗?"丁谓甚是羞愧。《仇池笔记·太尉足香》记载:"李宪用事,士大夫皆奴事之。彭孙尝为宪濯(zhuó,洗)足,曰:'太尉足何香也。'宪以足踏其头曰:'奴谄不太甚乎!'"丁谓溜须、彭孙捧脚可算典型的"钻刺"行为。

《中庸》说,在上位不陵下,在下位不援上,正己而不求于人。当代人说:在位要把别人当人看,不在位要把自己当人看。郭景尚、李世哲恰恰不把自己当人看,因而成了"郭尖""李锥",实至名归啊。

鹬蚌互不相让

赵且伐燕,苏代为燕谓惠王曰:"今者臣来,过易水。蚌方出曝[1],而鹬[2]啄其肉,蚌合而箝[3]其喙[4]。鹬曰:'今日不雨[5],明日不雨,即有死蚌!'蚌亦谓鹬曰:'今日不出,明日不出,即有死鹬!'两者不肯相舍[6],渔者得而并禽[7]之。今赵且伐燕,燕赵久相支,以弊[8]大众。臣恐强秦之为渔夫也。故愿王之熟计之也!"惠王曰:"善[9]。"乃止。(见刘向《战国策》)

简述

河蚌出来晒太阳,一只鹬咬住它的肉,河蚌闭拢并夹住鹬的嘴。鹬说:"今天不下雨,明天不下雨,就会有死蚌。"河蚌对鹬说:"今天你的嘴被夹住,明天还是被夹住,就会有死鹬。"两个互不相让,都不肯放开对方。一个渔夫把它们俩一起抓住了。这就是"鹬蚌相争"的故事。

注释

1 曝:pù,晒太阳。2 鹬:yù,一种水鸟。3 箝:qián,夹住。4 喙:huì,嘴。5 雨:yù,下雨。6 舍:放下,放弃。7 禽:即擒。8 弊:困乏,疲弊。9 善:认为好。

启迪

苏代(生卒年不详),战国时期纵横家,苏秦的弟弟。

"鹬蚌相争"的故事告诫人们,做人要学会退让,否则两败俱伤,得利的只能是第三方。

《战国策》还有一个类似的故事:齐欲伐魏。淳于髡(约前386—约前310,髡,kūn)谓齐王曰:"韩子卢者,天下之疾犬(良犬)也;东郭逡(qūn)者,海内之狡兔也。韩子卢逐(追逐)东郭逡,环山者三,腾山者五。兔极(疲惫)于前,犬废(躺卧)于后,犬兔俱(皆、都)罢(pí,即疲,劳乏、困倦),各死其处。田父见而获之,无劳倦之苦而擅(占有,独有)其功。今齐魏久相持而顿(疲敝,挫伤)其兵,敝(疲惫,困乏)其众,臣恐强秦大楚承其后,有田父之功。"齐王惧,谢将(遣散将领)休士也。

"螳螂捕蝉,黄雀在后""二虎相争,必有一伤""坐山观虎斗"等故事说明的道理与此差不多。"三国鼎立"也包含着类似的道理。

处世要忘了自己

方舟而济[1]于河,有虚船来触舟,虽[2]有惼[3]心之人不怒。有一人在其上,则呼张歙[4]之,一呼而不闻,再呼而不闻,于是三呼邪[5],则必以恶声随之。向[6]也不怒而今也怒,向也虚而今也实。人能虚己以游世,其[7]孰[8]能害之!(见《庄子·山木》)

简述

有人坐船渡河,有空船碰撞过来,即使心地最褊狭、性子最火急的人也不会发怒。但是,倘若有一个人在那条船上,那嘴巴就会一张一翕大声呼喊呵斥来船让开。呼喊一次没有回应,呼喊第二次还没有回应,于是第三次呼喊时,就一定会开始骂人。前面不发脾气而后来大光其火,原因在于前面的船是空的而后面船上有一个人。

做人：智者必怀仁

注释

1 济：渡，过河。 2 虽：即使。 3 惼：biǎn，即褊，心胸狭隘。 4 张歙：张开和关闭。歙，xī。 5 邪：即耶。 6 向：往昔，从前；刚才。 7 其：岂，难道，表反诘。 8 孰：谁。

启迪

"虚己"，把自己看作不存在的、虚空的。人当然不能"虚空"，能够"虚空"的只能是人的思想、欲望。"人能虚己以游世，其孰能害之"：一个人如果能够做到无欲、无己、无碍地与世人相处，那么谁还能够伤害到他啊？

工作中、生活中，不排除有事刺激你，不排除有人挑衅你、打压你。要明白，生气是最无用的事情，生气伤身，若影响到理性，意气用事，后果更是不堪设想。庄子确实智慧，对方是空船，你还生气吗？对方无心之错，你还计较吗？即使对方船上有人，你当它无人又如何？你之所以生气，是你觉得对方冒犯你了，这时候"虚己"一下，把自己忘记了，不把冒犯当冒犯，还需要一呼、再呼、三呼以至于恶语相向吗？

《孟子·离娄》说："有人于此，其待我以横逆，则君子必自反也：我必不仁也，必无礼也，此物奚宜至哉？其自反而仁矣，自反而有礼矣，其横逆由是也，君子必自反也：我必不忠。自反而忠矣，其横逆由是也，君子曰：'此亦妄人也已矣。如此则与禽兽奚择哉？于禽兽又何难焉？"有人对我蛮横无理，我一定要反思：我可能不仁，可能无礼，可能不忠。如果反思的结论是我做到了仁、礼、忠，那么，这个蛮横无理的人就是"狂人"，他既是"狂人"了，那和禽兽还有什么区别呢？对于与禽兽一般的人有什么可责备的呢？你还去责备他干什么呢？

但是，对庄子"不谴是非，以与世俗处"（不拘泥于是非，以与世俗相处）的态度，是要根据具体情况加以分析的。

再者，"害人之心不可有，防人之心不可无"的古训，也是不能忘记的。

少有所诵:从经典中汲取力量

糟糠鄙俚叔孙通

程颐为讲官。一日讲罢,未退,上[1]偶起凭栏,戏折柳枝。颐进曰:"方春发生,不可无故摧折。"上掷枝于地,不乐而罢。遇了孟夫子,好货、好色都自不妨。遇了程夫子,柳条也动一些不得。苦哉,苦哉!(见冯梦龙《古今谭概》)

那天朝廷百官在太庙中的大典完毕之后,苏东坡正要带领翰林院及中书省同人前往故相国司马光府去吊祭,程颐也有事要去,他就向大家说这违背孔子在《论语》中的话:"子于是日哭,则不歌。"因为那天早晨大家曾在太庙唱过歌,至少听过奏乐,怎么同一天还能去吊丧哭泣呢?大家到了司马府门前,小程想拦阻大家,于是大家争得面红耳赤。

程颐说:"你们没念过《论语》吗?'子于是日[2]哭,则不歌。'"苏东坡立刻回答道:"《论语》上并没说'子于是日歌,则不哭'。"

苏东坡十分气恼,不顾程颐的反

> [!简述]
> 程颐给小皇帝讲课结束,皇帝"偶起凭栏,戏折柳枝",程颐严肃地说,不可无故毁伤柳枝。小皇帝把柳枝扔到地上,自然不乐。冯梦龙说,如果是孟夫子,你"好货""好色"都没有事,都不妨碍你去行仁政,而在程老师面前,连柳丝都不能碰。做程颐老师的学生苦啊,小皇帝苦啊。
>
> 司马光去世,大家要去吊祭,程颐反对这一天去吊祭,因为刚刚参加了大典,刚刚"歌"了,不宜马上又"哭"。根据是什么呢?是《论语》"子于是日哭,则不歌"。程颐这种教条式的理解,确实显得古板。苏东坡反驳说,《论语》并没说"子于是日歌,则不哭"。接着,他又讽刺说:"伊川可谓糟糠鄙俚叔孙通",指程颐就是一位墨守成规的叔孙通(叔

对,率领大家进了门。每个人都站在灵柩³前面行礼,在离去之前都依照习俗以袖拭目。苏东坡一看司马光的儿子没出来接待客人,问过别人,才知道程颐禁止,说是于古无征。于是苏东坡在全体官员之前说道:"伊川可谓糟糠鄙俚叔孙通。"大家哄堂大笑,程颐满面通红。(见林语堂《苏东坡传》)

孙通是汉代大儒,为刘邦制订了一整套朝堂礼仪)。有的文献将"糟糠鄙俚"写作"麏糟陂里"(有人考证,"麏糟陂"是地名),那句话的意思则是,程颐是一位穷乡僻壤出来的古板叔孙通。

注释

1 上:皇上。指宋哲宗赵煦,当时赵煦10岁。2 是日:此日,这一天。3 灵柩:líng jiù,指死者已经入殓的棺材。

启迪

程颐(1033—1107),北宋理学家,别号伊川先生。与其兄程颢同学于周敦颐。

这个故事收在《古今谭概·迂腐》中,冯梦龙认为,程颐迂腐。

人际交往中,圆滑、世故固然要不得,迂腐、古板也不合时宜,不会受欢迎。

明朝末年的陈继儒说:"才人之行多放(不受约束),当以正敛(约束)之;正人之行多板(刻板,板滞),当以趣通(融通)之。"陈继儒的话确实是有道理的。

程颐

少有所诵:从经典中汲取力量

一封著名的绝交信

少加孤¹露²,母兄³见骄,不涉经学。性复疏懒,筋驽⁴肉缓⁵,头面常一月十五日不洗,不大闷痒,不能⁶沐⁷也。每常小便而忍不起,令胞⁸中略转乃起耳。又纵逸来久,情意傲散,简与礼相背,懒与慢相成,而为侪⁹类见宽,不攻其过。又读《庄》《老》¹⁰,重增其放,故使荣进之心日颓,任实¹¹之情转笃。此犹禽¹²鹿,少见¹³驯育,则服从教制;长而见羁,则狂顾¹⁴顿缨¹⁵,赴蹈汤火;虽饰以金镳¹⁶,飨¹⁷以嘉肴,愈思长林而志在丰草也。

若趣¹⁸欲共登王途¹⁹,期于相致,时为欢益,一旦迫之,必发狂疾。自非²⁰重怨²¹,不至于此也。野

> **简述**
>
> 我年轻时就失去了父亲,身体羸弱,母亲和哥哥娇宠我,没让我去读那些修身致仕的经书。我的性情又懒惰散漫,筋骨迟钝,肌肉松弛,头发和脸经常一月或半月不洗,如不感到特别发闷发痒,我是不愿意洗的。小便常常忍到使膀胱发胀得几乎要转动,才起身去小便。又因为放纵过久,性情变得孤傲散漫,行为简慢,与礼法相违背,懒散与傲慢却相辅相成,而这些都受到朋辈的宽容,从没有责备我。读了《庄子》《老子》之后,我的行为更加放任。因此,追求仕进荣华的热情日益减弱,而放任率真的本性则日益增强。这像麋鹿一样,如果从小就捕捉来加以驯服养育,那就会服从主人的管教约束;如果长大以后再加以束缚,那就一定会疯狂地乱蹦乱跳,企图挣脱羁绊它的绳索,即使赴汤蹈火也在所不顾;虽然给它带上金的笼头,喂它最精美的饲料,但它还是强烈思念着生活惯了的茂密树林和丰美的百草。
>
> 倘使急于要我跟您一同去做官,想把我招去,经常在一起欢聚,一旦来逼迫我,

124

人[22]有快炙背[23]而美[24]芹子者,欲献之至尊[25],虽有区区[26]之意,亦已疏矣。愿足下勿似之。其意如此,既以解足下,并以为别[27]。
(见嵇康《与山巨源绝交书》)

我一定会发疯的。您本来与我没有深仇大恨,您是不会到此地步的。山野里的人以太阳晒背为最愉快的事,以芹菜为最美的食物,因此想把它献给君主,虽然出于一片至诚,但却不切合实际。希望您不要像他们那样。我的意思就是上面所说的,写这封信既是为了向您把事情说清楚,也是向您告别。

注释

1 孤:幼年丧父。2 露:羸弱。3 兄:指嵇喜。4 驽:原指劣马,这里是迟钝的意思。5 缓:松弛。6 不能:不愿。能,nài,即耐。7 沐:洗头。8 胞:原指胎衣,这里指膀胱。9 侪:chái,辈,类。10 《庄》《老》:《庄子》《老子》。11 任实:放任本性。12 禽:古代对鸟兽的通称。13 见:被。14 狂顾:疯狂地四面张望。15 顿缨:挣脱羁索。16 金镳:金属制作的马笼头,这里指鹿笼头。镳,biāo,勒马的用具。17 飨:xiǎng,用酒食款待。这里是喂的意思。18 趣:cù,急于,催促。19 王途:仕途。20 自非:若不是。21 重怨:大仇。22 野人:居住在乡野的人。23 快炙背:对太阳晒背感到快意。快,以……为快。炙,zhì,烤,这里是晒的意思。24 美:以……为美。25 至尊:指君主。26 区区:形容感情恳切。27 别:告别。这里是是绝交的委婉说法。

启迪

嵇康(223—262 或 224—263),字叔夜,"竹林七贤"之一。学问渊博,性格刚直,疾恶如仇。嵇康亲魏,坚持不与司马氏合作,拒绝出仕。他临刑的时候,有三千名太学生请求以他为师,可见他声望之高。嵇康《与山巨源绝交书》是著名绝交信,也是优秀散文。

山巨源(205—283),即山涛,字巨源,"竹林七贤"之一。三国至西晋时期大臣、名士。

古人对订交、绝交都是郑重其事的。绝交

嵇康

有写信、写诗的,有割席、割袍的,还有喝绝交酒的。

有一首当代人的诗:"有奶即娘人本性?事皆功利谓人精。尾随十载非群类,分坐割席仗义行。"可算绝交诗。诗背后的故事:甲乙二人为友。甲担任科长,乙成了甲的"好朋友"。几年后,甲做了处长,乙成了甲"最好的朋友"。再几年后,甲不当处长了,一介布衣,普通工作人员。二人从此再无交往。诗中的人精先生有两个特点:一是有奶即娘;二是巧言、令色、足恭。这类人,往往是经典小人。所以,这里的"割席"是"仗义行"。

古人言:易涨易退山溪水,易反易覆小人心。又言:小人不可与作缘;小人当远之于始。又言:苍蝇附骥,捷则捷矣,难辞后处之羞;萝茑依松,高则高矣,未免仰攀之耻。所以君子宁以风霜自挟(以傲骨自勉),毋以鱼鸟亲人。

要强调的是,"爱而知其恶,憎而知其善",《礼记·曲礼》所说的话我们更该琢磨。你的朋友不一定没有缺点,你的"敌人"也不是一无是处。要理性、客观地看待人。

还要说一件事:嵇康临终时,将自己的一对儿女托付给了业已绝交的山涛,并说:"山公尚在,汝不孤矣!"嵇康的高洁放任,山涛的雅量恢宏,都体现了魏晋人物的精神。嵇康儿子嵇绍成人后,仕于西晋,杜甫、文天祥等都在诗中赞扬嵇绍的忠烈行为。

君子要慎重选择朋友和环境

孔子曰:"吾死之后,则商也日[1]益,赐也日损。"曾子曰:"何谓也?"子曰:"商也好与贤己[2]者处,赐也好说[3]不若[4]己者。不

简述

孔子说:我死之后,子夏会比以前更有进步,而子贡会比以前有所退步。为什么这么说呢?子夏喜欢同比自己贤明的人在一起,子贡喜欢同才智比不上自己的人相

知其子,视其父;不知其人,视其友;不知其君,视其所使;不识其地,视其草木。故曰与善人居[5],如入芝兰之室,久而不闻其香,即与之化矣;与不善人居,如入鲍鱼之肆[6],久而不闻其臭,亦与之化矣。丹之所藏者赤,漆之所藏者黑。是以君子必慎其所处者焉。"(见孔子门人《孔子家语》)

处。不了解孩子如何,看看孩子的父亲就清楚了;不了解本人,就看看他周围的朋友;不了解他的国君,就看看那个国君派遣的使者;不了解土壤的情况,就看看地上草木生长的情况。所以说,常和品行高尚的人在一起,就像沐浴在种植芝兰散满香气的屋子里一样,时间长了便闻不到香味,而本身已经充满香气了;和品行低劣的人在一起,就像到了卖咸鱼的店铺,时间长了也闻不到臭了,也就融入到那个环境里去了。收藏储存丹砂的地方时间长了会变红,收藏储存漆的地方时间长了会变黑。因此真正有德行有修养的君子必须慎重地选择自己交往的人和所处身的环境。

注释

1 日:一天一天地。 2 贤己:贤于己,比自己贤能。 3 说:即悦,喜欢,高兴。 4 若:如同,像。 5 居:平居。指相处。 6 肆:店铺。

启迪

卜商(前507—前400),名商,字子夏,春秋末期思想家、教育家,名列"孔门七十二贤",是"孔门十哲"之一。

"丹之所藏者赤,漆之所藏者黑",近朱者赤,近墨者黑,朋友在一起,耳濡目染,习以为常,有样学样,在不知不觉中潜移默化了。

"入芝兰之室","入鲍鱼之肆",与之化矣,融为一体了。身在梁山泊,就会大块吃肉,大碗喝酒。身在大观园,就会结诗社,就会咏海棠,咏菊,咏螃蟹,咏柳絮;即使是香菱,也会去跟林黛玉学习写诗。孟母择邻,就是要选择一个好环境。环境育人,有其道理。

朋友之间会互相影响,因交不好的朋友被引上邪路,因交向善向上的朋友而走上光明大道,这类例子不胜枚举。

一定要谨慎地选择朋友和环境。

少有所诵：从经典中汲取力量

要知道，这是个人啊

刘宽尝行，有人失牛者，乃就宽车中认之。宽无所言，下驾步归。有顷[1]，认者得牛而送还，叩头谢曰："惭负长者，随所刑罪。"宽曰："物有相类，事容脱误，幸劳见归，何为谢之？"州里服其不校[2]。

延熹八年，征拜尚书令，迁南阳太守。典历三郡，温仁多恕，虽在仓卒，未尝疾言遽色[3]。吏人有过，但用蒲鞭[4]罚之，示辱而已，终不加苦。事有功善，推之自下。灾异或见，引躬克责。每行县[5]止息亭传[6]，见父老慰以农里[7]之言，少年勉以孝悌之训。人感德兴行，日有所化。

尝坐客，遣苍头[8]市[9]酒，迂久[10]，大醉而还。客不堪[11]之，骂曰："畜产。"宽须臾遣人视奴，疑必自杀。顾左右曰："此人也，骂言畜产，辱孰[12]甚[13]焉！故吾惧其死也。"

夫人欲试宽令恚[14]，伺[15]当朝会，装严已讫[16]，使侍婢奉肉羹，翻污朝衣。婢遽[17]收之，宽神色不异，乃徐言曰："羹烂汝手？"其性度如此。海内称为长者。（见范晔《后汉书·刘宽传》）

> **简述**
>
> 别人牵走刘宽驾车的牛，知错送回。他说，牛长得有点像，容易认错，辛苦你送还，本无需道歉的。手下人有错，用蒲草鞭子做做样子，仅使人知耻，而不施刑法。如果有功劳，功归于下属，若有责任，则自己承担。侍女故意玷污了他的朝服，他反而问侍女手烫了没有。尤其是派仆人买酒，仆人居然喝醉，久久不归，客人骂其"畜生"。刘宽说，要知道，这是个人啊，以此对客人这样侮辱仆人表示不满（也没有指责客人，也是宽容）。

注释

1 有顷：不久，一会儿。2 校：计较。3 遽色：jù sè，严厉的脸色。4 蒲鞭：pú biān，以蒲草为鞭。常用以表示刑罚宽仁。蒲，香蒲，俗称蒲草，多年生草本植物。5 行县：巡行所主之县。6 传：zhuàn，驿站。7 衣里：乡里，邻里。8 苍头：奴仆。9 市：购买。10 迁久：良久。11 堪：经得起，忍受。12 孰：什么，怎么。13 甚：严重，厉害。14 恚：huì，恼恨，发怒。15 伺：等待。16 讫：终止，完毕。17 遽：jù，迅速。

启迪

刘宽（120—185），东汉名臣，两度出任太尉，位列三公之首。

《后汉书》记录刘宽的这四件事，足以证明刘宽是宽宏大量的人！对陌路人、下属、侍女、奴仆这些"弱势"的人能如此尊重，如此爱护，这是多么不容易做到的事啊！

孟子说得好：君子以仁存心，以礼存心。仁者爱人，有礼者敬人。爱人者，人恒爱之；敬人者，人恒敬之。（《孟子·离娄》）

让别人吐在自己脸上的唾沫自行干掉

其弟守代州刺史，辞之[1]官，教之耐事。师德："吾备位宰相，汝复为州牧，荣宠过盛，人所疾[2]也，将何以全[3]先人发肤？"其弟跪曰："自今虽[4]有人唾某面，某拭之而已，庶不为兄忧。"师德忧："此所以[5]为吾忧也！人唾汝面，怒汝[6]也；汝拭之，乃[7]逆[8]其

简述

娄师德的弟弟即将到代州做刺史，来告别哥哥。娄师德要弟弟学会忍让。他弟弟就说："即使别人把唾沫吐在我的脸上，我也不会恼怒，自己擦掉就可以了。"娄师德说："这正是我为你担心的原因。别人把唾沫吐在你的脸上，是他十分恼火你

意,所以重其怒。夫唾,不拭自干,当笑而受之。"(见司马光《资治通鉴》)

了。你擦掉就是违背他的意愿,说明你不满,会使人家进一步发怒。怎么办?唾沫在脸上,不擦,自己也会干掉,你要笑着接受才是。"

注释

1 之:往,到……去。 2 疾:妒忌。 3 全:保全。 4 虽:即使。 5 所以:……的原因。 6 汝:你。 7 乃:是。 8 逆:违逆。

启迪

娄师德(630—699),武周时期的著名宰相。

"唾面自干"的故事《新唐书》等也有记载。

史载,狄仁杰曾经排斥娄师德,武则天告知狄仁杰,是娄师德推荐你做宰相的。这件事使狄仁杰颇是感愧。

史称娄师德"颇有学涉,器量宽厚,喜怒不形于色"。

有俗语说:"宰相肚里能行船",也可以用来夸赞娄师德。

当遇到矛盾冲突时,就以牙还牙、针锋相对、针尖对麦芒,或锱铢计较、睚眦必报,固然不好,但委曲求全、逆来顺受也不一定是好事。

有时候,忍让是一种纵容,是一种不负责任的行为。

娄师德的态度值得商榷。人格是平等的,尊重是互相的,而"唾面"是极不礼貌的,不啻是一种挑衅,必须"自卫",要通过说理、劝导等合理方法,使其认错,若然对方固执不认错,还可以通过法律手段保护自己。

《你的善良必须有点锋芒》《别让不好意思害了你》这两本书值得一读。当然,"处己何妨真面目,对人总要大肚皮"。如果是因误解而生嫌隙,对人宽容、宽让、宽厚一些是需要的、应该的。

做人:智者必怀仁

胡须被烧着了

公帅[1]定武,尝夜作书,令一兵持烛于旁。兵他顾,烛然[2]公须。公遽[3]以[4]袖摩[5]之,而作书如故。少顷,间[6]视,则已易[7]其人矣。公恐主吏笞[8]之,亟[9]呼视之,曰:"勿[10]较[11]。渠[12]已解持烛矣。"军中咸[13]服其度量。(见刘斧《青锁高议》)

简述

韩琦统领定州军政时,曾经在夜间写信,让一个士兵拿着火炬在身旁照明。士兵向别处张望,手上的火炬歪斜了,烧到了韩琦的胡子,韩琦急忙用袖子掸灭火,照旧写信。过了一会儿,他偶尔抬头一看,已经换了一个士兵拿火炬了。韩琦担心主管长官会鞭打那个士兵,连忙喊那个长官来,说:"你不要追究他啦,他已经懂得怎么拿火炬了。"军中都很佩服韩琦的宽厚大度。

注释

[1] 帅:统帅。[2] 然:即燃。[3] 遽:迅速。[4] 以:用,拿。[5] 摩:mó,搓蹭。[6] 间:间或,偶尔。[7] 易:换。[8] 笞:chī,用鞭、杖、竹板抽打。[9] 亟:急速。[10] 勿:相当于别、不要。表示禁止或劝阻。[11] 较:计较。[12] 渠:他。[13] 咸:皆,都。

启迪

韩琦(1008—1075),北宋大臣,为相十载,辅佐三朝。

火烧胡须,危害性、侮辱性、突发性兼具,常人应该恼羞成怒,大呼小叫,并处罚责任人。韩琦却没有,他"作书如故",而且,告诫主管长官,通过这次的事,那位士兵已经知道如何拿火炬了。不要追究此事,不要处罚士兵。这就是"大度""雅量"。

韩琦的大度是一贯的,一小官弄碎他的玉杯,他说任何东西都有毁坏的时候,而且,你也不是故意的。不予追究。一小偷乘夜入室,他告诉小偷,东西都可以拿去,小偷要他不要泄露此事,他就一直没有说。后小偷自己说出了这件事。

由此可知,韩琦"宽厚""器量过人",名不虚立。

像原谅自己一样原谅别人

纯仁性夷易宽简,不以声色[1]加人,谊之所在,则挺然不少屈。自为布衣至宰相,廉俭如一。尝曰:"吾平生所学,得之'忠恕'二字,一生用不尽。以至立朝事君,接待僚友,亲睦宗族,未尝须臾[2]离此也。"每戒子弟曰:"虽至愚,责人则明;虽有聪明,恕己则昏。苟[3]能以责人之心责己,恕己之心恕人,不患不至圣贤地位也。"

亲族有请教者,纯仁曰:"惟俭可以助廉,惟恕可以成德。"其人书于坐隅[4]。(见脱脱、阿鲁图《宋史·范纯仁传》)

简述

范纯仁的性格平易宽仁,不以疾言厉色对待别人,但符合道义的事,他坚定不移地做,绝不会屈从。从布衣做到宰相,廉洁勤俭始终如一。他曾经说:"我平生所学,得益于'忠恕'二字,一生受用不尽,以至于在朝廷侍奉君王,交接同僚朋友,和睦宗族等,不曾有一刻离了这两个字。"他常常告诫子弟说:"即使是最愚笨的人,责备别人时也是明察秋毫的;即使是很聪明的人,宽恕自己时也就糊涂了。如果能用苛求别人的标准来要求自己,用宽恕自己的方法去宽恕别人,不用担心这个人不会达到圣贤的境界。"

亲族中有向他请教的。范纯仁说:"只有勤俭可以助益廉正,只有宽恕可以成就美德。"那个人把这句话写在座位旁边,作为自己的座右铭。

做人：智者必怀仁

>[!注释]
>1 声色：说话时的声音及脸色。这里指疾言厉色，发怒时的神情。2 须臾：xū yú，极短的时间，片刻。3 苟：假如，如果。4 隅：yú，角，角落。

>[!启迪]
>范纯仁（1027—1101），北宋名臣，人称"布衣宰相"，范仲淹次子。
>
>范纯仁一生践行"忠恕"二字。忠：尽心竭力办事；忠于君主。恕：仁爱，以仁爱的心待人，推己及人，用自己的心推想别人的心；原谅，宽恕，不计较别人的过错。他谋求宽恕蔡确、邓绾等，奏苏轼无罪，为苏辙辩解，实事求是，体现忠、恕二字。程颐曾找到他，说你做宰相的第二年，某事处置欠妥，第三年某事没有上奏。范纯仁说："当初我真应该替百姓说话"，"我确实是失职"，坦诚接受批评，态度十分诚恳。不久，程颐又向宋哲宗谈到这些事，哲宗皇帝让程颐去看一箱的奏折，程颐通过范纯仁的奏折，了解了真实情况，第二天便到范纯仁府上道歉。范纯仁哈哈一乐，说："你不要道歉，不知者不罪，而且我确实是负有责任的。"
>
>《论语·卫灵公》说："子贡问曰：'有一言而可以终身行之者乎？'子曰：'其恕乎！己所不欲，勿施于人'。"《左传·隐公十一年》记载："恕而行之，德之则也，礼之径也。""恕"是"可以终身行之者"，范纯仁"一生用不尽"，一生都坚持"恕道"。"恕而行之，德之则也"，则，准则，法则，行恕道，德就达到标准了，即范纯仁所说"惟恕可以成德"。由此看来，范纯仁说："吾平生所学，得之'忠恕'二字"，所言不虚也。

你一天能洗几匹马？

杨文懿公守陈，以洗马[1]乞假归。行次[2]一驿[3]，其丞不知为何官，与之抗

>[!简述]
>杨守陈任职洗马时请假回家探亲，到一个驿站时，驿站的老板不知道洗马是什

礼[4]，且问公曰："公职洗马，日洗几马？"公曰："勤则多洗，懒则少洗。"俄而[5]，报一御史至，丞乃促公让驿。公曰："此固宜，然待其至而让未晚。"比[6]御史至，则公门人也，长跽[7]问起居。丞乃蒲伏[8]谢罪，公卒[9]不较。（见张岱《快园道古》）

么官，不按礼仪接待，并问杨守陈说："你的职务是洗马，那么一天能洗几匹马呢？"杨守陈平静地答道："如果勤快的话可以多洗几匹，如果懒惰的话就少洗几匹，没有具体的数目。"过了一会儿，有人报告说有一个御史马上要到了，驿站老板就催促杨守陈让出上等的住处，杨守陈说："等他来了以后我再让也不迟。"等到御史来了，却是杨守陈的门生，见到杨守陈就长跪问安。驿站老板于是匍匐在台阶下，认错道歉，杨守陈到最后也没有与他计较。

注释

1 洗马：xiǎn mǎ，即太子洗马，是辅佐太子，教太子政事、文理的官职，秦汉始置，作先马，后人可能误写，成了"洗马"或"冼马"。正史统一作"洗马"，而不用"冼马"或"先马"。2 次：止，停留。途中止宿的处所。3 驿：驿站。4 抗礼：行平等的礼。5 俄而：不久，一会儿。6 比：及，等到。7 长跽：长跪，挺直上身两膝着地。跽，jì，古人坐时臀部贴脚后跟，臀部离开脚后跟，腰挺直，就是跽。8 蒲伏：即匍匐，伏地而行。9 卒：终。

启迪

杨守陈（1425—1489），谥号文懿，明朝官员。

明朝文献中，常出现用"洗马"来开玩笑的事。

从杨守陈的视角看驿丞，驿丞就是个小丑、小人，若与他一般见识，自己也就是小丑、小人了。所以驿丞不按礼仪接待，杨守陈不去计较，驿丞轻佻地问"日洗几马"，催他让住处，杨也不去计较。最后是驿丞心虚，匍匐谢罪，前倨后恭，自作自受。

杨守陈平易近人，谦卑待人。张良为老人捡鞋、穿鞋；韩信受胯下之辱；张释之为老人结袜，都是难为之事，他们都是谦卑待人的高人。

做人：智者必怀仁

你说春雨可喜，他却说春雨可恶

春雨如膏[1]，农夫喜其润泽，行人恶[2]其泥泞；秋月如镜，佳人喜其玩赏，盗贼恶其光辉。（见吴兢《贞观政要》）

简述

春雨贵如油，农夫因为它滋润了庄稼，所以喜爱它，行路的人却因为春雨使道路泥泞难行，因此讨厌它；秋天的月亮像一轮明镜辉映四方，佳人们欣赏明月，吟诗作赋，好不快乐，盗贼却憎恨它，因为明月妨碍了他们去行窃。

注释

1 膏：油脂，油。 2 恶：讨厌，憎恨。

启迪

你说春雨可喜，他却说春雨可恶，各执一端，各有理由。

看待世间诸事，不能一概而论，不能教条主义，不能本本主义，不能"一刀切"，不能搞"法先王"，不能刻舟求剑。

比如，对下面这些说法，就需要从事情本身的是非曲直去分析，去判断。

姜是老的辣，初生牛犊不怕虎；近水楼台先得月，兔子不吃窝边草；近朱者赤近墨者黑，出淤泥而不染；男子汉宁死不屈，大丈夫能屈能伸；海纳百川有容乃大，君子报仇十年不晚；咬定青山不放松，不撞南墙不回头，不到黄河不死心，不见棺材不掉泪；浪子回头金不换，好马不吃回头草；历史不会重演，阳光之下并无新鲜事，历史有惊人的相似之处；一鼓作气，欲速则不达，紧行无好步。

不要说中国人聪明绝顶，"辩证法"特别强大，"嘴巴两张皮"，看看这些说法，还真包含着深刻的道理。（见《检点流年心依然》）

纳兰有言:须知古今事,棋枰胜负,翻覆如斯。

孟子有言:此一时也,彼一时也。

掌握真实具体的情况,"到什么山上唱什么歌",从当下出发,实事求是,把普遍真理与实际情形结合起来,才会勇往直前,才可能左右逢源。

无依无凭游无穷

故[1]夫知效[2]一官[3],行[4]比[5]一乡,德[6]合[7]一君,而[8]征[9]一国者,其自视也,亦若[10]此[11]矣。而宋荣子犹然笑之。

且举[12]世誉之而不加劝[13],举世非之而不加沮[14],定[15]乎内外[16]之分,辩[17]乎荣辱之境[18],斯已矣。彼其于世,未数数然[19]也。

夫列子御[20]风而行,泠然[21]善也,旬[22]有[23]五日而后反[24]。此虽免乎行,犹[25]有所待[26]者也。

若夫[27]乘[28]天地之正[29],而御六气之辩[30],以游无穷[31]者,彼且恶[32]乎待哉?(见《庄子·逍遥游》)

> **简述**
>
> 那些才智胜任一个官职、能力使一乡人愿意亲近、德行能投合一个君王的心意、能力能够取得全国信任的,他们看待自己时,其实也就像鹖雀的见识。所以宋荣子就讥笑他们。
>
> 宋荣子这个人,世上的人都赞誉他,他也不会受到鼓舞,世上所有的人都诽谤他,他也并不因此感到沮丧。他清楚地认定对自己和对外物的分寸,清楚地分辨荣和辱的界限,如此而已。他这种人,在世间已不多见。
>
> 列子能驾风行走,飘然自得,经过十五天回到地面上,他即使可免于行走的劳苦,却还是要有所依赖。
>
> 人如果能够遵循天地万物的本性,把握"六气"(即阴、阳、风、雨、晦、明)等宇宙万物的变化规律,遨游于无穷无尽的境域,他还要凭借什么呢?

注释

1 故:所以。 2 知效:才智能胜任。知,即智。效,效力,尽力。 3 官:官职。 4 行:品行或行为。 5 比:亲,亲近。 6 德:德行。 7 合:投合。 8 而:即能,才能。 9 征:证明,获得信任。 10 若:像。 11 此:代指鴳雀。鴳雀,yàn què,一种小鸟。 12 举:全。 13 劝:勉励,勤勉。 14 沮:沮丧,懊丧。 15 定:认清。 16 内外:自身与身外。 17 辩:即辨,分辨。 18 境:界。 19 未数数然:他这种人不常见。数数,频频,常常。 20 御:驾驭。 21 泠然:轻妙飘然的样子。泠,líng,轻妙貌。 22 旬:十天。 23 有:即又,放在整数与零数之间。 24 反:即返。 25 犹:尚,还,仍。 26 待:依靠,凭借。 27 若夫:至于。 28 乘:遵循,顺应。 29 正:本,本性。 30 辩:即变,变化。 31 无穷:无极限,无穷无尽的境界。 32 恶:wū,怎么,如何,何。

启迪

《逍遥游》是庄子的代表作。"逍遥游"指"无所待而游无穷",即无依无凭游于无穷,即没有任何束缚地、自由自在地活动。庄子追求的是一种绝对自由的人生理想。

我们知道,儒家从精神上诱导人,法家从肉体上束缚人。"外儒内法",如何逍遥?

道家从心灵上逃避诱导、束缚,这比较容易做到,又想从行为上逃避束缚,这可就难了。庄子钓于濮水,鼓盆而歌,庄子的后学刻画塞翁,研究炼丹(碰巧炼出了豆腐),躲在竹林煮药喝药,醉酒数月不醒,讲玄话讲疯话,都合于"道"。仙风道骨,道貌岸然,当然令人羡慕,但背后,其实有无言的心酸。尤其是把具体的人放到他的生存环境中看,就会更加清楚这一点。

"有所待",是实情,是常态。"恶乎待"即无所待,无所待即可逍遥游,即可绝对自由,有没有生活根据呢?答案是否定的。古今中外,自由都是有其相对性的。

嵇康、阮籍、陶渊明、李白、苏轼、曹雪芹等深受《逍遥游》影响。

少有所诵:从经典中汲取力量

畏惧能免去灾祸

诸弟亦宜[1]常存敬畏……则是载福[2]之道[3]。（见《曾国藩家书》）

简述

你们也应该时常保持敬畏之心……这就是保有福份的正确方法。

注释

1 宜：应该。2 载福：承受福惠。3 道：方法，途径。

启迪

曾国藩（1811—1872），晚清时期政治家、理学家、文学家、书法家。与李鸿章、左宗棠、张之洞并称"晚清中兴四大名臣"。谥号"文正"，后世称"曾文正"。

曾国藩

《曾国藩家书》内容包括修身养性、为人处世、交友识人、持家教子等，应有尽有。曾国藩继承桐城派，别立"湘乡派"。行文镇定，形式自由。有"道德文章冠冕一代"的美誉。

曾国藩"畏天命，畏人言，畏君父之训诫"，他也用"三畏"教育诸弟。有人曾说，曾国藩因"畏慎"而功成。

古人说，惧法朝朝乐，欺公日日忧。又说，清贫常乐，浊富多忧。又说，塞一蚁孔而河决息，施一车辖而覆乘止。这些话是不能忘记的。

《论语》说：君子怀刑。又说：饭疏食饮水，曲肱而枕之，乐亦在其中矣。

做人：智者必怀仁

不义而富且贵,于我如浮云。

《史记》说:人道经纬万端,规矩无所不贯,诱进以仁义,束缚以刑法。又说,缘人情而制礼,依人性而作仪。

《呻吟语》说:畏则不敢肆而德以成,无畏则从其所欲而及于祸。

《雅各书》说:私欲既怀了胎,就生出罪来;罪既长成,就生出死来。

大树将军与瘦羊博士

异为人谦退不伐[1],行与诸将相逢,辄[2]引[3]车避道。进止[4]皆有表识[5],军中号为整齐[6]。每至止舍,诸将并坐论功,异常独屏[7]树下,军中号曰"大树将军"。及[8]破邯郸[9],乃更部分诸将[10],各有配隶[11],军中皆言愿属[12]大树将军,光武[13]以[14]此多[15]之。(见范晔《后汉书·冯异传》)

甄宇,字长文,北海人。治严氏《春秋》,持学精微,以白衣教授,常数百人。建武中,自青州从事征拜博士[16]。每腊,诏书赐博士一羊。羊有大小、肥瘦。时博士祭酒议,欲杀羊分肉,宇曰不可。又欲投钩[17],宇复耻之。宇因先自取其最瘦者,由是[18]不复有争讼。后召会,问"瘦羊博

简述

冯异为人处世谦虚退让,不自夸。出行与别的将军相遇,就把马车驶开避让。军队前进停止都有标志旗帜,在各部队中号称最有纪律。每到一个地方停下宿营,其他将军坐在一起讨论功劳时,冯异经常独自退避到树下,军队中称他为"大树将军"。等到攻破邯郸,要重新安排各将领任务,并分配每人的属官,士兵们都说愿意跟随大树将军。光武帝刘秀因此而赞扬他。

甄宇被征拜为太学博士。春节前,皇上赐博士每人一头羊,羊有大小肥瘦,怎么分羊?博士们七嘴八舌讨论。有说杀羊分肉的,有说抓阄分羊的。甄宇以此为耻,他头一个找一头最瘦小的羊牵回家。别人

士"所在,京师因以称之。(见范晔《后汉书·甄宇传》李贤注引《东观汉记》)

不好意思再计较,谦让中把羊分完了。一次,光武帝视察太学,想召会甄宇,直接询问"瘦羊博士"在哪里?从此以后,京师洛阳的人就以"瘦羊博士"来称呼甄宇。

注释

1 不伐:不称道自己的好处。伐,夸耀。2 辄:zhé,总是,就。3 引:拉。4 止:停下。5 表识:标帜。6 军中号为整齐:在各部队中号称最有纪律的。号,号称。整齐,最有纪律。7 屏:避退。8 及:到,等到。9 邯郸:今河北省邯郸市。10 更部分诸将:重新安排各个将领的任务。更,改动,更改。部分,部署,安排。11 隶:下属。12 属:跟从。13 光武:指汉光武帝刘秀。14 以:因。15 多:赞扬,称赞。16 博士:太学里的教师称为博士,由学识渊博的鸿师硕儒担任。17 投钩:抓阄。18 由是:因此,从此。

启迪

冯异(?—34),云台二十八将(上应"二十八宿")之一。"诸将并坐论功,异常独屏树下",所以称冯异为"大树将军"。

甄宇(生卒年不详),太学博士。因分羊时自己先挑了一头瘦羊,解决了分羊的难题,甄宇被称为"瘦羊博士"。

"大树将军"和"瘦羊博士",先有口碑,有口皆碑,口碑载道,后被正史(《后汉书》)采用,流传千古。

东汉刘宠(生卒年不详),任会稽太守,后升职入京时,山阴县有六位须眉皓白的老人,特意从乡下赶来给他送行,每人带百文钱准备送他。他只从许多钱中挑选一个最大的收下。因此,被后人称为"一钱太守"。明代范景文(1587—1644),为东阁大学士时,亲友多登门相求,他婉言拒绝,并在门上张贴"不受嘱,不受馈"六个大字,以明心迹。老百姓交口称赞,尊称他为"二不尚书"或"二不公"。清代汤斌(1627—1687),为官清廉,崇尚俭约。他一日三餐不离清菜豆腐汤。这是"三汤"。有人称赞汤斌"为政清白像豆腐汤,生活简朴像黄连汤,于世道人心则像人参汤"。这也是"三汤"。"三汤道台"的雅号广为流传。有秀才写了一副对联:"两袖清风,百姓爱怜当局者;一身正气,三汤可配后来人。"东汉杨震,人称"四知先生""四知太守"。

"一钱太守""二不尚书""三汤道台""四知太守"的事迹、精神彪炳史册,流芳百世。

孔子说:巧言令色,鲜矣仁。又说:刚、毅、木、讷,近仁。意思是:刚强,果断,朴质,言语谨慎,这四种品德都具有的人可说近乎仁德了。孔子认为"仁"是人格的最高境界,能做到刚、毅、木、讷,就接近"仁"了。刚强了就不会因欲望动摇,坚毅了就不会因困难和威势屈服,质朴就会保持敦厚严谨的作风,言语谨慎就能避免不必要的祸害。

仔细琢磨会发现,冯异、甄宇、刘宠、范景文、汤斌、杨震的言行都具备刚、毅、木、讷品性,而绝无巧言令色特征。

天知神知我知子知

震少好学,明经博览,无不穷究。诸儒为之语曰:"关西孔子杨伯起[1]。"大将军邓骘[2]闻其贤而辟[3]之,举茂才[4],四迁[5]荆州刺史、东莱[6]太守。当之[7]郡,道经昌邑[8],故[9]所举[10]荆州茂才王密为昌邑令,谒见,至夜怀[11]金十斤以遗[12]震。震曰:"故人[13]知[14]君,君不知故人,何[15]也?"密曰:"暮夜[16]无知者。"震曰:"天知,神知,我知,子知。何谓无知!"密愧而出。

性公廉[17],不受私谒。子孙常蔬食步行,故旧长

简述

杨震小时候喜欢学习,博览群书,对学问没有不深究到底的。众儒生说:"杨震是关西孔子。"大将军邓骘听说杨震贤明,就派人征召他,推举他为秀才,四次升迁,从荆州刺史转任东莱郡太守。他赴郡途中,经过昌邑县。昌邑县令王密以前由杨震举荐为秀才。到了夜里,王密前来,怀揣十斤银子送给杨震。杨震说:"我了解老朋友你,老友你不了解我,为什么呢?"王密说:"夜深了没有人会知道。"杨震说:"上天知道,神明知道,我知道,你知道。怎么说没有人知道呢!"王密羞愧地拿着银子回去了。杨震因此被称"四知太守"。

杨震本性公正廉洁,不肯接受私下

者[18]或[19]欲令为开[20]产业,震不肯,曰:"使后世称为清白吏子孙,以此遗之,不亦厚乎!"(见范晔《后汉书·杨震传》)

的拜见。他的子孙常吃蔬菜,出门步行,朋友中有年长的人想要让他为子孙开办一些产业,杨震不答应,说:"让后代的人称他们为清官的子孙,把这种为人清白的风气留给他们,不是很好吗?"

注释

1 关西孔子杨伯起:杨震是关西的孔子。伯起,杨震的字。 2 邓骘:东汉时期外戚、将领。骘,zhì。 3 辟:bì,召,征召。 4 茂才:即秀才,因避东汉光武帝刘秀讳,而改称茂才。 5 迁:升迁。 6 东莱:古地名,今山东境内。 7 之:往,到……去。 8 昌邑:汉代县名,在今山东省巨野县南。 9 故:从前。 10 举:举荐。 11 怀:揣着,怀揣。 12 遗:wèi,给予,赠送。 13 故人:老朋友(杨震自称)。故,故旧,老友。 14 知:了解,知道。 15 何:为什么。 16 暮夜:夜,夜晚。 17 公廉:公正廉洁。公,公正,无私。廉,正直,方正。 18 故旧长者:老朋友及德高望重的人。 19 或:有的,有的人。 20 开:开办。

启迪

杨震(?—124),字伯起。东汉名臣,官至太尉。人称"关西孔子""四知先生"。

杨震

俗语告诫我们:头上三尺有神明;人在做天在看;夹紧尾巴做人。

古人告诫我们:"念念有如临敌日,心心常若过桥时";"人间私语,天闻若雷;暗室亏心,神目如电";"相在尔室,尚不愧于屋漏,此是千古严师;十目所视,十手所指,此是千古严刑";"小处不渗漏,暗处不欺隐,末路不怠荒,才是真正英雄。"

我们应该明白,古人提倡"慎独",是基于人性的弱点,而要把人格引领到高处。

杨震的儿子杨秉(92—165),官至太尉,尽忠规谏,以廉洁著称。他常说:我有"三不惑",酒、色、财也。

做人:智者必怀仁

人在穷或达的时候

故[1]士穷[2]不失义,达[3]不离道。穷不失义,故士得己焉;达不离道,故民不失望焉。古之人,得志,泽[4]加于民;不得志,修身见于世。穷则独善其身,达则兼善天下。(见《孟子·尽心上》)

简述

所以士人穷困时不失掉义,得志时不背离道。穷困时不失掉义,所以士人能保持自己的操守;得志时不背离道,所以不会使百姓失望。古代的人,得志时,施给人民恩泽。不得志时,修养品德立身在世。穷困不得志时,就修养好自身;得志时,就要使天下的人都能保持善性善行。

注释

1 故:所以,因此。 2 穷:困厄,处于困境;不得志,不能显贵。 3 达:得志,显贵。 4 泽:恩惠,恩泽。

启迪

孟子(约前372—前289),名轲,战国时儒家代表人物。孔子是"大成至圣",孟子是"亚圣",孔子、孟子并称"孔孟"。孔曰"成仁",孟曰"取义","仁义"并称。孟子的《鱼我所欲也》《得道多助,失道寡助》《寡人之于国也》《生于忧患,死于安乐》等编入中小学语文教材中。

孟子

人或穷或达,因素很多,自己做不了主,偶然的因素就能改变结局。这是国人相信"命运"的原因之一。以韩信为例。遇萧何之前,他只能做"治粟都尉"(管军粮的军官)这样的下级军官。因"上不用我",韩信"即亡"。萧何得知韩信逃走,亲自追回韩信(京剧传统剧目有《萧何月下追韩信》)。萧何对刘邦说,韩信"国士无双",刘邦设坛场,登坛拜韩信为大将。韩信将兵,多多益善,战必胜,攻必取,终成"战神""兵仙"。可是,最终,吕后与萧何谋划,斩韩信于"长乐钟室"。正是"成也萧何,败也萧何"。

人是穷是达,自己做不了主,因素太多,偶然的因素也能起作用。但穷时怎么办,达时怎么做,自己却可以把握、掌控。以苏轼为例。在黄州时,他是个"闲人","本州安置,不得签书公事",不能有所作为,真正的"穷"。于是,他独善其身。于是,文思如泉涌,一发不可收,《前赤壁赋》《后赤壁赋》《念奴娇·赤壁怀古》,一篇篇千古名作横空出世。在杭州、徐州、颍州等地方,他是知州,是父母官,是"达"了。于是,他治理杭州西湖、带领徐州军民抗洪、治理颍州西湖。"历典八州,身行万里",为官一任,造福一方,中华大地传诵着他的言行、他的平生功业。

穷,怎么办?慎独,独善其身,君子居易以俟命。达,怎么做?实施教化,推广美善,使天下皆善。正如孟子所说:士人穷困时不失掉义,所以士人能保持自己的操守;得志时不背离道,所以不会使百姓失望。处于困境时,修养品德立身在世;在得意时,加恩惠于民,施给人民恩泽。困窘时,独自保持自己的善;得志时,则要使天下的人保持善性。

白居易(772—846)的"穷则独善其身,达则兼济天下"即本于孟子的"穷则独善其身,达则兼善天下"。

颜驷三朝不遇

上¹尝辇²至郎署³,见一老翁,须眉皓白,衣服不整。上问曰:"公何时为郎⁴?何其老也?"对曰:

简述

一次,汉武帝刘彻到郎官办事处,见一老翁,胡子眉毛都白了,衣服不整,精神不振。武帝问老翁,你什么时候开始做郎官

做人：智者必怀仁

"臣姓颜名驷，江都人也，以⁵ 文帝⁶ 时为郎。"上问曰："何其老而不遇也？"驷曰："文帝好文而臣好武，景帝⁷ 好老而臣尚少，陛下好少而臣已老，是以⁸ 三世⁹ 不遇，故老于郎署。"上感¹⁰ 其言，擢¹¹ 拜会稽都尉。（见《汉武故事》）

的，年龄怎么这么大了？老翁回答说，我叫颜驷，在汉文帝时，即任郎官。武帝又问，为什么到现在没有提拔呢？颜驷答道，文帝喜文，我却好武；到景帝时，景帝爱用年老的臣子，而我那时还年轻；现在您武帝喜爱年轻人，我却已老了。经历三朝都没有机会，所以就这样在郎署慢慢变老。武帝听后颇有感触，于是提拔颜驷为会稽郡都尉（郡军事首长）。

注释

1 上：皇上，指汉武帝刘彻。2 辇：niǎn，古时用人拉或推的车，此指乘车。3 郎署：官吏办事的地方。4 郎：郎官，皇帝的侍从官。官阶低下，但担任郎官是出仕的重要机会。5 以：在。6 文帝：指汉文帝刘恒。7 景帝：指汉景帝刘启。8 是以：以是，因此。9 三世：指文帝、景帝、武帝三朝。10 感：感于，被感。11 擢：zhuó，拔，提拔。

启迪

颜驷（生卒年不详），汉文帝时为郎，汉武帝时擢拜会稽都尉。

如果不是这次遇到汉武帝，那颜驷就是生不逢时，默默无闻一辈子了。

那么，机遇这个东西存在不存在呢？是存在的。单位的性质，同仁的志趣，主管领导的格局包括其好恶，这是外部环境，是外因；个人的精神、气质、性格、能力，这是综合素养，是内因。内因外因相互作用，会出现三种情况：好鸡蛋，适当的温度，新的生命就出现了；好鸡蛋，没有温度，或温度不够，鸡蛋还是鸡蛋，弄不好成为坏鸡蛋；石头一枚，有温度，无温度，也不论是好石头或坏石头，石头一定仍然是那一块石头。只有好鸡蛋加上适当的温度，机会才能来，机遇才会到。

那么，怎么把握机遇呢？孔子说："不患人之不己知，患其不能也。"打铁要靠自身硬，要让自己强起来。《中庸》说："故君子居易以俟命，小人行险以徼幸。"要耐心在沉静中等待时机出现。颜驷"守株待兔"，一番妙语，成功了。其实，颜驷也是有所准备的，这一番话恐怕也是早就想好的。机遇往往属于有准备的人。

当然，适当时候，不妨来个"毛遂自荐"，主动出击，敢于进取，创造并抓住机会。

机遇不仅仅是指晋级、提拔，学习、工作、生活等各方面都有机遇存在，要努力、及时地抓住它。

去掉嗜欲以养善心

出舆入辇[1]，命曰蹷痿[2]之机[3]；洞房[4]清宫[5]，命曰寒热之媒[6]；皓齿蛾眉[7]，命曰伐性[8]之斧；甘脆肥浓[9]，命曰腐肠[10]之药。（见枚乘《七发》）

简述

出入乘坐车轿，是下肢萎缩的征兆；住在幽深的房子或清凉的宫殿，是得寒热病的媒介；齿洁眉美的女子，是损伤性命的斧头；各种美味食物，是破坏消化功能的毒药。

注释

1 出舆入辇：出入乘车坐轿。舆、辇，车轿。2 蹷痿：亦作"蹶痿"，下肢萎缩的毛病，疲软不能行走。蹷，jué，蹶的异体字。3 机：征兆。4 洞房：幽深的房子。5 清宫：清凉的宫殿。6 媒：媒介。7 皓齿蛾眉：美女的代称。8 伐性：伤人性命。9 甘脆肥脓：指各种美味食物。10 腐肠：腐蚀肠子，指破坏消化功能，损伤肠胃。

启迪

读《社会发展史》而知：人为了自己的生存（生活）必须进行有目的的劳动。人类的发展是依靠"为了自己的生存"而进行劳动来获得的。

中国历史上,多次起义中,"均贫富"是领导人的响亮口号,"均贫富"更是起义参加者的希望所在。

衣食住行,人必具备。锦衣玉食、华堂香车,人皆羡慕,并不懈追求之。人不能没有衣食住行,希望有"更好的衣食住行",这是人生的动力之一,也是社会发展的动力之一。

个人、集体乃至整个人类,都要为生存(生活)而斗争,都要为更好的衣食住行而努力。如果说这是"动力",有其积极意义。

人有其"本性":"体安驾乘,目好五色,耳乐钟磬,口甘五味,情好珍善。"(司马迁《史记》)但是,人不能放纵自己。如果放纵自己,则会患魇痿之病,也会有寒热之症,还会损伤肠胃,甚者会危及生命。

衣食住行让我们活着,让我们活得更好,但人活着不仅仅是为了衣食住行,还应该做点有意义的事情。

所以,我们要多静坐以收心,寡酒色以清心,去嗜欲以养心,诵古训以警心,悟至理以明心。

愿天下无贼

公历2007年和农历丁亥年先后到来,我执著地表达这样的心愿:天下无贼。

古来天下有贼。古人向往夜不闭户,路不拾遗[1],憧憬马放南山,刀枪入库,那是因为现实中并不存在,所以他们在期盼、祈祷。古人指摘残贼公行[2],卖官鬻爵[3],痛恨盗贼蜂起,民不聊生,原因就是不但有贼,而且贼胆很大。

古人也一直在"对付"贼。社会失衡,公平失度,道德失范,老子、庄子们就痛骂,就放弃,就不

简述

当今社会安定,人们生活丰富多彩,但在某些领域,仍然有"贼",仍然大量存在"偷"的现象。成果剽窃,不劳而获,尸位

合作,甚至以糟蹋自己的方式来否定社会;而韩非、李斯们则力图用铁腕惩治社会,用血腥、肉体、恐怖来纠正社会;孔孟们的伟大,是风化诱导,引人走上正道,引社会步入正途。遗憾的是,老庄的痛骂,韩李的惩治,孔孟的诱导,都没能真正奏效。

翻开《圣经》《古兰经》和佛家典籍,它们不谋而合地有同一条戒律,即戒偷盗。

当今社会安定,人们生活丰富多彩,但在某些领域,仍然有"贼",仍然大量存在"偷"的现象。

比如学术不端现象。探究其本质,用一个"偷"字就能揭示。论文抄袭,设计模仿,实验造假(包括实验不严谨),成果剽窃等,都是走"捷径",都是"偷"。殊不知,正是因为科学研究坚苦卓绝,才产生了科学的尊严,科学家才赢得世人的由衷尊敬。

比如廉洁自律问题。不劳而获,本质也是"偷"。不劳而获的人,当然就是"贼"。其实,薪水足够养家养车,经费足够办公科研,何必去化公为私,何必去掏别人的口袋充实自己的腰包,计算来算计去,苦心煞费,到头来,私囊倒是中饱,百万千万在存折上,在卡上,在抽屉里,恐怕也沉甸甸地压在心头——巨大的精神负担。曹雪芹说:"终朝只恨聚无多,及到多时眼闭了。"陈毅说,伸手必被捉。只有劳动所得,使起来才会轻松愉悦,用起来才会光彩荣耀。

比如工作作风问题。是服务还是用权?是谋事,还是谋人甚至谋位?如果是谋位,那古人的一个词正好用上,叫作"窃取"。谋位就要用心思,使

素餐,都是贼人所为,都是偷盗行径。在今日,我们的社会"科学发展",社会走向"和谐",天下之贼将无所遁形。愿天下无贼!

手段,卖人格。由于窃取职位付出太多,所以一旦到了位子上,就要用权,就要"补偿",就会"捞取",就忘了谋事,就不可能真正为广大人民群众服务。该服务却不服务,在其位而不谋其政,是偷懒,也是"贼"。至于不会服务,无能力服务,那是平庸,却占着位子,也是一种"偷",古人谓之为"尸位素餐[4]"。实际上,东西方的戒律,一直有人违犯,老庄、韩李、孔孟们,也都没能解决"贼"的问题;只有在今日,我们的社会"科学发展",社会走向"和谐",天下之贼将无所遁形。

新年旧愿:天下无贼!(见《园丁心雨》)

注释

1 路不拾遗:路人看见道路上的失物而不会据为己有,用来形容社会风气良好。2 残贼公行:凶残暴虐之事公开盛行。残、贼,危害、祸害。公,公然,公开。3 卖官鬻爵:执政掌权者出卖官职爵位,以聚敛财富。鬻,yù,卖。4 尸位素餐:像尸那样居于主位,光受祭而不干事。素餐,不做事,白吃饭,指空占着职位,光领薪水,不做事情。

启迪

《史记》说:济河而西,马(战马)散南山之阳(山南)而弗(不)复乘(乘,骑);牛(役牛)散桃林之野而不复服(服,驾,指驼载战具、军须);车甲弢(tāo,指装弓或剑使用的套子、袋子)而藏之府库而弗服用(服用,使用)。然后天下知武王之不复用兵也。

《圣经》说:将刀打成犁头,将枪打成镰刀。

儒家有一颗仁心,法家有一双铁拳,道家有一双看透世俗的眼睛,纵横家有一张巧嘴,墨家有两条辛苦奔波的腿。每个人都有心、拳、眼、嘴、腿,集体、国家也是。要充分发挥心、拳、眼、嘴、腿的应有作用。

但是,诸子百家都过度强调自己的那一个方面,极力凸出之,夸张之。好像寿星之肿头,弥勒之挺腹。即如道家吧,庄子鼓盆、梦蝶,仿佛非人世间事,但庄子濮水垂钓可能是要解决生计问题,他选择曳尾涂中,是热爱生活,是热爱人世间。诸子百家的本旨,也是希望山河无恙,岁月静好。

做贼,偷别人东西,是汗颜亏心之事,终究是要遍体鳞伤、体无完肤的。

天下终将无贼!

做一个完整的人

子曰:知[1]者不惑[2],仁者不忧[3],勇者不惧[4]。(见《论语·子罕》)

简述

孔子说:聪明的人不致迷惑,仁德的人无所忧愁,勇敢的人无所畏惧。

注释

1 知:即智,智慧。 2 惑:疑惑,迷惑。 3 忧:忧愁,忧虑的事。 4 惧:害怕,恐惧。

启迪

聪明人,有智慧的人,他了解人心人性("智者知人"),懂得生活常识,掌握专业知识,研究历史规律和时代特征,一事当前,能正确分析,准确判断,高屋建瓴,目无全牛,他还会迷惑吗?

"仁者爱人","仁者安仁",仁德的人,坚守美善,尊重生命,同情弱者,具有悲悯情怀,他收获的当然是友好、尊重、爱戴。为人不做亏心事,半夜不怕鬼敲门。君子坦荡荡,小人长戚戚。仁德的人自然不会忧愁。

面对邪恶,敢于亮剑;面对丑陋,敢于戳穿;面对危险,义无反顾:这就是勇敢。"虽千万人,吾往矣!"勇者不惧。

子曰:"君子道者三,我无能焉:仁者不忧,知者不惑,勇者不惧。"子贡曰:"夫子自道也。"(见《论语·宪问》)《中庸》说:"知、仁、勇,三者天下之达

（通行不变）德也。"梁启超先生在1922年的一次演讲中说：要做一个智、仁、勇兼备的人！（见《做一个完整的人》）

智是谋划、能力、方法，仁是情怀、胸襟、指南，勇是意志、毅力、力量。

假若某人只有智，则失去目标，可能南辕北辙；假若某人只有仁，则失去路径，可能道尽途穷；假若某人只有勇，遇事则拔剑而起、挺身而斗，那可就是暴虎冯河、盲人瞎马了。君子有勇而无义则乱，小人有勇而无义则盗。

假如某人有智、仁而无勇，平日则可能优柔寡断，难以成事，关键时则可能畏葸不前，功亏一篑。假如某人有仁、勇而无智，则可能谋而不能断，断而失之疏，结果仁无着落，勇也无所用。假如某人有智、勇而无仁，那最危险，最可怕，他可能不择手段，可能没有底线，可能铤而走险，可能无所不用其极，"无仁者"破坏性极强，杀伤力极大，危害性极广。

"智欲圆而行欲方"，是兼有智、仁。"见义勇为""路见不平一声吼"，是兼具仁、勇。"为朋友两肋插刀"，则可能是行仁义，也可能是助邪恶。

要之，智、仁、勇不可分割，要做一个兼有智、仁、勇的完整人。

一生坎坷的"淡定哥"

三月七日，沙湖道中遇雨。雨具先去，同行皆狼狈，余独不觉。已而[1]遂晴，故作此词。

莫听穿林打叶声，何妨吟啸[2]且徐行。竹杖芒鞋[3]轻胜马，谁怕？一蓑[4]烟雨任平生。

料峭[5]春风吹酒醒，微冷，山头斜照却相迎。回首向来萧瑟[6]处，归去，也无风雨也无晴。（见苏轼《东坡乐府·定

简述

暴风骤雨来了，"何妨吟啸且徐行"，在走过风雨之后，"山头斜照却相迎"，这已经很是得意了，而更能表现苏轼个性特点的是，这时他特意"回首向来萧瑟处"，这个"回首"，多么惬意、得意，又多么调

风波》)

元丰六年十月十二日夜,解[7]衣欲睡,月色入[8]户[9],欣[10]然起[11]行[12]。念[13]无与为乐[14]者,遂[15]至承天寺寻张怀民。怀民亦未寝[16],相与[17]步于中庭[18]。庭下如积水空明[19],水中藻荇[20]交横,盖[21]竹柏影也。何夜无月?何处无竹柏?但[22]少闲人[23]如吾两人者耳[24]。(见苏轼《东坡志林·记承天寺夜游》)

皮、俏皮。

月白风清,如此良夜,东坡"欣然起行",与张怀民散步聊天,见积水空明,见藻荇交横,两个闲人是如此遂意、惬意!"月光如水水空明,藻荇水中竹柏影。闲月闲人闲字句,空明如月是闲心。"

注释

1 已而:不久。2 吟啸:吟咏长啸。3 芒鞋:草鞋。4 蓑:suō,蓑衣,用棕叶等制成的雨披。5 料峭:微寒的样子。6 萧瑟:风雨吹落的声音。7 解:解开腰带。8 入:照入,映入。9 户:堂屋的门。10 欣:高兴,愉快。11 起:起身。12 行:出行。13 念:想到。14 为乐:游乐或赏月。15 遂:于是。16 寝:睡、卧。17 相与:共同,一同。18 中庭:庭院里。19 空明:清澈透明。20 藻荇:zǎo xìng,泛指生长在水中的绿色植物。藻荇,水草名,藻叶呈小圆形,荇叶呈狭长形。21 盖:大概,原来是。22 但:仅,只是。23 闲人:闲散的人。24 耳:语气词,罢了。

启迪

苏轼一生坎坷,遭遇太多的风风雨雨,遭遇太多的不堪,但他"一蓑烟雨任平生",这一生任凭风吹雨打,这一辈子不改达观,从容,镇定。"也无风雨也无晴",既不因风雨而担惊受怕,也不因阳光而欣喜若狂,活生生的"宠辱不惊"了。他不怨天,不尤人,随遇而安,随遇而乐。

面对暴风骤雨也好,身处月白风清也罢,苏轼都是淡然、泰然、怡然,他是一位真正的"淡定哥"。

林语堂说:"苏东坡是个秉性难改的乐天派,是悲天悯人的道德家,是黎民百姓的好朋友,是散文作家,是新派画家,是伟大的书法家,是酿酒的实验者,是工程师,是假道学的反对派,是瑜伽术的修炼者,是佛教徒,是士大夫,是皇帝的秘书,是饮酒成癖者,是心肠慈悲的法官,是政治上的坚持己见者,是月下的漫步者,是诗人,是生性诙谐爱开玩笑的人。"(见林语堂《苏东坡传》)

人生不如意事十八九。在遇到打击时,遇到挫折时,抑或心绪烦乱、心情糟糕时,读读苏东坡,想想苏东坡,最好是学学、做做苏东坡。

学习：
学而时习之

工欲善其事，必先利其器。

学而时习之，不亦说乎？

三人行，必有我师焉。

见贤思齐焉，见不贤而内自省也。

读万卷书，行万里路。

人应该充实地生活。

孔子十有五而志于学

子曰:吾十有¹五而志²于学,三十而立³,四十而不惑⁴,五十而知天命⁵,六十而耳顺⁶,七十而从心所欲⁷,不逾矩⁸。(见《论语·为政》)

孔子晚而喜《易》。读《易》,韦编三绝⁹。(见司马迁《史记·孔子世家》)

自天子王侯,中国言"六艺¹⁰"者折中¹¹于夫子,可谓至圣矣!(见司马迁《史记·孔子世家》)

> **简述**
>
> 孔子十五岁就立志学习,三十岁能够有所成就,四十岁遇到事情不再感到困惑,五十岁就知道哪些是人力不能支配的事情而乐知天命,六十岁时能听得进各种不同的意见,七十岁为人处世可以随心所欲,却能符合规矩。
>
> 孔子晚年勤读《易经》,致使编联竹简的皮绳多次脱断。
>
> 从天子王侯,到全国研究"六经"的人,都以孔子的学说作为准则来判断是非,孔子可说是至高无上的圣人了。

> **注释**
>
> 1 有:即又,用于整数和零数之间。2 志:志向,有志于。3 立:立身,指能有所成就,有所建树。立,站立,站得住。4 不惑:掌握了知识,不被外界事物所迷惑。惑,迷惑,疑惑。5 天命:上天的意旨,此指不能为人力所支配的事情。古人认为天是世间万物的主宰。命,命令。6 耳顺:对此有多种解释。一般认为是能听得进不同的意见,对那些于己不利的意见也能正确对待。7 从心所欲:顺从意愿。从,遵从。8 逾矩:越过法度。逾,越过。矩,规矩,法度。9 韦编三绝:形容读书勤奋,刻苦治学。韦,熟牛皮。韦编,古代用竹简写书,用熟牛皮把竹简串联起来。三,多次。绝,断。10 六艺:这里指六经,即《诗经》《尚书》《礼记》《乐记》《易经》《春秋》。11 折中:调和取正,用为判断事物的准则。

学习:学而时习之

> 启迪

孔子自述了他学习和进修的过程。十五岁到四十岁是学习领会的阶段,这时候遇事已经不再迷惑,五十到六十岁是安身立命的阶段,这时候已经不受环境左右,七十岁是主观意识和做人规则融合为一的阶段,这时候,孔子的道德修养达到了最高境界,思想和言行融合,自觉地遵守道德规范,而不是勉强去做。

孔子一辈子坚持学习。到了晚年,用力读《易经》,竟使韦编三绝。他学道不倦,诲人不厌,发愤忘食,乐以忘忧,不知老之将至,以至于凡是讲习"六艺"的人都要以他的观点为标准来判断是非。

高山仰止,景行行止,虽不能至,心向往之。

李白诗说得好:高山安可仰,徒此揖清芬。

孔子学鼓琴

孔子学鼓琴[1]师襄子,十日不进[2]。师襄子曰:"可以益[3]矣。"孔子曰:"丘已习其曲矣,未得其数[4]也。"有间[5],曰:"已习其数,可以益矣。"孔子曰:"丘未得其志[6]也。"有间,曰:"已习其志,可以益矣。"孔子曰:"丘未得其为人[7]也。"有间,有所穆[8]然深思焉,

> 简述

孔子向师襄子学琴,师襄子多次要求孔子增加新的学习内容。孔子谦虚、刻苦,不急于求成,不急功近利。他学习了乐曲内容后,再研究弹奏技艺,进而发掘作品的情感意蕴,从而探究乐曲作者的精神世界、人文情怀,由内容而弹奏而情感意蕴而作者的精神情怀,这是一个思维渐进过程,阶梯状递进。一般学习者都能关注乐曲的内容和弹奏,而掌握情感意蕴,非专心致志不可,无主动性、无责任感不成,至于做到关注作者的精神情怀,那就要求学习者在理解过程中融合自己的思

有所怡⁹然高望而远志焉。曰："丘得其为人，黯¹⁰然而黑，几¹¹然而长，眼如望羊¹²，如王¹³四国¹⁴，非文王其谁能为此也！"师襄子辟席¹⁵再拜，曰："师盖云《文王操》¹⁶也。"（见司马迁《史记·孔子世家》）

想、经验以及在此基础上进行联想、想象、幻想、探究，以达到精神和心灵的契合、完善。

孔子严肃认真地深思，愉快地与作品对话、交流，"心有灵犀一点通"。孔子说："我了解作曲者是怎样的人啦。他的面容黑里透亮，个头高挑，目光远视，如同统治四方诸侯的王者。"作为老师的师襄子对孔子也不得不敬佩起来，告诉孔子，他传授的琴曲正是《文王操》。

注释

1 鼓琴：弹琴。2 进：进展，此指学习新的曲子。3 益：增多，增加。这里指增加新的学习内容。4 数：规律，这里指演奏的技艺。5 有间：yǒu jiàn，不久，过了一段时间。6 志：志趣，意旨，指乐曲中所表达的思想感情。7 为人：指作曲的人是一个什么样的人。8 穆：mù，和谐，恭敬。9 怡：和悦。10 黯：深黑。11 几：即颀，颀长。12 望羊：wàng yáng，也作望洋，仰视貌，远视貌。13 王：wàng，统治天下，称王。14 四国：四方，天下。15 辟席：即避席，为了表示对对方的尊敬或自己的谦逊，离开坐席而伏于地。16《文王操》：周文王作的琴曲名。

启迪

师襄（生卒年不详），亦称师襄子，孔子的老师之一，《史记》说他"以击磬为官，然能于琴"，擅击磬，也称磬襄。

孔子的学琴过程，其实是一次动人的精神之旅。他深思善悟，知人论世，对《文王操》进行全新的个性化的解读，也为如何习得、如何升华提供了一个鲜活的范本。

我们应该注意到，故事凸出表现了孔子许多优良的学习品质：敏而好学，学而不厌，学求其通，学求其精，循序渐进，不断延伸、扩展、发掘、发散。

学习:学而时习之

学问思辨行

博学¹之,审问²之,慎思³之,明辨⁴之,笃行⁵之。有弗⁶学,学之弗能,弗措⁷也;有弗问,问之弗知,弗措也;有弗思,思之弗得,弗措也;有弗辨,辨之弗明,弗措也;有弗行,行之弗笃,弗措也。人一能之,己百之,人十能之,己千之。果能此道矣,虽愚必明,虽柔必强。(见戴圣《礼记·中庸》)

简述

广博地学习,周详地请教,慎重地思考,明白地辨别,踏实地实行。不学则已,既然要学,不学到通达晓畅就不停止;不去请教则已,既然请教,不到彻底明白就不停止;不思考则已,既然思考了,不想出一番道理就不停止;不去辨别则已,既然辨别了,不到分辨明白就不停止;不去做则已,既然做了,不确实做到圆满就不停止。别人用一分力气就能成功,自己用百分的力气;别人用十分力气就能成功,自己用千分的力气。果真能这样做,人即使愚钝也会明察,人即使懦弱也会坚强。

注释

1 博学:广泛地学习。2 审问:详细地问,指深入地探究。3 慎思:谨慎地思考。4 明辨:明确地分辨。5 笃行:切实履行。6 弗:fú,不。7 措:弃置,放弃。

启迪

戴圣(生卒年不详),西汉时期官员、学者、礼学家、汉代今文经学的开创者。戴圣与叔父戴德曾跟随后苍学《礼》,两人被后人合称为"大小戴"。著作有《礼记》(即《小戴礼记》),为儒家经典著作之一。

博览群书,博闻强识,就能触类旁通,融会贯通。

能发现问题,提出问题,敢于质疑,及时请教,就能深刻把握内容。《礼记·学记》说:"善问者,如攻坚木:先其易者,后其节目;及其久也,相说(说即脱)以解。"又说:"善待问者,如撞钟:叩之以小者则小鸣,叩之以大者则大鸣,待其从容,然后尽其声(尽其声,使它的声音响完)。"

"学而不思则罔,思而不学则殆",大胆怀疑,小心求证。

会分析、会分辨,清晰、明确、扎实地解决问题。

还要身体力行,"纸上得来终觉浅,绝知此事要躬行"。孔子说,"力行近乎仁",子夏曰,"博学而笃志,切问而近思,仁在其中矣"。韩愈诗云,"读书患不多,思义患不明。患足己不学,既学患不行"。

"人一能之,己百之,人十能之,己千之",勤能补拙,天道酬勤,则"虽愚必明,虽柔必强"。

有这样的方法,这样的态度,有不放弃的毅力,还有笨鸟先飞、坚持不懈、锲而不舍的精神,学习怎么可能不好呢?

纪昌学射箭

纪昌者,学射于飞卫。

飞卫曰:"尔先学不瞬[1],而后可言射矣。"纪昌归,偃[2]卧其妻之机[3]下,以[4]目承[5]牵挺。二年后,虽锥末倒眦[6],而不瞬也,以告飞卫[7]。飞卫曰:"未也,必学视而后可。视小如大,视微如著,而后告我。"

简述

纪昌按老师飞卫的要求,刻苦学习射箭。他仰卧在他妻子的织布机下,用眼睛注视着织布机上的梭子练习不眨眼睛。两年之后,即使锥子尖刺在他的眼角上,他也不眨一下眼睛。纪昌用牦牛尾巴的毛系住一只虱子悬挂在窗户上,面向南远远地看着它,十天之后,虱子在纪昌的眼中渐渐变大了;三年之后,虱子昌以牦[8]悬[9]虱于牖[10],南面而望之。旬日[11]之间,浸[12]大也;三年之后,如车轮焉。以睹余物[13],皆丘山也。乃以燕角之弧[14],朔蓬之簳[15]射之,贯[16]虱之心,而悬[17]不绝[18]。以告飞卫。飞卫高蹈[19]、拊膺[20]曰:"汝得之矣!"(见《列子·汤问》)

在他眼里有车轮那么大。用这种方法看其他东西,它们都像山丘一样大。纪昌便用燕地的牛角加固弓,用楚地出产的篷秆作为箭,射那只悬挂在窗口的虱子,穿透了虱子的身体,而系虱子的细毛没有断。纪昌把不眨眼、射虱子的情况告诉了飞卫,飞卫激动得抬高脚踏步、踩脚,手拍着胸膛,道:"你已经掌握了射箭的诀窍了!"纪昌的射技炉火纯青、出神入化了。

注释

1 不瞬:不眨眼。瞬,眨眼。 2 偃:yǎn,仰面倒下。 3 机:这里指织布机。 4 以:用。 5 承:这里是由下向上注视的意思。 6 虽锥末倒眦:即使用锥尖刺到纪昌的眼眶。虽,即使。锥末,锥尖。倒,尖向下落下。眦,zì,上下眼睑的接合处,靠近鼻子的叫内眦,靠近两鬓的叫外眦。通称眼角。 7 以告飞卫:把这件事告诉飞卫。 8 牦:máo,耗牛,这里指耗牛尾巴上的毛。 9 悬:悬挂,吊挂。 10 牖:窗。 11 旬日:十日。 12 浸:jìn,逐渐,渐渐。 13 以睹余物:以之睹余物,用这种眼光看其他的事物。 14 燕角之弧:燕国(燕地)牛角做的弓。弧,弓。 15 簳:gǎn,箭杆,亦指箭。 16 贯:穿,贯通,穿透。 17 悬:悬挂虱子的牛毛。 18 绝:断。 19 高蹈:举足顿地,表喜悦。 20 拊膺:fǔ yīng,指捶胸,表激动。

启迪

飞卫,传说中国古代著名神射手。

纪昌,传说中国古代著名神射手。

古人说:千里之行,始于足下。又说:行远必自迩,登高必自卑。纪昌学射的故事启发我们:学习必须充分重视老师的教诲、指引,牢固夯实基础,练好基本功,而训练必须持之以恒地进行。

纪昌心力强大。练"不瞬",一日复一日,一年复一年,苦,累,枯燥;练"视小如大",一日复一日,一年复一年,苦,累,无趣。但纪昌坚持着,他的基本功就这样练成了,基本功就这样扎实了。练基本功需要坚持不懈,练基本功是没有捷径的。

不同的专业,不同的技术,学习的方式、路径可能不同,然而,刻苦,专心,持之以恒地努力,则是完全相同的。

行万里路

余尝西至空桐,北过涿鹿,东渐[1]于海,南浮江淮矣,至长老皆各往往称黄帝、尧、舜之处,风教固殊焉,总之不离古文者近是。(见司马迁《史记·五帝本纪》)

余南登庐山,观禹疏九江,遂至于会稽太湟,上姑苏,望五湖;东窥洛汭[2]、大邳,迎河,行淮、泗、济、漯、洛渠;西瞻蜀之岷山及离碓;北自龙门至于朔方。(见《史记·河渠书》)

吾适[3]齐,自泰山属之琅邪,北被[4]于海,膏壤二千里,其民阔达多匿知[5],其天性也。(见《史记·齐太公世家》)

吾适故大梁之墟,墟中人曰:"秦之破梁,引河沟而灌大梁,三月城坏,王请降,遂灭魏。"说者皆曰魏以不用信陵君故,国削弱至于亡,余以为不然。(见《史记·魏世家》)

适鲁,观仲尼庙堂车服礼器,诸生以时习礼其家,余低回留之不能去云。天下君王至于贤人众矣,当时则荣,没则已焉。孔子布衣,传十余世,学者宗之。自天子王侯,中国言六艺者折

简述

司马迁足迹所到之处如:空桐,涿鹿,海,江,庐山,会稽,姑苏,大邳,河,淮,泗,济,漯,洛,岷山,离碓,龙门,齐,泰山,大梁,鲁,孔庙,长沙,汨罗江,楚,长城,淮阴,韩信母亲墓冢,丰沛,萧曹故乡……他的行程何止万里!

中于夫子,可谓至圣矣!(见《史记·孔子世家》)

吾过大梁之墟,求问其所谓夷门。夷门者,城之东门也。信陵君之接岩穴隐者,不耻下交,有以也。名冠诸侯,不虚耳。高祖每过之而令民奉祠不绝也。(见司马迁《史记·魏公子列传》)

适长沙,观屈原所自沉渊,未尝不垂涕[6],想见其为人。(见《史记·屈原贾生列传》)

吾适楚,观春申君故城,宫室盛矣哉!(见《史记·春申君列传》)

吾适北边,自直道[7]归,行观蒙恬所为秦筑长城亭障,堑山堙谷[8],通直道,固轻百姓力矣。(见《史记·蒙恬列传》)

吾如[9]淮阴,淮阴人为余言,韩信虽为布衣时,其志与众异。其母死,贫无以葬,然乃行营高敞地,令其旁可置万家。余视其母冢,良然。假令韩信学道谦让,不伐[10]己功,不矜[11]其能,则庶几哉,于汉家勋可以比周、召、太公之徒,后世血食[12]矣。(见《史记·淮阴侯列传》)

吾适丰沛,问其遗老,观故萧、曹、樊哙、滕公之家,及其素,异哉所闻!方其鼓刀、屠狗、卖缯之时,岂自知附骥之尾,垂名汉廷,德流子孙哉?(见司马迁《史记·樊郦滕灌列传》)

注释

1 渐:进至。 2 汭:ruì,河流汇合或弯曲处。 3 适:往,到……去。 4 被:及,到。 5 匿知:nì zhī,聪明才智不外露。 6 垂涕:落泪或流涕,指哭泣。涕,眼泪。 7 直道:古道路名。秦始皇三十五年(212)命蒙恬开筑,北起九原(今内蒙古包头市西北),南至云阳(今陕西淳化西北),是联结关中平原与河套地区的主要通道。**8** 堑山堙谷:qiàn shān yīn gǔ,指挖山填谷。**9** 如:往,到……去。**10** 伐:夸耀。**11** 矜:夸耀。**12** 血食:古时杀牲取血,用以祭祀。先人享受后代的牺牲祭祀,故称血食。谓家中祖宗香火不断,子孙绵延不绝。

启迪

《汉书》作者班固深入研究司马迁和《史记》。班固在《汉书·司马迁传》中是这样记载司马迁的游历概况的:迁生龙门(山名),耕牧河山之阳。年十岁则诵古文。二十而南游江淮,上会稽(Kuài jī,山名),探禹穴(会稽山上有孔,名曰禹穴),窥九疑(山名,相传舜葬于此),浮沅湘(皆水名)。北涉汶泗(皆水名),讲业齐鲁之都,观夫子(指孔子)遗风,乡射(射箭饮酒的礼仪,盛行于先秦)邹峄(yì,峄山,也称邹山);厄困蕃、薛、彭城,过梁、楚以归。于是迁仕为郎中(皇帝侍从官),奉使西征巴、蜀以南,略邛、笮、昆明,还报命。

司马迁生在龙门,在龙门山南麓过着农耕放牧生活。十岁时已能阅读《诗》《书》等古代文献。二十岁南游江淮,他登上会稽山,探访禹穴,到九疑山,考察舜的遗迹,泛舟沅水、湘水。后北渡汶水、泗水,在齐、鲁之都研讨学业,观察孔子教化的遗风,还在邹峄学习乡射礼节;游历蕃、薛、彭城等地,不太顺利,便经过梁、楚之地回到长安。这时司马迁做了郎中,奉朝廷之命出使巴蜀以南的地区,经过邛、笮、昆明之后,回到长安向朝廷复命。

大约20年的时间,司马迁东到会稽、泰山和海滨,南至昆明和巴蜀以南,西至陇西,北至长城内外,足迹遍及黄河、长江以至粤江流域,几乎走遍全国。他访问胜地,亲临遗址,凭吊遗踪,了解风土人情,搜集历史人物的传闻轶事,实地考察地貌、物产、交通,开阔了胸襟,拓展了视野,充实了知识,《史记》因而大为增色。

明朝画家董其昌说:"读万卷书,行万里路。"万卷是指皇帝的试卷,读万卷书是为了进京赶考,金榜题名。行万里路是指进入仕途,为皇帝办事,为皇帝奔走。现在的意思是,多读书,多实际观察,读书与观察互补融合,才能有丰富的收获。

"行万里路",是学习,是一种很好的学习方式,也是生活,是一种很好的生活状态。

学习:学而时习之

我们为什么要从师求学?

师者,所以传道受[1]业解惑也。

古之圣人,其出人也远矣,犹且从师而问焉;今之众人,其下圣人也亦远矣,而耻[2]学于师。是故[3]圣益[4]圣,愚益愚。圣人之所以[5]为圣,愚人之所以为愚,其皆出于此乎?

圣人无常师。孔子师郯子、苌弘、师襄、老聃。郯子之徒,其贤不及孔子。孔子曰:三人行,则必有我师。是故弟子不必不如师,师不必贤于弟子,闻道有先后,术业有专攻,如是而已。

李氏子蟠,年十七,好古文,六艺经传皆通习之,不拘于[6]时,学于[7]余。余嘉其能行古道,作《师说[8]》以贻之。
(见《韩昌黎集·师说》)

简述

老师,是传授道义、教授学业、解释疑难问题的人。

古代的圣人,他们超出一般人很远,尚且跟从老师而请教;现在的一般人,他们的才智低于圣人很远,却以向老师学习为耻。因此圣人就更加圣明,愚人就更加愚昧。圣人之所以能成为圣人,愚人之所以成为愚人,大概原因就在于此吧?

圣人没有固定的老师。孔子曾师从郯子、苌弘、师襄、老聃。郯子这些人,他们的贤能都比不上孔子。孔子说:几个人一起走,其中一定有可以做我的老师的人。因此学生不一定不如老师,老师不一定比学生贤能,听到的道理有早有晚,学问技艺各有专长,如此罢了。

李蟠,年龄十七岁,喜欢古文,六经的经文和传文都学习完了,不受时俗的拘束,向我学习。我赞许他能够遵行古人从师之道,写这篇《师说》来赠送他。

注释

1 受：即授，传授。2 耻：以……为耻。3 是故：故是，因此，所以。4 益：更加，越发。5 所以：……的原因。6 于：被。7 于：向。8 师说：谈谈从师求学的道理。

启迪

韩愈(768—824)，官至吏部侍郎，人称"韩吏部"。自称"郡望昌黎"，世称"韩昌黎"。韩愈是唐代古文运动的倡导者，"唐宋八大家"之首，与柳宗元合称"韩柳"，有"文章巨公"和"百代文宗"之名。苏轼《潮州韩文公庙碑》说：韩愈"文起八代（东汉、魏、晋、宋、齐、梁、陈、隋八代，实际是指六朝骈文鼎盛时期）之衰，而道济天下之溺；忠犯人主之怒，而勇夺三军之帅"。韩愈提出的"文道合一""气盛言宜""务去陈言""文从字顺"等散文写作理论，对后人很有指导意义。

韩愈

"师者，传道受业解惑也"，韩愈的《师说》作于802年，虽过去一千多年，他对"师"的定义仍然为今人所接受。

郯子（生卒年不详）对古代官制十分熟悉，他还是孝子，"二十四孝"的"鹿乳奉亲"就是他的故事。苌弘（约前565—前492）博闻强识，涉猎广泛，通晓历数、天文，且精于音律乐理，以才华闻名于诸侯。"苌弘化碧"及"碧血丹心"故事流传久远。师襄，亦称师襄子，我国春秋时期音乐大师，孔子曾向他学琴。老聃（lǎo dān，生卒年不详），姓李名耳，字聃，道家学派创始人和主要代表，其《道德经》至今为世人所尊崇。老子曾担任周朝守藏室之史，以博学而闻名，孔子适周，访礼于老聃。孔子曾以郯子、苌弘、师襄、老聃为师，我们普通人更应该从师求学，虚心请教，刻苦学习。

韩愈嘉许李蟠，作《师说》以贻之，这是生尊师、师爱生的佳话。

题外话：传说"八仙"中的韩湘子，是韩愈侄子韩老成的儿子，由韩愈抚养长大。

学习：学而时习之

韩愈的勤苦与辛劳

先生口不绝吟[1]于六艺之文，手不停披[2]于百家之编。纪事者必提其要，纂言者必钩其玄。贪多务得，细大不捐。焚膏油以继晷，恒兀兀以穷年。先生之业，可谓勤矣。

牴排[3]异端，攘斥[4]佛老。补苴罅漏[5]，张皇幽眇[6]。寻坠绪之茫茫，独旁搜而远绍。障百川而东之，回狂澜于既倒。先生之于儒，可谓有劳矣。

沉浸醲郁[7]，含英咀华[8]，作为文章，其书满家。上规姚姒[9]，浑浑无涯；周诰、殷《盘》，佶屈聱牙[10]；《春秋》谨严，《左氏》浮夸；《易》奇而法，《诗》正而葩；下逮《庄》《骚》，太史所录；子云、相如，同工异曲。先生之于文，可谓闳其中而肆

> **简述**
>
> 先生嘴里不断地诵读六经的文章，两手不停地翻阅着诸子百家的书籍。对史书类典籍必定总结掌握其纲要，对论说类典籍必定探寻其深奥隐微之意。广泛学习，务求有所收获，不论是无关紧要的，还是意义重大的都不舍弃；夜以继日地学习，常常终年劳累。先生的学习可以说勤奋了。
>
> 抵制、批驳异端邪说，排斥佛教与道家的学说，弥补儒学的缺漏，阐发精深微妙的义理。探寻那些久已失传的古代儒家学说，独自广泛地钻研和继承它们。对异端学说就像防堵纵横奔流的各条川河，引导它们东注大海；挽救儒家学说就像挽回已经倾倒的宏大波澜。先生您对于儒家，可以说是有功劳了。
>
> 心神沉浸在古代典籍的书香里，仔细地品尝咀嚼其中精华，写起文章来，书卷堆满了屋子。向上效法虞、夏时代的典章，深远博大得无边无际；周代的诰书和殷代的《盘庚》，多么艰涩拗口难读；《春秋》的语言精练准确，《左传》的文辞铺张夸饰；《易经》变化奇妙而有法则，《诗经》思想端正而辞

167

其外矣。(见《韩昌黎集·进学[11]解》)

采华美;往下一直到《庄子》《离骚》《史记》;扬雄、司马相如的创作,同样巧妙但曲调各异。先生的文章可以说是内容宏大而外表气势奔放,波澜壮阔。

注释

1 吟:吟咏,诵读。 2 披:翻开,即阅读。 3 牴排:dǐ pái,抵拒排斥。牴,即抵。 4 攘斥:排斥,排除。攘,rǎng,排斥。 5 补苴罅漏:bǔ jū xià lòu,弥补儒家学说的欠缺或不足。补苴,补缀,弥补。罅,缝隙。漏,漏洞。 6 张皇幽眇:zhāng huáng yōu miǎo,阐发张扬思想或著述中的精深微妙之处。 7 沉浸酡郁:chén jìn nóng yù,嗜好美酒,指沉浸于书海。 8 含英咀华:琢磨和领会诗文的要点和精神。 9 姚姒:yáo sì,虞舜和夏禹,此指《尚书》中的《虞书》和《夏书》。 10 佶屈聱牙:jí qū áo yá,(文句)曲折拗口。形容文章艰涩,读起来不顺口。也作诘屈聱牙。 11 进学:使学业长进。

启迪

《进学解》借劝学、解疑而抒发愤懑之情。而它的劝学、解疑涉及学习内容、学习方法和学习效果等,内容极为丰富,也极有价值。诸如"口不绝吟,手不停披","提其要,钩其玄","补苴罅漏,张皇幽眇","寻坠绪","旁搜远绍","沉浸酡郁,含英咀华"等方法,至今犹有操作意义。

"口不绝吟于六艺之文,手不停披于百家之编",韩愈勤苦如此。"障百川而东之,回狂澜于既倒",韩愈辛劳如此。

由于作者的博学与强大影响力,《进学解》中的很多词语成为成语,至今有很强的生命力,如口不绝吟,手不停披,提要钩玄,力挽狂澜,含英咀华,佶屈聱牙,异曲同工,头童齿豁,各得其宜,俱收并蓄,较短量长,投闲置散,动辄得咎,贪多务得,细大不捐,兀兀穷年,焚膏继晷,业精于勤、行成于思等。

学习:学而时习之

杨时拜见老师

杨时字中立,南剑¹将乐人。幼颖异,能属文,稍长,潜心经史。熙宁九年,中进士第。时河南程颢与弟颐讲孔、孟绝学于熙、丰之际,河、洛之士翕²然师³之。时调官不赴,以师礼见颢于颍昌,相得甚欢。其归也,颢目送之曰:"吾道南⁴矣。"四年而颢死,时闻之,设位哭寝门,而以书赴告同学者。

至是,又见程颐于洛,时盖年四十矣。一日见颐,颐偶瞑⁵坐,时与游酢侍立不去,颐既觉⁶,则门外雪深一尺矣。

德望日重,四方之士不远千里从之游⁷,号曰龟山先生。(见脱脱、阿鲁图《宋史·杨时传》)

简述

程颢(1032—1085)、程颐《二程全书·遗书十二》也记载了程门立雪这个故事。杨时到洛阳向程颐求教,他当时已经有四十岁了。某一天,杨时与游酢(zuò)去拜见程颐的时候,程颐偶尔坐着打瞌睡。他俩便站在门外等着,没有离开,也没有进门,担心影响老师休息。等到程颐醒后,门外积雪已经一尺多厚了。

程颢

注释

1 南剑:今属福建省。 2 翕:xī,合,聚会。 3 师:以……为师。 4 南:向南,此指向南传播、发展。 5 瞑:合眼,闭眼。 6 觉:睡醒。 7 游:游学,求学。

少有所诵:从经典中汲取力量

> **启迪**

杨时(1053—1135),号龟山,学者称龟山先生。

宋室南渡长江以后,学者公认杨时为程氏的正统传人。而朱熹、张栻的学问之所以能够得到程氏的正统之传,"龟山先生"杨时起了承前启后的关键作用。

学生应该尊敬老师。戴圣《礼记·学记》说:"凡学之道,严师为难。师严然后道尊,道尊然后民知敬学。"《学记》又说:"故安其学而亲其师,乐其友而信其道。"

杨时与游酢尊师重教、虔诚求学,"程门立雪"故事广为流传。

也有人说,程颐为人严厉,学生不敢打扰,所以"立雪"等候。备一说。

观书有感二首

其一
半亩方塘一鉴[1]开,
天光云影共徘徊。
问渠[2]那[3]得清如许[4]?
为[5]有源头活水来。

其二
昨夜江边春水生,
艨艟[6]巨舰一毛轻。
向来[7]枉费推移力,
此日中流[8]自在行。
(见《朱文公文集》)

> **简述**
>
> 半亩大的方形池塘像一面镜子一样展现在眼前,天空的光彩和浮云的影子都在镜子中一起移动。要问为何那方塘的水会这样清澈?是因为有那永不枯竭的源头为它源源不断地输送活水啊。
>
> 昨天夜里江边涨起了阵阵春潮,巨大的舰船轻盈得如同一片羽毛。向来行驶要白费很多推拉力气,今天却能在江水中央自由自在地漂移。

170

学习:学而时习之

> 注释

1 鉴:镜子。 2 渠:他,它。 3 那:即哪。 4 如许:如此。 5 为:因为。 6 艨艟:méng chōng,战舰,这里指大船。 7 向来:原先。 8 中流:河流的中心。

> 启迪

朱熹(1130—1200),南宋理学家、思想家、哲学家、教育家和诗人,世称朱子。谥号"文",故称朱文公。

第一首诗借景喻理,借助池塘水清是因为有"活水"注入的现象,比喻要不断学习,乐于接受新事物,才能保持思想的活跃与进步。第二首诗借事明理,借助巨舰原来无力推移今天却靠"春水"自由航行在水中,比喻外物偶然触发能帮助读者领悟深刻道理。过去枉费推移力,也可能是方法有问题。但是,要明白,原先的努力不会是"枉费",说"枉费"只是为了强调"春水"的作用。以前的努力是一种积累、积淀,没有积累、积淀,则不可能有"此日中流自在行"。厚积薄发才是真道理。

朱熹

朱熹是当时的学问大家,他尤其善于读书。他认为"为学之道,莫先于穷理;穷理之要,必在于读书"。他的弟子汇集他的训导,概括归纳出"朱子读书法"六条。

(一)循序渐进。"凡读书,先读《语》《孟》然后观史,则如明鉴在此,而妍丑不可逃。若未读彻《语》《孟》《中庸》《大学》便去看史,胸中无一权衡,多为所惑。""通一书而后及一书","上句了然后及下句,前段了然后及下段","首尾次第,亦各有序而不可乱"。朱熹主张读书要循序渐进。第一,不同的书要按一定的次序读,不要颠倒,同一本书也存在次第的问题。这种由简单到复杂的过程符合人类认知的规律。人类认识客观事物总要经历一个从不成熟到成熟,从不完善到完善的过程。第二,应根据自己的实际情况和能力安排读书计划并切实遵守它,这是量力而行。心理学告诉我们,每个人的能力是有差别的,不仅自己和他人的能力水平有差异,而且在不同的发展阶段个人的能力水平也是不同的。所以,应根据自己当时的能力来制订学习计划。第三,读书要扎扎实实打好基础,不可囫囵吞枣,急于求成。"始于衣服冠履,次及言语步趋,次及洒扫清洁,次及读书写字及杂细事宜,皆当所知","教之以洒扫,应对,进退之节,礼乐射御书数之文",再到"诚意,正心,修身,齐家,治国,平天下",这些都是根据儿童身心发展规律提出的,与现代学习方法有不谋而合之处。循序渐进方法有利于让知识结构层次化,也符合"认识材料的系列位置影响记忆效果,材料的顺序对记忆效果有重要作用"等心理学观点。

(二)熟读精思。读书既要熟读成诵,又能精于思考。有些人读书"所以记不得,说不去,心下若存若亡,皆是不精不熟之患"。熟读的要求是"使其言皆若出于吾之口"。朱熹主张读书要能成诵,强调读书必要读足一定的遍数。在他看来,"百遍时,自是强五十遍;二百遍时,自是强一百遍"。熟读确实有助于理解,"书读百遍,其义自见",说的就是这个意思。熟读是为了精思。朱熹提出精思的要求是"使其意皆若出于吾之心"。他说:"始读,未知有疑。其次则渐渐有疑。中则节节是疑。过了一番后,疑渐渐解,以至融会贯通,都无所疑,方始是学。"这里所说的从无疑到有疑再到解疑的过程,即是发现问题和解决问题的过程。无论是发现问题还是解决问题都是精心思考的结果。读书若真能做到既读之熟,"读得正文,记得注解,成诵精熟",又思之精,那么就真正把书读通了,真正有收益。

(三)虚心涵泳。包括两方面的涵义。第一,"虚心",是指读书时要虚怀若谷,精心思虑,仔细体会书中的意思,"使不得一毫杜撰",不能"心下先有个意思",先入为主,牵强附会。读书中发现了疑问,"众说纷纭",也应虚心静虑,切勿匆忙决定取舍。第二,"涵泳",是指读书时要反复咀嚼,细心玩味。他说:"读书之法无他,惟是笃志虚心,反复详玩为有功耳。"

(四)切己体察。朱熹强调读书不能仅仅停留在书本上、口头上,而必须"将自身入那道理中去","将圣贤言语体之于身",见之于自己的实际行动,身体力行。他说:"读书不可只专就纸上求义理,须反来就自家身上推究。"他竭力反对只向书本上求义理,而不"体之于身"的读书方法,认为这样即使是"广求博取,日诵五车",终是无益。

(五)着紧用力。包括两方面的内容:其一,必须抓紧时间,发愤忘食,反对疲疲沓沓悠悠然,"悠悠不济事,且如发愤忘食,乐以忘忧"。其二,必须抖擞精神,勇猛奋发,反对松松垮垮。朱熹把读书形象又深刻地比喻为救火治病、撑上水船和破釜沉舟,"如救火治病然,如撑上水船,一篙不可放缓",应该具有犹如救火治病那样的紧迫感,具有撑上水船那样不进则退的顽强作风和破釜沉舟那样的勇往直前的精神。

(六)居敬持志。"涵养须用敬,进学则在致知,此最精要","读书之法,莫贵乎循序而致精,而致精之本,则又在于居敬而持志。此不易之理也"。"居敬",就是读书时态度端正,精神专一,注意力集中。"读书须收敛此心,这便是敬","读书须将心贴在书册上,逐句逐字,各有著落,方始好商量。大凡学者须是收拾此心,令专静纯一,日用动静间,都无驰走散乱,方始看得文字精审"。"持志",就是要树立远大的志向,并要以顽强的毅力长期坚持。他说:"立志不定,如何读书?"只有树立了明确的志向,才能"一味向前",学业不断长进。

以上六条是朱熹一生刻苦治学,五十载辛勤执教的切身体验和实践经验总结。它反映了读书学习的基本规律和要求,符合读书量力性、巩固性、客观性、联系性、积极性、目的性等原则。

"朱子读书法"是我国古代最系统的读书法,是集古代读书法之大成者,具有宝贵的借鉴价值。

宋濂如此勤勉和艰辛

余[1] 幼时即嗜学[2]。家贫,无从致书以观,每假借于藏书之家,手自笔录,计日以还。天大寒,砚冰坚,手指不可屈伸,弗之怠[3]。录毕,走送之,不敢稍逾约[4]。以是人多

简述

我年幼时就非常爱好读书。因为家中贫穷,无法得到书来看,常常向藏书的人家去借,亲手抄录,计算着日期按时送还。天气严寒时,砚池中的水冻成了坚冰,手指屈伸都困难,我仍不放

以书假余,余因得遍观群书。

尝趋百里外,从乡之先达执经叩问。先达德隆望尊,门人弟子填其室,未尝稍降辞色。余立侍左右,援疑质理[5],俯身倾耳以请;或遇其叱咄[6],色愈恭,礼愈至,不敢出一言以复;俟[7]其欣悦,则又请焉。故余虽愚,卒获有所闻。当余之从师也,负箧曳屣[8]行深山巨谷中,穷冬烈风,大雪深数尺,足肤皲裂[9]而不知。盖余之勤且艰若此。

今虽耄老,未有所成,犹幸预君子之列,而承天子之宠光,缀公卿之后,日侍坐备顾问,四海亦谬称其氏名,况才之过于余者乎?

东阳马生君则,在太学已二年,流辈甚称其贤。余朝京师,生以乡人子谒[10]余,撰[11]长书以为贽[12],辞甚畅达,与之论辨,言和而色夷[13]。自谓少时用心于学甚劳,是可谓善学者矣!其将归见其亲[14]也,余故道为学之难以告之。谓余勉乡人以学者,余之志也;诋[15]我夸际遇之盛而

松读书。抄写完后,赶快送还人家,不敢稍稍超过约定的期限。因此有很多人都愿意把书借给我,于是我能够遍观群书。

我曾跑到百里之外,手拿着经书向同乡前辈求教。前辈德高望重,门人学生挤满了他的房间,他的言辞和态度不曾稍显委婉。我站着陪侍在他左右,提出疑难,询问道理,低身侧耳向他请教;有时遭到他的训斥,表情更为恭敬,礼节更为周到,不敢答复一句话;等到他高兴时,就又向他请教。所以我虽然愚钝,最终还是得到不少教益。当我寻师时,背着书箱,拖着鞋子,行走在深山大谷之中,严冬寒风凛冽,大雪深达几尺,脚上的皮肤受冻裂开都不知道。我的勤劳和艰辛大概就是这样。

如今我虽已年老,没有什么成就,但所幸还得以置身于君子的行列中,承受着天子的恩宠荣耀,追随在公卿之后,每天陪侍着皇上,听候询问,天下人也赞许着自己,更何况才能超过我的人呢?

东阳马生君则,在太学中已学习两年了,同辈人很称赞他的德行。我到京师朝见皇帝时,马生以同乡晚辈的身份拜见我,写了一封长信作为礼物,文辞顺畅通达,同他讨论,言语温和而态度谦恭。他自己说少年时在学习上很刻苦,这可以称作善于学习者吧!他将要回家拜见父母双亲,我特地将自己治学

骄乡人者,岂知予者哉?(见《宋学士文集·送东阳马生序》)

的艰难告诉他。如果说我勉励同乡努力学习,那是我的本意;如果诋毁我夸耀自己遭遇之好而在同乡前骄傲,那哪里是了解我呢?

注释

1 余:我。 2 嗜学:爱好读书。 3 弗之怠:即"弗怠之",不懈怠,不放松抄录书。 4 逾约:超过约定的期限。 5 援疑质理:提出疑难,询问道理。形容虚心请教,认真求学。援,引,提出。质,质疑,质问,询问。 6 叱咄:chì duō,训斥,呵责。 7 俟:sì,等待。 8 负箧曳屣:fù qiè yè xǐ,背着书箱,拖着鞋子,比喻人生活贫穷、困苦。负,背着。箧,小箱子。曳,拖,拉。屣,鞋。 9 皲裂:jūn liè,龟裂。 10 谒:yè,拜见。 11 撰:zhuàn,写。 12 贽:zhì,古时初次拜见时所赠的礼物。 13 夷:平易。 14 亲:父母。 15 诋:毁谤。

启迪

宋濂(1310—1381),与高启、刘基并称为"明初诗文三大家",明太祖朱元璋誉之为"开国文臣之首"。主修《元史》。

文中写了两个"学生"。一个是作者宋濂,家贫,借书、抄书,不以为苦,反以为乐,得以遍观群书;曾趋百里外求教名师,穷冬烈风,大雪深数尺,以致足肤皲裂。这些告诉我们,宋濂"勤且艰若此"。同时,我们也了解到,宋濂能够尊敬师长,诚恳求教,终有所获。宋濂扬名于四海,几乎是一种必然。

宋濂

另一个学生是马君则,"撰长书以为贽,辞甚畅达,与之论辨,言和而色夷"。他"用心于学甚劳",是一个善学的人。

作者写下这篇"赠序"的目的,是"勉乡人以学"。宋濂现身说法,"道为学之难",从学习条件、态度,到学习经历、结果,细致翔实,扎实有力,而"非苦学无以成"的道理蕴涵其中。马君则苦学、善学,从此更上一层楼矣。

羡慕是一种好心境

羡慕[1]是一种好心境。古圣者的"见贤思齐[2]"就是一种羡慕。别人酷,别人读书破万卷,别人实力强,别人生活质量高,别人心胸大海般宽广……自己就瞄准,追寻,赶上,自己就提高了;即使暂时还有距离,也比以前的自己提高了。接着,再寻觅新目标,再努力,又会再一次提高。如此循序以进,循环往复,终有一天,你这个羡慕者将成为被羡慕者。

不羡慕则是一种高境界。他人名高威重,艺馨才豪,风流倜傥,但不可能属于自己。自己是向日葵,开不出牡丹、玫瑰什么的,遇到凡·高[3]也是历史的偶然,那就好好长出葵花籽吧。这体现了古贤人的"安贫乐道[4]""知足常乐"精神。知人、自知,凡事随遇而安,顺其自然,努力而不勉强,弄不好会成为一个精神富有者。不羡慕者懂得:幸福是感觉,快乐是心情;凡事不能跟自己过不去。

心里艳羡,嘴上不说,甚至言语之间表现出不屑。这是一种沉重,一种压抑。嘴上不说的原因,恰恰是心里羡慕,故以"假语村言"出之。心口不一,言行矛盾,每一次的"不屑"都是对自己感情的一次讽刺,每一次的"假言"都是对自己心灵的一次伤害,久而久之,身乏心累,朝如青丝暮成霜,眼

> **简述**
>
> 羡慕是一种好心境。见贤思齐,循序以进,终有一天,你这个羡慕者将成为被羡慕者。
>
> 不羡慕则是一种高境界。"安贫乐道""知足常乐",弄不好会成为一个精神富有者。不羡慕者懂得:幸福是感觉,快乐是心情;凡事不能跟自己过不去。
>
> 心里艳羡,嘴上不说,这是一种沉重,一种压抑。
>
> 最可怕是羡慕的极端——嫉

神黯然心凄凉。西方哲人说"吃不到葡萄说葡萄酸[5]",心里艳羡者心之酸,恐怕不亚于葡萄之酸?

最可怕是羡慕的极端——嫉妒。因慕生妒,因妒生恨。掌声刺耳,鲜花伤眼,证书如刀,奖金似枪。他不去研究别人成功的原因、成功的历程,也没有脚踏实地奋发戮力,以获取成功,却想借助显微镜、放大镜,发现瑕疵,发现尾巴或辫子,从而"论证"掌声、鲜花应该属于自己……西方智者描述的"与风车搏斗[6]"喜剧仿佛就要重演。

羡慕是一种好心境;不羡慕是一种高境界;泉州酒泉寺有榜书说的好:"莫做心上过不去之事。"我则要说,羡慕好,不羡慕也罢,但要令心中坦然。
(见《园丁心雨》)

> 妒。因慕生妒,因妒生恨。
>
> 泉州酒泉寺有榜书说的好:"莫做心上过不去之事。"
>
> 羡慕好,不羡慕也罢,但要令心中坦然。

注释

1 羡慕:看见别人有某种长处、好处或有利条件而希望自己也有。 2 见贤思齐:见到有才有德的人,就想向他学习,向他看齐。贤,德才兼备的人。齐,同样,一致。 3 凡·高:指文森特·威廉·凡·高(Vincent Willem van Gogh,1853—1890),荷兰后印象派画家。凡·高《向日葵》系列油画作品,向世人表达了他对生命的理解,并且展示出了他个人独特的精神世界。 4 安贫乐道:安于贫困,乐于坚持所信仰的道德准则。 5 吃不到葡糖说葡萄酸:比喻达不到目的,以不好或自己不想要为由,来平衡自己失落的心情。典出《伊索寓言·狐狸和葡萄》。 6 与风车搏斗:比喻脱离实际,只凭主观想象办事。典出塞万提斯的《堂·吉诃德》。

启迪

见贤思齐,是积极的人生态度,也是向上向善的人生过程。

安贫乐道,近乎独善其身。白居易说:外累由心起,心宁累自息。苏东坡说:试问岭南应不好?却道,此心安处是吾乡。袁枚说:胸中没有未了事,便是人间好风景。还有古语:眼内有尘三界窄,心中无事一床宽;若无闲事挂心头,便是人间好时节。甚至孔子也说,道不行,乘桴浮于海。

但最令人击节称赏的,还是古人的精神,古人的境界:朝闻道,夕死可也;亦余心之所善兮,虽九死其犹未悔;路曼曼其修远兮,吾将上下而求索;生当作人杰,死亦为鬼雄;为天地立心,为生民立命,为往圣继绝学,为万世开太平!我们羡慕这种精神,羡慕这种境界。

弈秋指导二人下棋

今夫弈之为数,小数也;不专心致志,则不得也。弈秋[1],通国[2]之善[3]弈者也。使[4]弈秋诲[5]二人弈,其一人专心致志,惟弈秋之为听。一人虽听之,一心以为[6]有鸿鹄[7]将至[8],思[9]援[10]弓缴[11]而射之,虽与之俱学,弗若[12]之矣,为是其智弗若与[13]?曰:非然也。(见《孟子·告子上》)

简述

围棋,只是雕虫小技,但如果不能一心一意地学,也不能学好。弈秋是全国善于下围棋的人。让他教两个徒弟学习下棋,其中一个徒弟专心致志,一心一意只听弈秋的话;另一个人虽然也在听讲,心里却老想着有天鹅将要到达,想着要拉开弓将它射下,虽然他也跟弈秋学习,却比不上别人。难道是他的智商比不上另一个人吗?回答说:不是智商问题,是他不像别人那样专心专意。

注释

1 秋:人名,因他善于下棋,所以被人们称为弈秋。2 通国:整个国家。通,整个,全部。3 善:善于,擅长做……的人。4 使:假使。5 诲:教导。6 以为:认为,觉得。7 鸿鹄:hóng hú,天鹅,形状像鹅而比鹅大,全身白色,飞得很高。8 将至:将要到来。9 思:想。10 援:拿起。11 弓缴:弓和箭。缴,zhuó,系着生丝绳的箭。12 若:像,如。13 与:yú,即欤,表示疑问或反问。

学习:学而时习之

启迪

相传围棋乃尧发明。尧的长子丹朱性格刚烈,尧要通过围棋磨砺丹朱。于是发明围棋。下围棋需要一个安静的环境,棋手必须专心专意。学围棋也必须专心,否则想着鸿鹄飞来,想着射下它,再想着如何烹调,如何食用,这围棋无论如何也学不好了。

有《梓庆削木为鐻》故事:梓(zǐ,官名,梓人,木匠)庆(人名)削木为鐻(jù,即虡,悬挂钟鼓的立木),鐻成,见者惊犹鬼神(惊讶地认为犹如鬼神所造)。鲁侯见而问焉,曰:"子何术以为焉?"对曰:"臣,工人(做工的匠人),何术之有?虽然,有一焉。臣将为鐻,未尝敢以耗气也,必齐(zhāi,即斋,斋戒,素食洁身,排除杂念)以静心。齐三日,而不敢怀(想,思念)庆赏、爵禄;齐五日,而不敢怀非誉、巧拙;齐七日,辄然(不动貌)忘吾有四肢形体也。当是时也,无公朝(心中没有公家朝廷,好像不是为官府作鐻),其巧专而外滑消(技巧专一而外扰消失。滑,乱,扰乱)。然后入山林,观天性(观察树木的质地)。形躯至矣,然后成见(即现)鐻,然后加手(加以施工制作)焉。不然则已。则(乃)以天合天。器之所以疑神者,其是与(即欤,表示反问)!"(见《庄子·达生》)

梓庆用木头做鐻,鐻做好了,看见它的人都以为那是鬼斧神工。鲁国的国王看了以后就问他,道:"您用什么技术将它做成这样的?"梓庆回答道:"我只不过是一个工匠,能有什么技术呢!虽说如此,但也有一点讲究。我准备做鐻的时候,不敢消耗自己的元气,必须要用斋戒让自己心宁神净。斋戒三天以后,心里就对喜幸、奖赏、官爵、俸禄没有了感觉;斋戒五天的时候,对恶名、美誉、技巧、笨拙没了概念;到斋戒七天时,全然忘记了自己的四肢身体。到这个时候,在我心里没有朝廷、官府,心志专一,外在的干扰也就消失了。然后我就进入树林,察看木材的天性;找到形状最适合的木材,然后就在这段木材上确定鐻的轮廓,然后按照轮廓的样子着手制作;如果不是这样,我就不会去动手。这就是来自天然而符合天然。这大概就是做出的鐻给人鬼斧神工感觉的原因吧。大概说来,就是这样的!"

读书与学围棋一样,与做鐻一样,分心不得,必须排除干扰。读,思,问,辨,批判,读书的全过程必须专心致志,每个读书环节都要一心一意。

专注,不分心,能排除外界干扰,就能下好棋,就能读好书,就能做好事。

少有所诵:从经典中汲取力量

一首关于象棋的诗

象棋终日乐悠悠,
苦被严亲[1]一旦丢。
兵卒堕河皆不救,
将军溺[2]水一齐休。
马行千里随波去,
象入三川[3]逐浪流。
炮响一声天地震,
忽然惊起卧龙愁。
(见褚人获《坚瓠集·哭象棋诗》)

简述

终日下棋,王阳明其乐已极。而母亲则是恼火至极,这不是玩物丧志吗?于是,她把象棋全部扔到河里。见那兵、卒、马、炮还有将都随水漂向远方,王阳明自然心痛不已。而母亲扔棋的举动犹如一声炮响,天摇地动,使得"终日乐悠悠"的人"惊起卧龙愁"。从此,"痛改前非",步入成长的快车道。(也有人说这是王阳明悼念朋友的诗)

注释

1 亲:父母,此指王阳明的母亲。 2 溺:nì,淹没。 3 三川:三条河。比如泾河、渭河和洛河就是关陇地区的三川。

启迪

王阳明

王阳明(1472—1529),名守仁,号阳明,明朝杰出的哲学家、思想家、军事家、教育家,"心学"集大成者。他的"致良知""知行合一"对后世产生着深刻而久远的影响。王士祯说:王阳明为明第一流人物,立德、立功、立言,皆居绝顶。曾国藩说:王阳明矫正旧风气,开出新风气,功不在禹下。东乡平八郎

学习:学而时习之

说:一生低首拜阳明。

王阳明在儿童教育上颇有建树。他说:大抵童子之情,乐嬉游而惮(害怕,畏难)拘检,如草木之始萌芽,舒畅之则条达,摧挠之则衰痿。今教童子,必使其趋向鼓舞,中心喜悦,则其进自不能已。譬之时雨春风,沾被卉木,莫不萌动发越,自然日长月化。若冰霜剥落,则生意萧索,日就枯槁矣。在教育方法和内容方面,他主张:宜诱之歌诗以发其志意,导之习礼以肃其威仪,讽之读书以开其知觉。王阳明认为:儿童受蔽最少,所以"去蔽明心"、"致良知"最容易做到。王阳明的儿童教育理论十分宝贵。

"乐嬉游而惮拘检",所有小孩都喜欢游戏。小孩下象棋不是坏事,但"终日乐悠悠"就不是好事了。"玩物丧志"的例子古今中外都有不少。游戏必须有度。

象棋属于体育项目,对抗性强,趣味性强。下棋能锻炼思维,训练意志,养成规则意识。象棋还可以用于交往。学习、工作之余,节日、假日,约二三好友,对弈三五局,不亦乐乎?

清人袁枚说:拢袖观棋有所思,分明楚汉两举时。非常欢喜非常恼,不看棋人总不知。

生活艰苦,学习刻苦

欧阳公四岁而孤[1],家贫无资。太夫人以荻[2]画地,教以书字。多诵古人篇章。及其稍长,而家无书读,就闾里[3]士人家借而读之,或因而抄录。以至昼夜忘寝食,惟读书是务。

> **简述**
>
> 欧阳修在四岁时失去了父亲,家境贫穷,没有钱供他上学。欧阳修的母亲用荻秆在沙地上写画,教他写字。欧阳修的母亲还给他诵读许多古人的篇章,让他学习诗文。到他年龄大些了,家里没有书可读,他就到乡里的读书人家去借书来读,有时

自幼所作诗赋文字,下笔已如成人。(见《欧阳公事迹·苦读》)

借此机会抄录下来。欧阳修白天黑夜废寝忘食,只一心一意努力读书。他小时候所写的诗歌文章,就能像大人一样有文采。

注释

1 孤:指幼年死去父亲。2 荻:dí,多年生草本植物,形状像芦苇。3 闾里:lú lǐ,古代城镇中有围墙的住宅区;乡里,闾巷。

启迪

《宋史·欧阳修传》说:"四岁而孤,母郑,守节自誓,亲诲之学,家贫,至以荻画地学书。""修游随,得唐韩愈遗稿于废书簏(lù,用竹篾编的盛零碎东西的小篓)中,读而心慕焉。苦志探赜(tàn zé,探索奥秘),至忘寝食,必欲并辔绝驰而追与之并。"欧阳修四岁时即死了父亲,母亲郑氏一直守节未嫁,在家亲自教欧阳修读书学习。因家里贫穷,以至于只能用芦荻作笔,在地上学习写字。叔父欧阳晔任职于随州,欧阳修去叔父那里,在一大姓李氏家的废书筐中发现了唐代韩愈的遗稿,读后十分仰慕。于是用心寻求其中的精义,以至废寝忘食,决心要追赶韩愈,和他并驾齐驱。史传与《欧阳公事迹》互相印证。

欧阳修是宋代文坛领袖,与韩愈、柳宗元、苏轼、苏洵、苏辙、王安石、曾巩合称"唐宋八大家"。他领导了北宋诗文革新运动,继承并发展了韩愈的古文理论。

无纸笔用,荻为笔,地为纸;没有书读,借读、抄读;白天读、晚上读,夜以继日,废寝忘食,惟读书是务。欧阳修的生活不可谓不艰苦,但生活艰苦没有影响他的学习,他刻苦学习无与伦比。

陆羽《怀素传》说,怀素家贫无纸,乃种芭蕉万余株以供挥洒。怀素是我国古代的草书大家,有"草圣"之誉(东汉的张芝、唐代的张旭也曾被称为"草圣")。

《新唐书》说,郑虔早年家贫,买不起纸张。他在长安时,知道大雁塔所在的慈恩寺里,存了几间屋的柿树叶。便搬进寺里,取柿叶练字。日日不息,最后居然把几间屋里的柿叶写尽。郑虔的草书达到了"如疾风送云,收霞推月"的境界。

学习:学而时习之

《三字经》选读

赵中令,读鲁论[1]。彼[2]既仕[3],学且勤。

披[4]蒲编,削竹简。彼无书,且知勉。

头悬梁,锥刺股。彼不教,自勤苦。

如囊[5]萤,如映雪。家虽贫,学不辍[6]。

如负薪[7],如挂角。身虽劳,犹苦卓。

(见王应麟《三字经》)

> **简述**
>
> 宋朝的赵中令——赵普,他官已经做到了中书令了,天天还手不释卷地阅读《论语》,不因为自己已经当了高官,而忘记勤奋学习。西汉时路温舒把文字抄在蒲草上阅读。公孙弘将《春秋》刻在竹子削成的竹片上。两人都很穷,买不起书,但还不忘勤奋学习。东汉的孙敬读书时把自己的头发拴在屋梁上,以防止打瞌睡。战国时苏秦读书每到疲倦时就用锥子刺大腿。他们不用别人督促而自觉勤奋苦读。晋朝人车胤,把萤火虫放在纱袋里照明读书。孙康则利用积雪的反光来读书。他们两人家境贫苦,却能在艰苦条件下继续求学。汉朝的朱买臣,以砍柴维持生活,每天边担柴边读书。隋朝李密放牛把书挂在牛角上,有时间就读。他们在困窘的环境里仍坚持读书。

注释

1 鲁论:指《鲁论语》,《论语》的汉代传本之一。相传为鲁人所传,是今本《论语》的来源之一。 2 彼:他,他们。 3 仕:做官。 4 披:打开,翻开,即阅读。 5 囊:náng,有口的袋子。 6 辍:chuò,停止。 7 薪:木柴。

启迪

赵普(922—992),曾担任宋太祖赵匡胤(yìn)、宋太宗赵光义的中书令(宰相),在任中书令时,他手不释卷地阅读《论语》,他不因为自己已经担任高官,而放松学习。聪明的人都知道,必须努力学习。学习是一辈子的事。

赵普

西汉时路温舒(生卒年不详)把《尚书》等抄在蒲草上阅读。后成为西汉著名的司法官。公孙弘(前200—前121)将《春秋》刻在竹子削成的竹片上,仔细研读。后征为博士,任汉武帝丞相。路温舒、公孙弘小时候家都很穷,连书都买不起,但还是勉力学习。学习条件优越固然好,条件差,也不应该影响学习。贫不废学,越苦越要学,宝剑锋从磨砺出,梅花香自苦寒来。

东汉的孙敬(生卒年不详)读书时把自己的头发拴在屋梁上,防止打瞌睡。后为当世大儒。战国时的苏秦(?—前284),著名纵横家,读书每到疲倦时就用锥子刺大腿,血流至足。孙敬、苏秦不用别人督促而自觉地苦读。需要说明,苦读当然是应该的,但打疲劳战不值得提倡,应讲究效率、效果、效益。

晋朝人车胤(约333—401)把萤火虫放在纱袋里当作灯盏,认真读书。后入朝拜吏部尚书。孙康(生卒年不详)则利用积雪的反光来读书。后官至太守。车胤、孙康创造条件、借用外物刻苦学习,委实不易。不过,应该清楚的是,囊萤读书,映雪读书,可能只是偶一为之,当然,精神可嘉。

西汉的朱买臣(?—前115),以砍柴维持生活,但没有影响读书。隋朝李密(582—619)放牛时把《汉书》挂在牛角上,有时间就读。砍柴、牧牛,都是辛苦活,朱、李二人日常很是辛劳而坚持读书,难能可贵啊。

读书没有速成法,读书也没有快乐法,读书离不开勤、苦、恒三字。若有人说:"我有读书诀窍","我有学习捷径","我有快乐读书法",那这个人的名字一定是"骗子"或"大骗子",他的"诀窍""捷径""方法"都不过是"骗术"。

学习:学而时习之

七录[1]斋的由来

张溥幼嗜学。所读书必手钞[2],钞已朗诵一过,即焚之,又钞,如是者六七[3]始[4]已[5]。右手握管处,指掌成茧。冬日手皲[6],日[7]沃[8]汤[9]数次。后名[10]读书之斋曰"七录"。溥诗文敏捷,四方征索者不起草,对客挥毫[11],俄顷[12]立就,以故[13]名高一时。(见张廷玉等《明史·张溥传》)

> **简述**
>
> 张溥(pǔ)自小爱好学习,所读的书一定要手抄下来,抄完了,朗诵一遍,就焚烧掉,然后又抄,像这样六七次才停手。因此,张溥后来把他读书的房间称为"七录斋"。张溥右手拿笔的地方,都磨出了老茧。冬季天冷,手龟裂了,每天把手放在热水里浸好几次。张溥写诗作文思路敏捷,各方人士向他索取诗文,他不起草,当着客人面写作,一会儿就完成。所以他在当时名声很响。

> **注释**
>
> 1 录:记录,抄录。2 钞:即抄,誊写。3 六七:六七次。4 始:才。5 已:停止。6 皲:jūn,皮肤因寒冷或干燥而破裂,龟裂。7 日:每日。8 沃:浸泡。9 汤:热水。10 名:命名。11 挥毫:提起毛笔写字或画画。毫,指毛笔。12 俄顷:一会儿,顷刻。13 以故:因为这个原因,因此。

> **启迪**
>
> 张溥(1602—1641),崇祯四年进士,"复社"成员,明朝晚期文学家。
>
> "七录七焚""指掌成茧""手皲沃汤",与张溥后来为文"对客挥毫,俄顷立就"是有直接的因果关系的。
>
> 张溥的方法是"抄读",这是"精读"的一种。"抄读"利于消化,便于积

少有所诵：从经典中汲取力量

张溥

累,培养语感,训练记忆,好处很多。"抄读"使人沉浸其中,涵泳玩味,能全面提高遣词铸句、谋篇布局能力。

文献记载,苏东坡把抄《汉书》(作者班固等,共80万字)作为"日课","凡三经手钞矣"。他曾应朋友要求,当面背诵《汉书》数段,"辄诵数百言无一字差缺"。苏东坡是禀赋超群的人,连他都能如此勤奋刻苦,叫后来人十二分地惭愧啊。

学习语言文字,是个慢活,也是一份苦活,急不得,轻松不得,但滴水穿石、铁杵成针,等到具备了熟练驾驭语言文字能力之时,你就会得心应手,自由自在了。

"好记性不如烂笔头","不动笔墨不读书",这两句话是宝贵的经验。多做笔记,甚至抄读,是学习语言文字的一个高效方法。并且,"抄读"也可用于历史、哲学等的学习。

利用"三余"勤读书

董遇,字季直。性质讷[1]而好[2]学。黄初中,出为郡守。明帝时,入为侍中、大司农。数年,病亡。初[3],遇善治《老子》,为《老子》作"训注"。又善《左氏传》,更为作《朱墨别异》。人有从学者,

简述

董遇为人朴实敦厚,自幼喜欢学习。黄初(220—226)年间,出任郡守。明帝(227—239)时,入朝担任侍中、大司农。他对《老子》很有研究,为《老子》作训诂、注释;对《春秋左氏传》也下过很深的功夫;完成了《朱墨别异》。年轻的读书人

学习:学而时习之

遇不肯教,而云:"必当先读百遍。"言:"读书百遍而义自见[4]。"从学者云:"苦渴无日。"遇言:"当以三余。"或[5]问"三余"之意,遇言:"冬者岁之余,夜者日之余,阴雨者时之余也。"(见鱼豢《魏略·儒宗传·董遇》)

请他讲学,他不愿意,却对人家说:书读得熟,则不待解说,自晓其义也,书熟读就能真正领会了。请教的人说:"只是苦于没有时间读书。"董遇说:"应当用'三余'时间。"人问"三余"是什么?董遇说:"三余就是三种空闲时间。冬天,没有多少农活,这是一年中的空闲时间;夜间,没有别的事,这是一天里的空闲时间;阴雨天,不便出门,也是一种空闲时间。"

注释

1 质讷:朴实敦厚。讷,nè,出言迟钝。2 好:hào,喜欢,喜好。3 初:从前,当初。4 见:即现,出现、发现。5 或:有的人。

启迪

董遇(生卒年不详),字季直,东汉末年学者。任侍中、大司农。

董遇曾担任侍讲,"为天子所爱信"。曹操过弘农王家,不知该不该拜谒,问左右,在场人不知如何回答,董遇引"春秋之义",认为不应谒,太祖认可,没有拜谒。董遇勤奋读书,博闻强志,由此可见一斑。

人生百年,不过三万日左右,而时光如白驹过隙,稍纵即逝,所以要善于管理时间。管理时间是一门学问。就学习而言,笨鸟先飞、劳逸结合、聚散为整、三年不窥园(西汉董仲舒故事)、驽马十驾功在不舍,这些都是合理使用时间以攻读诗书的有效方法。

鲁迅先生说:"哪里有天才,我只是把别人喝咖啡的工夫都用在了工作上了。"时间是可以挤出来的。如果愿意挤时间,善于挤时间,日常生活中岂止有"三余",还可以有"四余""五余"乃至更多的"余"。

少有所诵:从经典中汲取力量

四首劝学诗

三更灯火[1] 五更鸡[2]，
正是男儿读书时。
黑发[3] 不知勤学早，
白首[4] 方悔读书迟。
（见颜真卿《劝学》）

富家不用买良田，
书中自有千钟粟[5]。
安房不用架高梁，
书中自有黄金屋。
娶妻莫恨无良媒，
书中自有颜如玉。
出门莫愁无人随，
书中车马多如簇。
男儿欲遂平生志，
六经勤向窗前读。
（见宋真宗赵恒《励学篇》）

少年易老学难成，
一寸光阴不可轻。
未觉[6] 池塘春草梦，
阶前梧叶已秋声。
（见朱熹《劝学诗》）

简述

每天三更半夜到鸡啼叫的时候，是男孩子们读书的最好时间。少年时代要知道发愤苦读，勤奋学习。而如果只知道玩，不知道要好好学习，到老的时候才后悔自己年少时为什么不知道去刻苦读书。

想要让家庭富裕不需要买肥沃的土地，读书就可以获得许多稻米。想要生活安定，不需要建造美轮美奂的房子，书中就有黄金打造的房子。娶妻不要害怕没人说媒，考取功名后自然能拥有美人。出门不要怕没有人跟随，读书做了官就能享受车马的簇拥。男人如果想实现平生志向，就赶紧勤奋地在窗前读书吧。

青春的日子十分容易逝去，学问却很难获得成功，所以每一寸光阴都要珍惜，不能轻易放过。没等"池塘生春草"的美梦醒来，台阶前的梧桐树叶就已经在秋风

力学如力耕[7],
勤惰尔[8]自知。
但使书种多,
会有岁稔[9]时。
(见刘过《书院》)

里沙沙作响了。

努力学习就像农人努力耕作,是勤劳还是懒惰只有自己会知道。读书如同播撒种子,只要努力终究会有丰收的那一天。

学习:学而时习之

注释

1 三更灯火:三更半夜的灯火,指深夜。2 五更鸡:天快亮时,鸡啼叫。3 黑发:年少时期,指少年。4 白首:人老了,指老人。5 千钟粟:qiān zhōng sù,形容粟粮之多,通常用以指丰足俸禄。钟,古时的容量单位,相当于六斛四斗。6 觉:睡醒。7 力耕:努力耕作。8 尔:你。9 岁稔:年成丰熟。稔,rěn,指庄稼成熟。

启迪

嵇康(223—262)《难自然好学论》认为,好学是由于习惯和不得已。人并不好学,假如一个人"不学而获安","不勤而得志",就不会喜欢学习了。所以古今都有人站出来"劝学"。古代苦学故事也很多,苏秦锥刺股,孙敬头悬梁,吕蒙正寒窑苦读,不一而足。

这里的四首诗从不同层面劝学。

颜真卿要男儿焚膏继晷,惜时勤学,以免年老时后悔莫及。陶潜《杂诗》之一有云:"及时当勉励,岁月不待人。"

宋真宗的诗文字通俗,功利性极强,但在古代极有蛊惑性,现在也还有不少人相信。

朱熹指出,春秋代序,岁月易逝,要珍惜光阴,努力向学。《易·乾》言:"君子进德修业,欲及时也。"

刘过打比方,力学如力耕,力耕就能丰收。道理浅显易懂。

读书不能速成,读书很费时日,读书还会牺牲游乐,读书从来就是苦事。但"腹有诗书气自华",读书能丰富人的知识,提高人的素养,改变人的气质,涵养人的精神,提升人的格局。

古人说得好:世上数百年旧家无非积德,天下第一等好事还是读书。

君子儒段干木

魏文侯过段干木之闾[1]而轼[2],其仆曰:"君何为轼?"曰:"此非段干木之闾乎?段干木盖贤者也,吾安敢不轼?且吾闻段干木未尝肯以己易寡人也,吾安敢高之?段干木光乎德,寡人光乎地;段干木富乎义,寡人富乎财。地不如德,财不如义。寡人当事之者也。"国人皆喜,相与诵之曰:"吾君好正,段干木之敬;吾君好忠,段干木之隆。"居[3]无几何[4],秦兴兵欲攻魏,司马[5]唐且[6]谏秦君曰:"段干木,贤者也,而魏礼之,天下莫[7]不闻,无乃不可加兵乎[8]?"秦君以为然[9],乃案[10]兵而辍[11],不攻魏。(见刘向《新序》)

简述

魏文侯经过段干木所住的巷子时,扶轼致敬,他的随从说:"您为什么要行轼礼?"魏文侯说:"这不是段干木所住的巷子吗?段干木是个贤人,我怎么能不行礼呢?况且我听说段干木从来不肯拿自己的位置和我的位置交换,我怎么能在他面前傲慢呢?段干木因为品德好而出众,我因为土地多而出众;段干木富有仁义道德,我富有钱财。土地不如德,钱财不如义。所以我尊敬他!"魏国人都很高兴,相互庆贺说:"我们的国君喜欢大道,所以段干木被他尊敬;我们的国君喜欢忠义,所以段干木被他隆重对待。"过了没有多久,秦国打算攻打魏国,秦国的司马唐且规劝秦国国君说:"段干木是个贤人,而魏国国君很尊敬他,天下没有谁不知道这件事,恐怕不应该发动战争吧?"秦国国君认为唐且说得对,于是按兵不动,没有进攻魏国。

注释

1 闾:lǘ,里巷的门。这里指里巷,住处。 2 轼:是古代车厢前面用作扶手的横木,这里用作动词,表示扶着横木致礼。**3** 居:过了。**4** 几何:多少,表示时间不长。**5** 司马:官职名。殷商时代始置,位次三公,与六卿相当,与司徒、司空、司士、司寇并称五官,掌军政和军赋,春秋、战国沿置。**6** 唐且:即唐睢。且,jū。**7** 莫:没有谁。**8** 无乃……乎:恐怕……吧。**9** 然:正确,认为正确。**10** 案:止住,停止。**11** 辍:chuò,停止。

> 启迪

由于段干木受到魏文侯尊敬,秦国就放弃进攻魏国,魏文侯不战而屈人之兵。这就是后人津津乐道的"干木偃息"。

段干木何许人也?

年轻时的段干木名声相当不好。作为牲口交易经纪人,段干木是一个大市侩,混迹于市井,不免染上奸猾狡诈习气。《吕氏春秋》把段干木同子张、颜涿聚、索卢参等划为一类,统称之为"刑戮死辱之人"。

段干木

段干木怎么又成了"君子儒"?

孔子和弟子论《诗经》时夸子夏:能够阐明我学问的是卜商(字子夏)啊。子夏是孔子的得意弟子。子夏不愿入仕,孔子说:"汝为君子儒,无为小人儒。"子夏成为"君子儒"。段干木拜子夏为师,经过刻苦学习,德行、学识大有长进,精通六艺,身怀经邦纬国之才,也成为"君子儒",后来成了魏文侯的老师(他不做臣子,守道不仕)。段干木与老师子夏、友人田子方被称为"河东三贤"。《吕氏春秋》说,段干木这些人,今非徒免于刑戮死辱也,由此为天下名士显人,以终其寿,王公大人从而礼之,此得之于学也。

段干木(约前475—前396),先为牲口交易经纪人,再为隐士、君子儒,后成为魏文侯老师。变化不能不说太大。"此得之于学也",这就是学习的效果啊。

学习能改变人,学习能使人脱胎换骨、洗心革面。

少有所诵：从经典中汲取力量

梁上君子悔过自新

时岁荒民俭,有盗¹夜入其室,止于梁上。寔²阴³见,乃起自整拂,呼命子孙,正色训之曰:"夫人不可不自勉。不善之人未必本恶,习以性成,遂至于此。梁上君子⁴者是矣!"盗大惊,自投于地,稽颡⁵归罪。寔徐譬之曰:"视君状貌,不似恶人,宜深克己反善。然此当由贫困。"令遗⁶绢二匹。自是一县无复盗窃。(见范晔《后汉书·陈寔传》)

简述

有一年陈寔的家乡闹饥荒,很多人无事可做,日子过得很苦。一天晚上,一个小偷溜进陈寔的家,躲在屋梁上面。陈寔暗中看见了,起身理顺衣服摆正桌椅,然后把家里的小孩都叫到客厅,严肃地对他们说:"你们知道,人活在世界上不能不努力上进。社会上确实有一些不努力的人,但这些人的本性并不坏,只是他们养成了不好的习惯,以致做出一些危害社会的事情。屋梁上的先生,你就是没能养成好习惯啊。"小偷一听,赶快从屋梁上爬下来,跪拜在地,诚恳认错:"陈老爷,对不起! 我知道我错了!"陈寔没有责骂小偷,语气缓和地开导小偷说:"我看你不像是一个坏人,可能是为生活所逼才如此。你应该好好地改过自新,努力向善,不要再去偷东西了,好好努力,你会成为一个有用的人的!"陈寔赠送两匹绢给小偷,小偷深受感动,从此再也没有偷人家东西。不仅如此,这个故事传扬开来,一个县再也没有出现偷盗的事。

注释

1 盗:偷窃,偷东西的人。 2 寔:即实。 3 阴:暗中。 4 梁上君子:躲在房梁上的君子。"梁上君子"后用来指小偷。梁,房梁。 5 稽颡:qǐ sǎng,以额头触地

学习：学而时习之

敬礼。古代一种跪拜礼，叩头到地。颡，额头。6 遗：wèi，给予，赠给。

> 启迪

陈寔（104—187），是东汉时期官员、名士。担任太丘长，后世称为"陈太丘"。与其子陈纪、陈谌并著高名，时号"三君"。

梁上君子能改变吗？

能。但是，弃恶从善是不容易的。好像一栋房子的根基不牢，好像一棵树长歪了，好像小孩受了不太纯正的启蒙教育，修正、纠正、矫正起来，是很费气力的。但是，精诚所至，金石为开，只要努力，再努力，持之以恒，是会有成果的。

《乐府杂录》记载："德宗（唐德宗李适）召入，令陈本艺，异常嘉奖，乃令教授昆仑。段（段善本）奏曰：'且请昆仑弹一调。'及弹，师曰：'本领何杂？兼带邪声。'昆仑惊曰：'段师神人也！臣少年初学艺时，偶于邻舍女巫授一品弦调，后乃易（改变）数师。段师精鉴如此玄妙也。'段奏曰：'且遣昆仑不近乐器十余年，使忘其本领，然后可教。'诏（皇帝的命令或文告）许之，后果尽段之艺。"后来康昆仑把段善本的技艺全部学到手，并有创新，成为有唐一代琵琶演奏大师。

段善本要求："且遣昆仑不近乐器十余年，使忘其本领，然后可教。"把不好的启蒙教育痕迹全部抹去之后，才能开始新的学习。

名同学的惨故事

苏秦者，东周洛阳人也。东事师于齐，而习之于鬼谷先生[1]。（见司马迁《史记·苏秦列传》）

张仪者，魏人也，始尝与苏秦俱事鬼谷先生学术，苏秦自以

> 简述

苏秦、张仪都是鬼谷先生的学生。苏秦觉得张仪比自己强。张仪行事确实胜过苏秦。社会上的人讨厌苏秦，是因为苏秦去世后，张仪披

不及张仪。夫张仪之行事甚[2]于苏秦,然世恶苏秦者,以其[3]先死,而张仪振暴其短以扶其说,成其[4]衡[5]道。要之,此两人真倾危[6]之士哉!(见司马迁《史记·张仪列传》)

李斯者,楚上蔡人也。从荀卿学帝王之术。(见司马迁《史记·李斯列传》)

韩非者,韩之诸公子也。与李斯俱事荀卿,斯自以为不如非。韩王遣非使秦。秦王悦之。李斯、姚贾害之。秦王下吏治非。李斯使人遗[7]非药,使自杀。(见司马迁《史记·老子韩非列传》)

管宁、华歆共园中锄菜。见地有片金,管挥锄与瓦石不异[8],华捉[9]而掷去之。又尝同席读书,有乘轩冕[10]过门者,宁读书如故[11],歆废书[12]出观。宁割席[13]分坐,曰:"子[14]非吾友也。"(见刘义庆《世说新语》)

露苏秦的合纵的缺陷,而证明自己连横的正确。同学互相倾轧,真是险诈之人。

李斯、韩非都是荀子的学生。李斯觉得自己不如韩非。韩非到秦国后,李斯、姚贾陷害他。韩非在牢房,李斯送去食物,在食物里面放了毒药,害死了韩非。嫉贤妒能,同学害死了同学。

一天,二人同在园中锄草。看见地上有一片金,管宁依旧挥动着锄头,与看到瓦片石头一样没有区别,华歆高兴地拾起金片,然而看到管宁的神色后又扔了它(也可能是表现不屑,扔掉它。那就过了,夸张了。不如视而不见)。又有一天,两人坐在同一张席子上读书,有个穿着礼服的人坐着有围棚的车从门前经过,管宁还像原来一样读书,华歆却放下书出去观看。管宁就割断席子和华歆分开坐,说:"你不是我的朋友了。"

注释

1 鬼谷先生(生卒年不详):王氏,名诩,别名禅,道号鬼谷子。战国时楚国人。战国时期传奇人物。著名谋略家,兵法集大成者,纵横家创始人。被后世尊为"谋圣"。因隐居在云梦山鬼谷,故自称鬼谷先生。2 甚:超过,胜过。3 其:指苏秦。4 其:第三人称用为第一人称,指张仪自己。5 衡:即横,指连横。

6 倾危:险诈。7 遗:wèi,给予,馈赠。8 异:不同。9 捉:拿起。10 轩冕:贵族坐的车子。11 故:原来。12 废书:放下书。13 割席:把坐席割开,人分开坐。比喻朋友绝交。席,坐席,草席。14 子:第二人称的尊称,您。

> 启迪

张仪能力超过苏秦,苏秦死后,张仪"振暴其短";李斯自知不及韩非,居然害死同窗。管宁志在隐逸,不仕而终,独善其身,华歆向往荣华,后来在曹操父子身边担任高官,但他还是努力兼济天下的。性格不同就分道扬镳,道不同则不相为谋,割席断交也属佳话。

诗云:如琢如磨,如切如磋。把玉加工成器物叫"琢",把石头加工成器物叫"磨",把骨头加工成器物叫"切",把象牙加工成器物叫"磋"。如琢如磨,如切如磋,比喻学习或研究问题时彼此商讨砥砺,互相吸取长处,改正缺点。

学习有自学、合作学习两种形式。琢磨,现在是指自学。切磋,是指合作学习。同学如兄弟姐妹,同学之间,应该互相鼓励,互相提携,友爱友好,共同进步。即使性格不合,发生纠葛,也应该尊重对方,不可嫉贤妒能,也不可歧视后进,更不可攻击伤害同学。

李斯、张仪是要被钉在历史的耻辱柱上的。管宁、华歆的故事,至少我们是理解的,甚至是同情的。

古时候的小说家

小说家者流,盖出于稗官[1]。街谈巷语[2]、道听途说者之所造也。孔子曰:"虽小道,必有可观者焉,致远恐泥[3],是以君子弗为也。"然亦弗灭也。闾里小知者之所

> 简述

小说家,应当出于收集民间传说的小官。小说是由街谈巷语、道听途说的人所制造的。孔子说:"即使是小道,也一定有可观的地方,向深远处发展,恐怕就会拘泥,因此君子不做这种事情。"但

及,亦使缀[4]而不忘。如或一言可采,此亦刍荛[5]狂夫之议也。(见班固《汉书·艺文志》)

小说九百,本自虞初[6],从容之求,实俟[7]实储。(见《文选·张衡西京赋》)

也没有消灭。民间有小智慧的人来进行传播,也使它连续不被遗忘。如果有时有一句话可采用,这也是草野狂夫的议论。

虞初作《周说》,共有943篇。说九百,是概数。储以自随,待上求问,是预备随时"从容"解答皇帝征询的一种"工具书"。

注释

1 稗官:bài guān,小官。小说家出于稗官,后因称野史小说为稗官。2 街谈巷语:同街谈巷议,大街小巷里人们的议论。指民间的舆论。3 泥:nì,拘泥,固执。4 缀:zhuì,用针线缝;连结,组合。5 刍荛:chú ráo,草和柴,割草采薪,割草打柴。6 虞初:约前140—前87,洛阳人,方士,受招任汉武帝的宫廷近侍,人称"黄车使者"。因他有《周说》,后人将他当成"小说家"的始祖,虞初同时也成了"小说"的代名词。后来有《虞初志》《续虞初志》《广虞初志》《虞初新志》等。7 俟:sì,等待。

启迪

班固(32—92),东汉史学家、文学家,与司马迁并称"班马"。

班固

这里的"小说家"不同于现在说的小说家。现在的小说家,亦称作家,受人尊敬,甚至追捧。古人似乎有点瞧不起"小说家"。古人认为,收集民间传说的小官可能成为"小说家"。"小说"是由街谈巷语、道听途说而来的。孔子说:即使是小道,也一定有可观的地方,但如果深究,恐怕就会拘泥,因此君子不做这种事。"小道"可能是指"小说"没有系统的理论,没有高度,无助于修身、齐家、治国、平天下。但"小说"也没有消亡。民间有小智慧的人来传播它,使之持续发展不被遗忘。如果"小说"中有某一句话可采用,这也是草野狂夫的议论。

班固说:"诸子十家,其可观者九家而已。""诸子十家"是指儒家、道家、阴阳家、法家、名家、墨家、纵横家、杂家、农家和小说家。"可观者九家"不包括"小说家"。班固说:"而观此九家之言,舍短取长,则可以通万方之略矣。"钻研这九家的言论,扬长避短,就可以通晓各种方略了。

九家代表人物是:儒家孔子、孟子、荀子,道家老子、庄子,阴阳家邹衍,法家管仲、商鞅、韩非,名家公孙龙、惠施,墨家墨翟(mò dí)、禽滑厘(qín gǔ lí),纵横家鬼谷子、苏秦、张仪,杂家吕不韦,农家许行。

钱塘君形象

语未毕,而大声忽发,天拆地裂[1]。宫殿摆簸[2],云烟沸涌。俄[3]有赤龙长千余尺,电目血舌,朱鳞火鬣[4],项掣[5]金锁,锁牵玉柱。千雷万霆,激绕其身,霰[6]雪雨雹,一时皆下。乃擘[7]青天而飞去。毅恐蹶[8]仆地。

有一人,披紫裳,执青玉,貌耸神溢[9],立于君左。君谓毅曰:"此钱塘也。"毅起,趋[10]拜之。钱塘亦尽礼相接。

钱塘因酒,作色,踞[11]谓

简述

话未说完,忽然发出一声巨响,天崩地裂,宫殿被震得摇摆簸动,阵阵云雾烟气往上翻涌。顷刻有一条赤色的巨龙身长千余尺,闪电似的目光,血红的舌头,鳞甲像朱砂,鬣毛像火焰,脖子上押着金锁链,链子系在玉柱上,伴着无数的霹雳和闪电直飞去了。柳毅吓得仆倒在地。

有一人,披着紫袍,拿着青玉,容貌出众,精神饱满,站在洞庭君的左边。洞庭君向柳毅介绍说:"这就是钱塘君。"柳毅起身上前,向钱塘君行礼。钱塘君也很有礼貌地回拜。

钱塘君借着酒意,板起了脸,作出一

毅曰:"不闻猛石可裂不可卷,义士可杀不可羞耶?愚有衷曲,欲一陈于公。如可,则俱在云霄;如不可,则皆夷粪壤。足下以为何如哉?"

毅肃然而作,歘然[12]而笑曰:"若遇公于洪波之中,玄山之间,鼓以鳞须,被以云雨,将迫毅以死,毅则以禽兽视之,亦何恨哉!今体被[13]衣冠,坐谈礼义,尽五常之志性,负百行之微旨,虽人世贤杰,有不如者,况江河灵类乎?而欲以蠢然之躯,悍然之性,乘酒假气,将迫于人,岂近直哉!惟王筹之!"

钱塘乃逡巡[14]致谢[15]。
(见李朝威《柳毅传》)

本正经的样子,又随便地蹲着,对柳毅以威胁的口气说道:"明公难道不曾听说坚硬的石头只能打碎不能卷曲,义士只可杀死不可羞辱吗?我有一件心事,想对您陈说。如果您答应,大家如在天上都很幸福。如果不肯答应,那么大家如陷落在粪土里都要倒霉,不知足下以为怎样?"

柳毅态度严肃地站起来,猛然冷笑一声说:"如果我是遇见您在连天的洪水之中,险峻的五岳之间,你张牙舞爪,兴风作浪,排云降雨,要把我淹死或吃掉,我柳毅只把你当禽兽看待,死亦无恨。可是你今天身上穿戴着衣冠,高坐谈论着礼义,讲尽了五常的道理,说遍了百行的要旨,即使是人世间的圣贤豪杰也有些不如你,更不必说江河中的鳞介之类了。可是你却仗着魁梧的身躯,强悍的性情,借酒使气,想要逼迫我,这难道是正直的行为吗?希望你好生思量思量。"

钱塘君于是连忙向后退,谢罪,道歉。

注释

1 天拆地裂:tiān chè dì liè,天塌地崩。拆,即坼,裂开,分开。 2 摆簸:摇晃。 3 俄:不久,一会儿。 4 鬣:liè,兽类颈上的长毛。 5 掣:chè,拽。 6 霰:xiàn,米雪。 7 擘:bó,分开。 8 蹶:jué,跌倒。 9 貌耸神溢:容貌出众,精神焕发。 10 趋:小步快走。 11 踞:蹲着。 12 歘然:xū rán,忽然。 13 被:即披。 14 逡巡:qūn xún,小心谨慎。 15 谢:认错,道歉。

学习:学而时习之

> 启迪

李朝威(生卒年不详),活动时代大约在中唐大历、贞元(公元766—804年)之际。

《柳毅传》是唐人传奇的名篇,描写柳毅与龙女的恋爱故事。书生柳毅落第后,奇遇龙女,为龙女传书洞庭。龙女被钱塘君救回后,钱塘君强行做媒,被柳毅严词拒绝。后龙女变人报恩,嫁与柳毅。故事波澜起伏,颇具戏剧性,结局皆大欢喜。

作者说:洞庭含纳大直,钱塘迅疾磊落。确实,龙女的叔叔钱塘君的性格如同钱塘江的狂澜怒涛,而又不乏人性人情,同时,又是一条神勇的巨龙(火龙)。龙女的父亲洞庭君性格则如深厚宽广的洞庭湖,是慈祥谦和的长者,同时,他也是龙王,具备神性。这是自然性、人性、神性"三位一体"的写法。

李朝威的这种写法,上承《九歌》河伯、湘君、湘夫人、云中君形象造型手段,下启《西游记》孙悟空、猪八戒形象塑造方法。孙悟空是猴性、人性、神性"三位一体",猪八戒则是猪性、人性、神性"三位一体"。

林冲棒打洪教头

只见洪教头先起身道:"来,来,来!和你使一棒看。"一齐都哄出堂后空地上。庄客拿一束棍棒来,放在地下。洪教头先脱了衣裳,拽扎起裙子,挈[1]条棒,使个旗鼓,喝道:"来,来,来!"柴进道:"林武师,请较量一棒。"林冲道:"大官人,休要笑话。"就地也拿了一条棒起来道:"师父请教。"

洪教头深怪林冲来,又要争这个大银

> 简述

洪教头起身,就"来,来,来!"棒刚拿到手,又是"来,来,来!"马上开始比赛,更是三呼"来,来,来!"由这"来,来,来!"足以看到洪教头傲慢,狂妄,求胜心子,又怕输了锐气,把棒来尽心使个旗鼓,吐个门户,唤做"把火烧天² 势³"。林冲想道:"柴大官人心里只要我赢他。"也横着棒,使个门户,吐个势,唤做"拨草寻蛇⁴ 势⁵"。洪教头喝一声:"来,来,来!"便使棒盖将入来。林冲望后一退,洪教头赶入一步,提起棒,又复一棒下来。林冲看他脚步已乱了,便把棒从地下一跳,洪教头措手不及,就那一跳里,林冲和身一转,那棒直扫着洪教头臁儿骨⁶上,洪教头撇了棒,扑地倒了。

洪教头那里挣扎起来。众庄客一头笑着,扶了洪教头,羞颜满面,自投庄外去了。(见施耐庵《水浒传》第九回)

切。一棒打翻,扑地倒了,羞愧难当,抱头鼠窜。前后对比,因果关联,合乎逻辑,很好地凸现了洪教头的性格。

注释

1 掣:拽,抽。2 把火烧天,指威势凶猛,也指火势强大,直冲云霄。3 把火烧天势:武功架势,指举棍至头顶。此架势主攻,攻势猛。4 拨草寻蛇:招惹恶人,自找麻烦。5 拨草寻蛇势:武功架势,指棍端向下或点地,有点拨草的意思。此架势主防,伺机反击。6 臁儿骨:小腿骨。臁,lián,小腿。

施耐庵

启迪

施耐庵(1296—1370),名耳,字子安,号耐庵,是《水浒传》的作者。《水浒传》是我国第一部描写农民起义的长篇章回体小说,也是一部英雄传奇。《水浒传》中鲁智深、林冲、武松、吴用、李逵、宋江等人的故事生动传神,流传广远。《水浒传》对中国乃至东亚的叙事文学都有深远的影响。

金圣叹把《水浒传》与《庄子》《离骚》《史记》《杜工部集》《西厢记》列为"六才子

书",他说:"天下之文章,无有出《水浒》右(右,上,古人以右为尊)者。"可见评价之高。

有一点要指出,《水浒传》有时比较血腥,读时须加注意。

关羽温酒斩华雄

即时报来:"俞涉与华雄战不三合,被华雄斩了。"潘凤手提大斧上马。去不多时,飞马来报:"潘凤又被华雄斩了。"众皆失色。

阶下一人大呼出曰:"小将愿往斩华雄头,献于帐下!"众视之,见其人身长九尺,髯长二尺,丹凤眼,卧蚕眉,面如重枣[1],声如巨钟,立于帐前。绍问何人。公孙瓒曰:"此刘玄德之弟关羽也。"绍问现居何职。瓒曰:"跟随刘玄德充马弓手。"帐上袁术大喝曰:"汝欺吾众诸侯无大将耶?量一弓手,安敢乱言!与我打出!"曹操急止之曰:"公路息怒。此人既出大言,必有勇略;试教出马,如其不胜,责之未迟。"袁绍曰:"使一弓手出战,必被华雄所笑。"操曰:"此人仪表不俗,华雄安知他是弓手?"关公曰:"如不胜,请斩某头。"操教酾[2]热酒一杯,与关公饮了上马。关公曰:"酒且斟下,某去便来。"出帐提刀,飞身上马。

众诸侯听得关外鼓声大振,喊声大举,如天摧地塌,岳撼山崩,众皆失惊。正欲探听,鸾铃[3]响处,马到中军,云长提华雄之头,掷于地上。其酒尚温。(见罗贯中《三国志通俗演义》第五回)

> **简述**
>
> 俞涉战不三合被斩杀,潘凤去不多时又被斩杀,关羽出战、斩杀华雄,而其酒尚温。三战都是速战速决,通过俞涉、潘凤烘托华雄,进而由华雄反衬关羽。关羽一战成名。作者虚实结合,对比衬托,关羽出场即大放光彩,从此踏上了一条成神之路。

注释

1 重枣：zhòng zǎo，深暗红色的枣子，常用以形容人的脸色。2 酾：shāi 或 shī，斟酒。3 鸾铃：luán líng，系在马身上的响铃。

启迪

罗贯中（约1330—1400），名本，字贯中，是《三国志通俗演义》的作者。《三国志通俗演义》，简称《三国演义》，是一部长篇章回体历史小说，对后世文学创作产生了深刻的影响。

罗贯中

在历史上，斩杀华雄的是孙坚，还有"单刀赴会""过五关斩六将"也都是虚构的。作为"魏蜀吴三国历史"的"演义"，《三国演义》与《三国志》存在不小的差距，有人说，《三国演义》是"七实三虚"（甚至有人说是"三实七虚"）。

生在中国，不能不读《三国演义》。《三国演义》"文不甚深，言不甚俗"，易读耐看。书中有历史，有政治，有军事，有人生，有文化，有知识，更有智慧。

不读《三国演义》，李宗吾先生会笑话你的。他正是从曹操、刘备、孙权身上发现了厚黑之道，从而成为"厚黑教主"的。

阿傩传经索人事

阿傩、伽叶引唐僧看遍经名，对唐僧道："圣僧东土到此，有些甚么人事送我们？快拿出来，好传经与你去。"三藏闻言道："弟子玄奘，来路迢遥¹，不曾备得。"

简述

唐僧师徒一路艰辛，一路虔诚，终于抵达

学习：学而时习之

宝阁上有一尊燃灯古佛，问："座边有谁在此？"只见白雄尊者闪出。古佛吩咐道："你可作起神威，飞星赶上唐僧，把那无字之经夺了，教他再来求取有字真经。"

二尊者复领四众，到珍楼宝阁之下，仍问唐僧要些人事。三藏无物奉承，即命沙僧取出紫金钵盂², 双手奉上道："弟子委是穷寒路遥，不曾备得人事。这钵盂乃唐王亲手所赐，教弟子持此，沿路化斋。今特奉上，聊表寸心，万望尊者不鄙³轻亵⁴，将此收下，待回朝奏上唐王，定有厚谢。只是以有字真经赐下，庶不孤钦差之意，远涉之劳也。"那阿傩接了，但微微而笑。被那些管珍楼的力士，管香积的庖丁，看阁的尊者，你抹他脸，我扑他背，弹指的，扭唇的，一个个笑道："不羞！不羞！需索取经的人事！"须臾，把脸皮都羞皱了，只是拿着钵盂不放。（见吴承恩《西游记》九十八回）

西方极乐世界，登上灵鹫（líng jiù，山名，山中多鹫，或云山形像鹫头）高峰，来到佛祖圣境，见到如来至尊释迦牟尼佛。

如来佛吩咐阿傩、伽叶向唐僧传经。阿傩对唐僧说："有些甚么人事送我们？快拿出来，好传经与你去。"什么叫"人事"？"以物相遗，谓之人事"，佛国的大弟子要收"小费"才肯传真经。唐僧不曾备得"人事"，所以阿傩、伽叶给他传了"无字之经"。等到"紫金钵盂"到阿傩之手，真经才传到唐僧师徒手上。

注释

1 迢遥：tiáo yáo，遥远的样子。迢，远，长。2 钵盂：bō yú，盛饭菜的食器，多用于佛教徒化斋之用，多为铜、铁等材质，可在诵经时敲击。3 鄙：bǐ，看不起。4 轻亵：qīng xiè，轻慢。

启迪

吴承恩（约 1500—1582），字汝忠，号射阳居士，明代文学家，《西游记》的作者。《西游记》是章回体长篇经典"神魔小说"，是中国古代长篇浪漫主义小说的巅峰之作。

阿傩（nuó），即阿难，也称阿傩陀、阿难陀；

吴承恩

伽叶,即摩诃迦叶(mó hē jiā shè)。阿傩、伽叶二位均在"佛陀十大弟子"之列。

佛国"索人事"一事,我们或许惊讶,或许没想到,或许忍俊不禁,总要唶叹一声,道:"原来如此这般!"

刘姥姥逗笑大观园

贾母这边说声"请",刘姥姥便站起身来,高声说道:"老刘,老刘,食量大似牛,吃一个老母猪不抬头。"自己却鼓着腮不语。众人先是发怔[1],后来一听,上上下下都哈哈的大笑起来。史湘云撑不住,一口饭都喷了出来,林黛玉笑岔了气,伏着桌子"嗳哟",宝玉早滚到贾母怀里,贾母笑的搂着宝玉叫"心肝",王夫人笑的用手指着凤姐儿,只说不出话来,薛姨妈也撑不住,口里茶喷了探春一裙子,探春手里的饭碗都合在迎春身上,惜春离了坐位,拉着他奶母叫"揉一揉肠子"。地下的无一个不弯腰屈背[2],也有躲出去蹲着笑去的,也有忍着笑上来替他姊妹换衣裳的,独有凤姐、鸳鸯二人撑着,还

> **简述**
>
> 刘姥姥的话和"鼓着腮不语"的动作,引发了一场精彩至极的笑。
>
> 每个人的笑都打上鲜明的烙印,其身份、性格、气质等表露无遗。湘云、黛玉和宝玉都是性情中人,可以纵情地笑,可以纵声地笑,无需笑不露齿,无需拘束自己。湘云豪爽,不禁喷出一口茶,黛玉本来体弱,就笑岔了气,宝玉最得贾母娇宠,喜欢在贾母面前撒娇,所以滚到贾母怀里。王夫人身份高贵,说不出话来,薛姨妈是讨喜人,也是喷了一口茶,探春与迎春关系亲近,于是茶碗合在迎春身上,而惜春年纪小,就只好拉着奶妈叫揉肠子。
>
> 上上下下都在笑。丫鬟们也不例外:无一个不弯腰屈背,也有躲出去蹲着笑去的,也有忍着笑上来替

只管让³刘姥姥。(见曹雪芹《红楼梦》第四十回)他姊妹换衣裳的。

> **注释**
>
> 1 发怔:fā zhèng,发呆,发傻。 2 弯腰屈背:即弯腰。屈背,弯腰。弯、屈,弯曲。 3 让:请人接受招待。此指请刘姥姥吃菜。

> **启迪**

独有凤姐、鸳鸯二人撑着,还只管请刘姥姥吃菜,这是什么原因?熙凤、鸳鸯是这出笑剧的导演,她们在欣赏自己的杰作,所以王夫人"笑的用手指着凤姐儿,只说不出话来"。她没说出的话是:都是你俩的好手段。

除了王熙凤、鸳鸯没有笑之外,还有贾迎春、李纨、薛宝钗三人没有笑,准确地说,是作者没有写出她们的笑。

为什么没有写贾迎春、李纨、薛宝钗的笑呢?

迎春本就反应迟钝,绰号"二木头",她的笑还在路上走着,没有赶到。李纨素来谨守寡妇身份,此时在贾母身旁伺候是不能失态的。宝钗最注意形象,装愚守拙,矜持内敛,轻易哪能发笑,哪能狗窦大开,哪能像其他人那样去出洋相? 从"独有凤姐、鸳鸯二人撑着"看,李纨、宝钗也可能笑了,但只是浅笑,微微笑,甚至是皮笑肉不笑,所以被这个狂笑的场面淹没了。

《红楼梦》的世界是活灵活现的生活世界,其真实性、丰富性无与伦比,其深邃性、广阔性超越时空。

《红楼梦》是一部中国封建社会的百科全书,是中国传统文化的集大成作品,也是具有世界影响力的"人情小说"。

《红楼梦》是中国古典小说的巅峰之作,百读不厌,常读常新。

生活：
家和万事兴

教育儿女是伟大的事业。

敬生礼，礼生和，和为贵。

百善孝为先，百孝顺为先。

尊重是维系一切关系的前提。

穷不怪父，孝不比兄，苦不责妻，气不凶子。

人应该快乐地生活。

孟子的"三乐"

父母俱[1]存,兄弟无故,一乐也;仰不愧于天,俯不怍[2]于人,二乐也;得天下英才而教育之,三乐也。君子有三乐,而王[3]天下者不与存焉[4]。(见《孟子·尽心上》)

简述

孟子说:父母都健在,兄弟没有病患、怨恨,这是第一件快乐的事情;仰头对天不觉得内疚,低头对人不觉得惭愧,这是第二件快乐的事情;得到天下优秀的人才并教育他们,这是第三件快乐的事情。君子有三件快乐事,而"王天下者"不包括在其中。

注释

1 俱:皆,都。2 怍:zuò,惭愧。3 王:wàng,称王,统治天下。4 不与存焉:不参与这一存在,不算在这三乐之内。与,yù,参与。焉,兼词,"于此"。

启迪

父母健在,幸福就在,"子欲养而亲不待",则痛苦而无奈;兄友弟悌,和乐平安,或"渡尽劫波兄弟在",欣慰欣喜。一乐,是家人平安,天伦之乐。

内省无疚,不自欺欺人,心安理得,心宽体胖。二乐,是自己仁义,心情怡然。

德隆望尊,泰山北斗,有了得意门生,有了衣钵传人,还可能青出于蓝胜于蓝。三乐,是英才接棒,传承精神,乐何如哉?

孟子的"三乐"是真快乐,是大快乐,也是长久的快乐。值得我们仔细咀嚼。

再补充几个"三乐"。

孔子说:"学而时习之,不亦说乎?有朋自远方来,不亦乐乎?人不知而不愠,不亦君子乎?"(见《论语》)可以看成孔子的"三乐"。马一浮先生说,《论语》开篇大有文章,不可泛泛读过。孟子"三乐"与孔子"三乐"有很深刻的关联。

陈继儒说:"人生一世,有三乐:开卷读书,闭门修禅,一语济世。"(见陈继儒《小窗幽记》)

曾国藩说:"君子有三乐:读书声出金石(声音洪亮),飘飘意远,一乐也;宏奖人材,诱人日进,二乐也;勤劳而后憩息,三乐也。"(见《曾国藩日记》)

屈 原 降 生

帝高阳之苗裔[1]兮[2],朕[3]皇[4]考[5]曰伯庸。摄提[6]贞[7]于孟[8]陬[9]兮,惟庚寅[10]吾以降[11]。皇览揆[12]余初度兮,肇[13]锡[14]余以嘉名[15]。名余曰正则兮,字[16]余曰灵均。

纷吾既有此内美[17]兮,又重[18]之以修能。扈[19]江离[20]与辟[21]芷[22]兮,纫[23]秋兰[24]以为佩。汨[25]余若将不及兮,恐年岁之不吾与。朝搴[26]阰[27]之木兰兮,夕揽[28]洲之宿莽[29]。日月忽[30]其不淹[31]兮,春与秋其代序[32]。惟[33]草木之零落兮,恐美人之迟暮[34]。不抚[35]壮而弃秽兮,何不改乎此度[36]?乘骐骥[37]以驰

简述

我是古帝高阳氏的子孙,我已去世的父亲字伯庸。岁星在寅那年的寅月(正月)、庚寅日那天我降生。父亲仔细揣测我的生辰,于是赐给我相应的美名。父亲把我的名取为正则,把我的字叫作灵均。

天赋给我很多良好素质,我又不断加强自己的修养。我把江离芷草披在肩上,把秋兰结成索佩挂身上。光阴似箭我好像跟不上,岁月不等待人令我心慌。早晨我在山上采集木兰,傍晚在小洲中摘取宿莽。时光迅速逝去不能久留,四季更相代谢变化不断。想到草木已由盛到衰,恐怕理想的佳人也逐渐衰老。何不利用盛时努力修

骋兮,来吾道³⁸夫先路!(见屈原《离骚》) | 洁,为何还不改变旧的路数?乘上千里马纵横驰骋吧,来呀,我在前面引导开路!

注释

1 苗裔:指子孙后代。苗,庄稼以及一般植物的幼株。裔,yì,衣服的边缘。
2 兮:xī,语气词,多用于韵文的句末或句中,相当于现代汉语的"啊"。 3 朕:第一人称代词,我。秦始皇之后成为皇帝专用的自称。 4 皇:大,高贵。 5 考:父亲,特指死去的父亲。 6 摄提:太岁在寅时为摄提格。此指寅年。 7 贞:正。
8 孟:开始。 9 陬:zōu,正月,即寅月。 10 庚寅:gēng yín,指庚寅之日,寅日。
11 降:jiàng,降生,出世。 12 揆:kuí,估量,揣测。 13 肇:zhào,开始。 14 锡:即赐。 15 名:命名。 16 字:表字,这里活用作动词,起个表字。 17 内美:内在的美好品质。 18 重:chóng,再,加上。 19 扈:hù,披,披戴。 20 江离:香草,又名蘼芜。 21 辟:即僻,幽僻之处。 22 芷:香草,即白芷。 23 纫:rèn,连缀,缝缀。草有茎叶可做绳索。 24 秋兰:香草,即泽兰,秋季开花。 25 汩:yù,水疾流的样子,此处用以形容时光飞逝。 26 搴:qiān,拔取,采摘。 27 阰:pí,山坡。 28 揽:lǎn,采摘。 29 宿莽:草名,经冬不死。 30 忽:迅速的样子。 31 淹:停留,长久逗留。 32 代序:指不断更迭。 33 惟:想。 34 迟暮:衰老。 35 抚:持。 36 度:行为准则。 37 骐骥:qí jì,骏马。 38 道:即导,引导。

启迪

帝高阳

帝高阳(生卒年不详),即颛顼(zhuān xū),姬姓,高阳氏,黄帝之孙,昌意之子。颛顼与黄帝、帝喾、帝尧、帝舜合称"五帝"。

屈原(约前340—前278),屈氏,名平,字原,战国时期楚国诗人、政治家。任左徒、三闾大夫。中国历史上一位伟大的爱国诗人。其主要作品有《离骚》《九歌》《九章》《天问》等。

对人类来说,诞生新生命,就能薪火相传。新生命就是人类的希望,人类的未来。

生活：家和万事兴

对一个家庭来说，新生命诞生是家庭头等大事，是值得热烈庆贺之事。新生命就是家庭的理想，就是家庭的明天。

屈原是"帝高阳之苗裔兮"，又降生在寅年寅月寅日这个好日子里，父亲于是赐给他好名字。他自己更注重修养，所以能够担当大任。"日月忽其不淹兮，春与秋其代序。惟草木之零落兮，恐美人之迟暮"，屈原担心时不我待，有一种紧迫感，是一种自律，更是一份对家国的责任。

在国人心中，屈原"与天地兮同寿，与日月兮同光"。他的"长太息以掩涕兮，哀民生之多艰""亦余心之所善兮，虽九死其犹未悔""路曼曼其修远兮，吾将上下而求索"，激励着一代又一代人。

当屈原说自己是"帝高阳之苗裔兮"，那是充满自豪感的。陶渊明说自己是唐尧的后代，白居易说自己是战神白起的后代（陈寅恪等考证否定之）。后唐郭崇韬，认郭子仪为先祖（欧阳修不予认同）。这表明，他们因先人而生自豪之情，而这中间也包含着继承传统、努力向上的意思。

祖先是昨天，孩子是明天。昨天已成庄严的历史，明天将更加光辉灿烂。

童心童趣

小娃撑小艇，偷采白莲回。不解藏踪迹，浮萍一道开。（见白居易《池上》）

蓬头稚子学垂纶[1]，侧坐莓苔草映身。路人借问遥招手，怕得鱼惊不应人。（见胡令能《垂钓》）

柴门寂寂黍饭馨[2]，山家烟火春雨晴。庭花蒙蒙水泠泠[3]，小儿啼索树上莺。（见贯休《春晚书山家屋壁二首》）

见人初解语呕哑[4]，不肯归眠恋小车。一夜娇啼

简述
采莲、钓鱼、抓鸟、嫌衣服不好看（衣服上少绣花）、捉柳花、玩冰块、捉蟋蟀、吹短笛、牧牛、捕

缘底事[5],为嫌衣少缕金华。(见韦庄《与小女》)

梅子留酸软齿牙,芭蕉分绿与窗纱。日长睡起无情思,闲看儿童捉柳花。(见杨万里《闲居初夏午睡起二绝句》)

稚子金盆脱晓冰,彩丝穿取当银钲[6]。敲成玉磬[7]穿林响,忽作玻璃碎地声。(见杨万里《稚子弄冰》)

萧萧梧叶送寒声,江上秋风动客情。知有儿童挑促织,夜深篱落一灯明。(见叶绍翁《夜书所见》)

草满池塘水满陂[8],山衔落日浸寒漪[9]。牧童归去横牛背,短笛无腔信口吹。(见雷震《村晚》)

牧童骑黄牛,歌声振林樾[10]。意欲捕鸣蝉,忽然闭口立。(见袁枚《所见》)

草长莺飞二月天,拂堤杨柳醉春烟。儿童散学归来早,忙趁东风放纸鸢[11]。(见高鼎《村居》)

蝉(承蜩)、放风筝……多么丰富,多么美好,多么有趣。

注释

1 垂纶:chuí lún,垂钓,钓鱼。 2 馨:xīn,散布很远的香气。 3 泠泠:líng líng,清凉,清越。 4 呕哑:ōu yā,小儿学语声。 5 底事:dǐ shì,何事。 6 钲:zhēng,古代乐器,形似倒置的铜钟。 7 磬:qìng,古代乐器,用石或玉雕成。 8 陂:bēi,池塘;池塘的岸。 9 漪:yī,水波纹,风吹水面形成的波纹,也指岸边。 10 樾:yuè,树阴,树。 11 鸢:yuān,老鹰。

启迪

小孩的游戏、小孩的心思远远不止这些。但是,在当下,小孩们就连这些也难得一做、难得享用了。

《史记》记载,后稷(hòu jì)"为儿时","其游戏,好种树麻、菽,麻、菽美",成人后,善种谷物,稼穑,教民耕种,成为尧舜之相,司农之神。

《史记》记载,"孔子为儿嬉戏,常陈俎豆,设礼容"。孔子那时是嬉戏,玩乐。

生活:家和万事兴

《史记》《汉书》都记载了"张汤审鼠"故事,张汤也是玩耍。

爱玩,小小孩的天性;游戏,小小孩的天职。

家长的义务和责任,是陪他们玩,陪他们快快乐乐地玩。

神童咏鹅

骆宾王生七岁,能诗。尝嬉[1]戏池上,客指鹅群令赋[2]焉[3]。应声曰:"鹅,鹅,鹅,曲项[4]向天歌[5]。白毛浮绿水,红掌拨[6]清波。"客叹诧[7],呼神童。(见陈熙晋《骆临海集笺注》附录)

简述

骆宾王七岁就会写诗。某天在池塘边玩,客人指着群鹅,让他赋诗。他立即吟诵道:"鹅,鹅,鹅,弯着脖子向着天空歌唱。雪白的羽毛漂浮在碧绿的水面上,红色的脚掌划着清波,就像船桨一样。"客人们惊叹,都称骆宾王"神童"。

注释

1 嬉:xī,游戏,玩耍。2 赋:写作。3 焉:相当于之,指鹅。4 曲项:弯着脖子。5 歌:鸣叫,长鸣。6 拨:划动。7 诧:chà,惊异,惊讶。

启迪

骆宾王(约626—约687),唐代诗人,与王勃、杨炯、卢照邻合称"初唐四杰"。其"咏鹅"故事传播既久。其代表作《代李敬业传檄天下文》,是一篇罗列武则天罪状、号召天下人共同反对武氏政权的檄文。武则天看了檄文之后,对大臣们说:骆宾王这么好的人才没能够被重用,是宰相的过错啊。

古代有很多神童故事。比如:白居易生七月即识"之""无"二字;权德舆三岁能词章,四岁能赋诗;令狐楚五岁能词章;王勃六岁善文词;杜甫七岁咏凤凰;李贺七岁以长短之制名动京师;王维九岁知属辞;元稹九岁工属文;李白十岁通诗书。

"早慧"是客观存在的,但早慧不可恃。方仲永(约1020—1087)就是一个神童。仲永五岁时即能写诗。"自是指物作诗立就"。遗憾的是,仲永的父亲"日扳仲永环谒于邑人,不使学"。每天牵着仲永四处拜访同县的人,不让他学习。在仲永约二十岁时,王安石见到了他,已经"泯然众人矣"。这是一个极为沉痛的教训。(见王安石《伤仲永》)

"早慧"与后天努力结合,方能成大器。白居易苦读至于口舌生疮、手肘成胝(zhī,手脚掌上的厚皮,俗称茧子),杜甫"下笔如有神"是靠"读书破万卷"的苦功夫打好底子的。

自己的孩子"早慧",当然好,是神童,更该高兴。但很多时候,"神童"总是别人家的孩子。即使自己的孩子天资好、禀赋好,也还是要努力,要循序渐进,要尊重规律,正确引导,小孩才能快乐、健康、成长成才。

穷养与富养

带启晨玩,与家长交流教育孩子的事情。

有人坚持说,男孩要穷养,女孩要富养。

我的观点:男孩穷养,是要培养坚毅心;女孩富养,是要培养富贵气。"国清才子贵,家富小儿骄","严家无悍虏[1],而慈母有败子"。现在条件相对好起来,要特别关注孩子的性格、境界、格局。三代才能培养一个贵族。"贵族"的文化修养、社会担当、高雅气质不是一朝一夕就能培养出来的。贵族的雍容、从容、高贵、高雅的精神状态是没法装出来的。

我的结论:男孩也要富养,女孩也需穷养,只有把富养、穷养很好结合起来,男孩、女

> **简述**
>
> 穷养和富养都是相对而言。穷养要吃苦,富养则享用。穷养培养坚毅心,富养培养富贵气。给小孩最宝贵的,是性格、境界、格局。所以,结论:男孩也要富养,女孩也需穷养,只有把富养、穷养很好结合起来,男孩、女孩才能

孩才能茁壮成长[2]。

无论穷养富养,挫折教育不可少。要使孩子具有强大心力,具有心理韧性,具有抗击打能力。(见《检点流年心依然》)

生活:家和万事兴

健康地成长。

注释

1 悍虏:hàn lǔ,凶悍不驯的奴仆。 2 茁壮成长:健康地成长。

启迪

《史记》:爱之欲其富,亲之欲其贵。
《世说新语》:谢安说:"我常自教儿"(我的一言一行,都是在教育孩子)。
古人云:养子弟如养芝兰,既积学以培植之,又积善以滋润之。
又云:父母常失在不能已于媚子,人君常过在不能已于骄臣。
又云:远邪佞,是富家教子第一义;远耻辱,是贫家教子第一义。
又云:一个"谦"字一生受用不尽,两个"勤俭"字,子孙享用不了。
又云:人有三成人,知畏惧成人,知羞耻成人,知艰难成人,否则禽兽而已。
鲁迅先生说:自然,这两位(指岳飞、文天祥),是给中国人挣面子的,但来做现在的少年们的模范,却似乎迂远一点。(见《登错的文章》)先生又说:现在那班教育家,把"九天玄女传与轩辕黄帝,轩辕黄帝传与尼姑"的老方法,改称"新武术",又是"中国式体操",叫青年去练习。(见《热风·三十七》)

钱财多:削弱意志,增加过失

疏广字仲翁,东海兰陵人也。少好学,明《春秋》,家居教授,学者自远

简述

疏广(? —前45),字仲翁,东海兰陵人。他自幼勤奋好学,深明《春秋》,在家乡教授

方至。地节三年[1]，立皇太子，选广为少傅[2]；数月，徙[3]为太傅[4]。

在位五岁，皇太子年十二，通《论语》《孝经》。广遂上疏[5]乞骸骨[6]，上以其年笃老[7]，皆许之。

广既[8]归乡里，日[9]令家共[10]具[11]设酒食，请族人故旧宾客，与相娱乐。数问其家金余尚有几所[12]，趣[13]买以共具。居[14]岁余，广子孙窃谓其昆弟老人广所爱信者曰："子孙几[15]及君时颇立产业基阯[16]，今日饮食费且尽。宜从丈人[17]所，劝说君买田宅。"老人即以[18]闲暇时为广言此计，广曰："吾岂老悖[19]不念子孙哉？顾[20]自有旧田庐，令子孙勤力其中，足以共衣食，与凡人齐[21]。今复增益之以为赢余，但教子孙怠惰耳。贤而

子弟，求学的人从很远的地方来向他求教。地节三年（前67），汉宣帝确立皇太子，选拔疏广担任太子少傅，几个月后，调职为太子太傅。

疏广

皇太子在位五年，已经十二岁，通晓了《论语》《孝经》等。疏广在名声很好的时候，向朝廷上表请求退休，宣帝因为他年事甚高，就答应了他的请求。

疏广回归故乡后，每天让家人摆设酒食，请家族的人及亲戚朋友宾客，与他们一起娱乐。疏广经常过问家里积蓄还有多少，催促小孩花钱以设酒食宴请亲朋好友。过了一年多，疏广的子孙私下对疏广兄弟老人中他最喜欢信任的一位说："我们子孙辈希望您在见到他（疏广）老人家时劝他多少置办些田产房屋，现在天天设筵席家里钱财将要用尽，应该在他老人家跟前，劝说他老人家为我们子孙置办田地房屋。"这位老人在和疏广闲聊时就谈到为子孙置办田地房屋的事，疏广回答说："我难道年老不通情理不考虑子孙的将来吗？只是家中原有田地房屋，只要子孙们在那里勤力劳作，足够吃饭穿衣，过

多财,则损其志;愚而多财,则益其过。且夫富者,众人之怨也。吾既²²亡²³以教化子孙,不欲益其过而生怨。又此金者,圣主所以²⁴惠²⁵养老臣也,故乐与乡党宗族共飨²⁶其赐,以尽吾余日,不亦可乎!"于是族人说服²⁷。(见班固《汉书·疏广传》)

与普通人相同的生活。现在置买多余的田地房屋,只能使子孙懒惰罢了。有才德的人如果钱财多,就会削弱他的意志;愚蠢的人如果钱财多,就会增多他的过失。况且富人常会成为众人怨恨的对象。我既然无德教化子孙,也不希望增加他们的过失而招人怨恨。再说这些金钱是圣明的皇上赐予我养老的,所以很乐意和宗族同乡共同享受皇上的恩赐,这样度过我的余生,不也很好吗?"这些话富有远见,族人和他的子孙心悦诚服。

> **注释**

1 地节三年:前67年。地节,汉宣帝刘询年号。2 少傅:太子少傅,辅导太子的官职。3 徙:调动(官职)。4 太傅:太子太傅,辅导太子的官职。5 疏:上给皇帝的奏章。6 乞骸骨:qǐ hái gǔ,自请退职,请求使骸骨归葬故乡。7 笃老:衰老已甚。8 既:已经,在……以后。9 日:日日,每日。10 共:即供,供给。11 具:准备。12 几所:几许,几何。几,多少。13 趣:cù,催促。14 居:平居,平时。15 几:即冀,希望。16 基阯:jī zhǐ,建筑物的地基、基础。阯,即址。17 丈人:这里是子孙们对疏广的尊称。18 以:于,在。19 悖:bèi,迷惑,糊涂。20 顾:只是,不过。21 齐:相等,相同。22 既:既然。23 亡:即无。24 所以:用来……的。25 惠:给以恩惠。26 飨:xiǎng,本义指众人相聚宴饮,引申为以酒食款待人,又引申为请人享用。27 说服:心悦诚服。说,即悦。

> **启迪**

疏广是《春秋》专家,是学识渊博的人。所以,他看事情深及本质,远料未来。有才德的人无需钱财,钱财多了可能因富而骄,消磨他的意志,退一步说,功成名就时自有钱财。愚蠢无德的人有钱财也守不住,会坐吃山空,还可能用钱财去做坏事。疏广也不是凭空主观臆断,他脚踏实地,多次询问家中积蓄,了解情况,调查研究,得到的结论是,凭着原有的田地,勤奋劳作,家人衣食无忧。用《春秋》的精神,用自己的学识,疏广引导子孙正确地看待钱财,看待生活。

有《大泽之雉》这样一个寓言故事:君不见大泽中雉乎?五步一啄(即啄),终日乃(才)饱,羽毛悦泽,光照于日月,奋翼争鸣,声响于陵泽者何?彼乐其志也。援(执,持)置之囷仓(qūn cāng,粮仓)中,常啄粱粟,不旦时而饱,然(可是)犹(仍然)羽毛憔悴,志气益下,低头不鸣。夫食岂不善哉?彼不得其志故也。(见韩婴《韩诗外传》)

您见过那大泽荒地中的野鸡吗?没有人用现成的食物喂养它,全靠它自己辛勤觅食,总要走好几步才能啄到一口食,常常是整天劳动才能填饱肚子。可是,它的羽毛却长得十分丰满,光泽闪亮,能和天上的日月相辉映;它奋翅飞翔,引吭长鸣,那叫声弥漫在整个荒野和山陵。您说,为什么会这样呢?因为野鸡能按自己的意志自由自在地生活,它不停地活动,无拘无束地来往在广阔的天地之中。现在如果把它捉回家,喂养在粮仓里,不费力气,一个早上它就能吃得饱饱的。而它的羽毛失去原有的光润,精神衰退,垂头丧气,再也没有原来的朝气与活力,叫声也不雄壮了。您知道这是什么原因吗?是不是喂给它的食物不好呢?当然不是。只是因为它失去了往日的自由,削弱了它的志趣,它怎么会有生气呢!

这个故事能给我们有益的启发。

金银满箱,不如经书一部

贤为人质朴少欲,笃志[1]于学,兼能《礼》《尚书》,以《诗》教授,号称邹鲁大儒。征为博士,给事中[2],进授昭

简述

韦贤为人质朴少欲,专心致志于学问,兼通《礼》《尚书》,传授《诗经》,号称邹鲁大儒,被朝廷征召做博士加给事中,

生活：家和万事兴

帝《诗》。昭帝崩[3]，宣帝初即位，赐爵关内侯，徙为长信少府。本始三年[4]，代蔡义为丞相。贤七十余，为相五岁，地节三年以老病乞骸骨，赐黄金百斤，罢归。

少子玄成，复以明经历位至丞相。故邹鲁谚曰："遗子黄金满籝[5]，不如一经。"（见班固《汉书·韦贤传》）

在宫中给昭帝讲《诗经》。昭帝崩，宣帝初即位，赐爵关内侯，并给予封地，后又调任长信少府。本始三年（前71），代蔡义担任丞相。七十多岁，担任丞相五年，在地节三年（前67），因为年老多病，请求免职。皇上赐金百斤。辞官归居。

韦贤幼子韦玄成，又是因精通经术出仕，一直做到丞相位置。所以邹鲁一带的谚语说："留给儿子黄金满箩筐，不如有一部经书。"

注释

1 笃志：dǔ zhì，专心一志；立志不变。 2 给事中：jǐ shì zhōng，官名。秦汉为加官，晋以后为正官。若加上给事中之衔，即可出入宫廷，常侍帝王左右。 3 崩：古代称帝王或王后的死为"崩"。 4 本始三年：前71年。本始，汉宣帝刘询年号。 5 籝：yíng，箱笼一类的竹器。

启迪

韦贤（前143—前62），字长孺，鲁国邹县人，西汉时期丞相，大儒韦孟曾孙。

韦玄成（？—前36），字少翁，鲁国邹县人。西汉时期丞相、文学家。

韦贤研究《礼》《尚书》，是研究《诗》的权威，号称邹鲁大儒。他因为研究经书被征召，最后成为丞相。他的小儿子韦玄成也研究经书，因经书出仕。邹人根据他和儿子们的故事，总结出一句话："遗子黄金满籝，不如一经。"

韦贤

《三字经》说："人遗子，金满籝。我教子，惟一经。"大意是：许多人疼爱子女，想方设法希望能留给子孙享用不尽

的金银财宝。但是我的想法和一般人不一样。我留给子孙的只有这本《三字经》,希望能教导子女懂得做人处世的道理,有德有能,开创自己的未来。

听到就行动吗?

子路问:"闻斯[1]行诸[2]?"子曰:"有父兄在,如之何其闻斯行之?"冉有问:"闻斯行诸?"子曰:"闻斯行之。"公西华曰:"由也问'闻斯行诸?'子曰'有父兄在';求也问'闻斯行诸'。子曰'闻斯行之'。赤也惑[3],敢问。"子曰:"求也退,故进之;由也兼人,故退之。"(见《论语·先进》)

简述

子路(即仲由)问:"凡事一听到就行动吗?"孔子说:"父亲和兄长都在,怎么能听到就行动呢?"冉有(即冉求)问:"凡事一听到就行动吗?"孔子说:"一听到就行动。"公西华(即公西赤)说:"仲由问'一听到就行动吗',您说'父亲和兄长都在,怎么能一听到就行动呢';冉求问'一听到就行动吗',您说'一听到就行动'。我有些糊涂了,斗胆想问问老师。"孔子说:"冉求平日做事退缩,所以我激励他;仲由好勇过人,所以我压压他。"

注释

1 斯:此,这。 2 诸:兼词,相当于"之乎"。 3 惑:疑惑,使人不解。

启迪

冉有(前522—?),即冉求,字子有,通称冉有。春秋末期著名学者,"孔门七十二贤"之一。多才多艺,以政事见称。

公西华(前509或519—?),即公西赤,字子华。"孔门七十二贤"之一。具有非常优秀的外交才能。

生活:家和万事兴

这个故事是"因材施教"的经典案例,是孔子教育思想的珍贵内容,也是孔子留给后人的宝贵遗产。孔子有弟子三千,即使在现在,三千人的学校也是可观的规模了。他的学生中,政治、经济、军事、教育、外交等人才,比比皆是,这是他"因材施教"实践的成功。孔子是伟大的教育家。

子游(即言偃)问孝,子曰:"今之孝者,是谓能养。至于犬马,皆能有养。不敬,何以别乎?"子夏(即卜商)问孝,子曰:"色难。有事,弟子服其劳,有酒食,先生(长辈、老人)馔(zhuàn,饭食,吃),曾是以为孝乎?"子游、子夏同样的问题,孔子回答也不同。有学者以为,子游能养而或失于敬,子夏能敬而或少温润之色,各因其材之高下,与其所失而告之,故不同也。那么,这又是一个"因材施教"的例子了。

冉有

"知子莫如父",家长要根据孩子特长进行针对性培养。

但要提醒家长:基础知识教育,生活常识教育,是所有人都不能少的教育,是根基教育。而特长培养、个性发展,要因材施教,要进行针对性的教育,这是提升教育,是在根基教育基础之上的教育。

孟母这样教育孩子

昔孟子少时,父早丧,母仉氏守节。居住之所近于墓,孟子学为丧葬、躄踊[1]痛哭之事。母曰:"此非所以居子也。"

简述

孟子父亲去世很早,孟子(这时还是小孩,按习惯称呼他孟子)与母亲仉乃去,舍市,近于屠,孟子学为买卖、屠杀之事。母又曰:"亦非所以居子也。"继而迁于学宫之旁。每月朔² 望³,官员入文庙,行礼跪拜,揖⁴让进退,孟子见了,一一习记。孟母曰:"此真可以居子也。"遂居于此。(见刘向《列女传》)

孟子少时,东家杀豚⁵,孟子问其母曰:"东家杀豚何为?"母曰:"欲啖⁶汝。"其母自悔而言,曰:"吾怀娠⁷是子,席不正不坐;割不正不食,胎之教也。今适⁸有知而欺之,是教之不信也。"乃买东家豚肉以食⁹之,明不欺也。(见韩婴《韩诗外传》)

孟子之少也,既学而归,孟母方绩,问曰:"学何所至矣?"孟子曰:"自若也。"孟母以刀断其织。孟子惧而问其故。孟母曰:"子之废学,若我断斯织也。夫君子学以立名,问则广知,是以居则安宁,动则远害。今而废之,是不免于斯役,而无以离于祸患也……"孟子惧,旦夕勤学不息,师事子思,遂成天下之名儒。(见刘向《列女传》)

(zhǎng)氏相依为命。家在墓地旁边,孟子就和邻居的小孩一起学大人跪拜、哭嚎的样子,玩起办理丧事的游戏。孟母看到了,就说:"不能在这里居住!"于是搬家到集市。在集市,孟子又和邻居的小孩,学起商人做生意和屠宰猪羊的事。孟母说:"这里也不适合住家!"于是,搬到了学校附近。每月夏历初一日、十五日,官员到文庙,行礼跪拜,互相礼貌相待,孟子记忆于心,全部学会。孟母高兴地说:"这个地方适合孟轲这小子住呀!"

有一次邻居家杀猪,孟子问母亲:"邻居为什么杀猪?"孟母随口说道:"要让你吃肉。"话出口就后悔了,想道:"我怀着这个孩子时,席子摆得不正,我不坐;肉割得不正,我不吃,这就是胎教。现在他刚刚懂事我就欺骗他,这是在教他不讲信用啊。"于是买了邻居的猪肉给孟子吃,表明她不欺骗小孩。

孟子放学回家,他的母亲正在织布,便问他道:"学习怎么样了?"孟子漫不经心地回答说:"跟过去一样。"孟母就用剪刀把织好的布剪断。孟子见状害怕极了,就问母亲:"为什么要发这样大的火?"孟母说:"你荒废学业,如同我剪断这布一样。有德行的人通过学习增长知识,树立名声。如果现在荒废学业,就不免于劳役,且难于避免祸患……"孟子听后自是震惊,自

> 生活:家和万事兴
>
> 此,从早到晚勤学不止,把子思当作老师,终于成了天下有名的大儒。

注释

1 躄踊:bì yǒng,椎膺顿足。躄即擗。 2 朔:shuò,夏历每月初一日。 3 望:夏历每月十五日。 4 揖:yī,拱手行礼。 5 豚:tún,猪。 6 啖:dàn,吃。 7 娠:妊娠,rèn shēn,怀有身孕。 8 适:刚刚,才。 9 食:sì,给吃,喂养。

启迪

《孟母教子》的故事西汉时就开始流传。古人称赞"孟母知为母之道","有母若孟,厥子乃贤。有子若孟,母德著焉","子之圣即母之圣"。

《三迁择邻》故事告诉我们:模仿是重要的习得方式,环境有很强的育人功能。荀子曾说过,"蓬生麻中,不扶自直。白沙在涅,与之俱黑"。搬家三年穷,搬家不是容易事,但孟母重视教育,从严教育孩子,所以坚定"三迁"。

《买豚明信》,强调讲信用,即使对小孩子,也不能欺骗,不能失信,失信则极可能失威。孟母言传身教。

孟母

《断织喻学》中,孟母没有责怪,更没有打骂,而是剪断辛辛苦苦织成的布,以让孟子懂得刻苦学习的道理。学习是一件苦事,学习不能浅尝辄止,不能半途而废,孟母用"引导"的方法教育孩子。

高瞻远瞩、从长远考虑,信守承诺,善于引导,言传身教等,对今天的父母仍然有很好的榜样作用。

少有所诵:从经典中汲取力量

育人如同种树

凡植木之性,其本[1]欲舒,其培欲平,其土欲故,其筑欲密。既然[2]已,勿动勿虑,去不复顾。其莳[3]也若子,其置也若弃,则其天者全而其性得矣。故吾不害其长而已,非有能硕茂之也;不抑耗其实而已,非有能早而蕃之也。

他植者则不然,根拳而土易,其培之也,若不过焉则不及焉。苟有能反是者,则又爱之太恩,忧之太勤,旦视而暮抚,已去而复顾,甚者爪其肤以验其生枯,摇其本以观其疏密,而木之性日以[4]离矣。虽曰爱之,其实害之;虽曰忧之,其实仇之,故不我若也。(见柳宗元《种树郭橐驼[5]传》)

> 简述
>
> 凡种树的方法,它的根要舒展,培土要平均,它根下的土要用原来培育树苗的土,捣土要结实。已经这样做了,就不要再动,不要再忧虑它,离开它不再回顾。栽种时要像对待子女一样细心,栽好后要像丢弃它一样放在一边,那么树木的天性就得以保全,它的习性就得以保护。所以我只不过不妨碍它的生长罢了,并不是有使它长得高大茂盛的办法;只不过不抑制、减少它的结果罢了,也并不是有使它果实结得早又多的办法。
>
> 别的种树人却不是这样,树根拳曲又换了生土;他培土的时候,不是过紧就是太松。如果有能够和这种做法相反的人,却又太过于怜惜它们了,担心它太过分了,早晨去看了,晚上又去摸摸,已经离开了,又回头去看看。更严重的,甚至掐破树皮来观察它是死还是活着,摇晃树根来看土是否结实了,这样树木的天性就一天天远去了。虽然说是喜爱它,这实际上是害了它,虽说是担心它,这实际上是仇视它。

生活：家和万事兴

> 注释

1 本：根。 2 然：这样。 3 莳：shì，栽种。 4 日以：一天天地。 5 橐驼：tuó tuó，骆驼。这里指驼背。郭橐驼因驼背而得名。

> 启迪

柳宗元(773—819)，与韩愈共同倡导唐代古文运动，并称为"韩柳"，与刘禹锡并称"刘柳"，与王维、孟浩然、韦应物并称"王孟韦柳"。代表作有《封建论》《三戒》《段太尉逸事状》《梓人传》《捕蛇者说》《种树郭橐驼传》《始得西山宴游记》《钴鉧(gǔ mǔ，熨斗)潭记》《钴鉧潭西小丘记》《至小丘西小石潭记》和《登柳州城楼寄漳汀封连四州》《江雪》《渔翁》等。

柳宗元

十年树木，百年树人，种树与育人，其理一也。

"凡植木之性"，本欲舒、培欲平、土欲故、筑欲密——要研究对象，掌握特点，顺其自然，因材施教。

"其莳也若子，其置也若弃"，"其天者全而其性得矣"——要培养习惯，明确要求，细心耐心，关爱呵护，而该不管不问时，就像放弃、抛弃一般，放心放手。

"故吾不害其长而已"——就是要避免过和不及，不急功近利、揠苗助长，让树不受干扰、茁壮成长。

别的种树人，"爱之太恩，忧之太勤"，"甚者爪其肤以验其生枯，摇其本以观其疏密"，可怜这棵树，叶将蔫，枝将枯，根将死。

树犹如此，人何以堪！

惩戒小孩要慎之又慎

卑幼有过,慎其所以责让[1]之者:对众不责,愧悔不责,暮夜[2]不责,饮食不责,欢庆不责,悲忧不责,疾病不责。(见吕坤《呻吟语》)

简述

地位低、年龄小的人有过失,责备他们一定要慎重:当着众人的面不责备,他已惭愧了不责备,黑夜不责备,正在吃饭时不责备,正在欢庆时不责备,正在悲伤时不责备,生病的时候不责备。这就是"七不责"。

注释

1 责让:斥责;谴责。 2 暮夜:夜晚。

启迪

孔子倡导"食不语""寝不言",嘴里嚼着东西的时候不要说话,该睡觉时不要发出声音吵到别人。"饮食不责""暮夜不责"与孔子的"食不语""寝不言"一脉相承。

"对众不责",若"对众责",会伤自尊,伤自信,引发逆反。

"愧悔不责",小孩已经知错,何必再责、再多此一举?

正高兴时,欢庆时,你若指斥,等于兜头一瓢冷水,伤害极大。

"悲忧""疾病"时责让,那是雪上加霜、伤口撒盐,打击力加倍,弄不好会引起双倍的反抗。

责罚、惩戒有其不可替代的积极作用。

著名教育家、作家马卡连柯说:"合理的惩戒不仅是合理的,而且是必要的。这种合理的惩戒有助于形成学生的坚强性格,能培养学生的责任感,能锻炼学生的意志和人的尊严感,能培养学生抵抗诱惑和战胜诱惑的能力。"

生活：家和万事兴

责罚、惩戒需要坚持"有理、有利、有节"原则。首先要让孩子真正明白自己错在何处，更要考虑对孩子的未来发展是否有益，绝不能滥用责罚、惩戒手法，以致影响它本该具有的效果，甚至使它失去效果。

另外，无论赏识还是惩戒，表扬还是批评，都有一个时机把握的问题。若时机合适，事半功倍，效果极佳。若时机不当，有害无益，事与愿违，结果适得其反。所以，家长要"慎其所以责让之"。

孩子是需要尊重的，也是能够寄予厚望的。唐代开元年间有个缪氏小子作《赋新月》诗一首，云："初月如弓未上弦，分明挂在碧霄边。时人莫道蛾眉小，三五团圆照满天。"值得家长品味。

有这样两位神女

楚襄王[1]与宋玉游于云梦之台，望高唐之观[2]，其上独有云气，崪[3]兮直上，忽兮[4]改容；须臾之间，变化无穷。王问玉曰："此何气也？"玉对曰："所谓朝云者也。"王曰："何谓朝云？"玉曰："昔者，先王尝游高唐，怠而昼寝，梦见一妇人，曰：'妾，巫山之女也，为高唐之客，闻君游高唐，愿荐枕席。'去而辞曰：'妾在巫山之阳[5]，高丘[6]之阻[7]，旦为朝云，暮为行雨。'

简述

楚顷襄王和宋玉一起到云梦台游览，他们凭高远望，只见高唐观之上呈现出很为独特的云气，初看像高峻的山峰，很快又改变了形状，顷刻之间千姿百态，变化无穷。顷襄王看到后问宋玉说："这是什么云气？"宋玉回答道："这就是所谓的朝云。"顷

洛神

朝朝暮暮,阳台之下。'旦朝视之,如言[8]。故为立庙,号曰'朝云'。"(见宋玉《高唐赋》)

翩若惊鸿,婉若游龙。荣曜[9]秋菊,华茂春松。仿佛[10]兮若轻云之蔽月,飘飖[11]兮若流风之回雪。远而望之,皎若太阳升朝霞;迫而察之,灼若芙蕖出渌[12]波。秾纤得衷[13],修短合度。肩若削成,腰如约素。延颈秀项,皓质呈露。芳泽无加[14],铅华弗御[15]。云髻[16]峨峨,修眉联娟。丹唇外朗,皓齿内鲜,明眸善睐[17],靥[18]辅承权。瑰姿艳逸,仪静体闲。柔情绰态,媚于语言。余情悦其淑美兮,心振荡而不怡[19]。无良媒以接欢兮,托微波而通辞。于是洛灵感焉,徙倚[20]彷徨,神光离合,乍阴乍阳。竦[21]轻躯以鹤立,若将飞而未翔。践[22]椒途之郁烈,步蘅薄而流芳。超[23]长吟以永慕[24]兮,声哀厉而弥[25]长。(见曹植《洛神赋》)

襄王问:"什么叫朝云?"宋玉说:"从前,先王曾到高唐来游猎,有一天,他感到困倦了,白天就在那里睡着了。梦见一位妇人对他说:'我是巫山之女,在高唐作客,听说您到高唐来游猎,我愿意为您铺好枕头和席子。'于是先王就和她同寝。她辞别时对先王说:'我在巫山的南面,高山的险要处,清晨是云,傍晚是雨,每天早晚,生活在高唐之下。'第二天早晨,先王起来一看,果然像她所说的那样。于是就为她建造庙宇,称为'朝云'。"

她的形影,翩然若惊飞的鸿雁,婉约若游动的蛟龙。容光焕发如秋日下的菊花,体态丰茂如春风中的青松。她时隐时现像轻云笼月,浮动飘忽似回风旋雪。远而望之,明洁如朝霞中升起的旭日;近而视之,鲜丽如绿波间绽开的新荷。她体态适中,高矮合度,肩窄如削,腰细如束,秀美的颈项露出白皙的皮肤。既不施脂,也不敷粉,发髻高耸如云,长眉弯曲细长,红唇鲜润,牙齿洁白,有一双善于顾盼的闪亮的眼睛,颧骨下有两个甜甜的酒窝。她姿态优雅妩媚,举止温文娴静,情态柔美和顺,语言得体可人。我钟情于她的淑美,不觉心旌摇荡而不安。因为没有合适的媒人去说情,只能借助微波来传递话语。这时洛神深受感动,低回徘徊,神光时离时合,忽明忽暗。她像鹤立般地耸起轻盈的躯体,如将飞而未翔;又踏着充满花椒浓香的小道,走过杜蘅草丛而使芳气流动。忽又怅然长吟以表示深沉的思慕,她的声音哀惋而悠长。

生活：家和万事兴

注释

1 楚襄王：即楚顷襄王（？—前263），芈姓，熊氏，名横，楚怀王之子，战国时期楚国国君。前298—前263年在位，在位时楚国已处于衰落状态。2 高唐之观：指高唐观，相传建于尧皇时。3 崒：zú，山峰高而险。4 兮：xī，语气词，多用于韵文的句末或句中，相当于现代汉语的"啊"。5 阳：山南为阳。6 高丘：高山。7 阻：险要地带。8 如言：果如其言。9 曜：yào，日光照耀。10 仿佛：若隐若现。11 飘飘：飞翔的样子。12 渌：lù，水清的样子。13 秾纤得衷：胖瘦合适。秾，nóng，繁盛。纤，细小。14 无加：不施加。15 弗御：不用。16 云髻：发髻如云。17 睐：lài，顾盼。18 靥：yè，酒窝。19 怡：悦。20 徙倚：流连徘徊。21 竦：sǒng，耸。22 践：踩，践踏。23 超：惆怅。24 慕：思慕。25 弥：久长。

启迪

宋玉（前298—前222），楚国诗人，楚国大夫。《高唐赋》收于《昭明文选》，作者署为宋玉。

曹植（192—232），曹操第三子，封陈王，谥"思"，后世称他陈思王。《洛神赋》是曹植代表作之一。

《高唐赋》《洛神赋》在文学史上都有一定地位。

上面两篇赋的女主角都是"神"，所以故事美妙而神秘，诱人遐想甚至瞎想。人世间的恋爱、婚姻则有烟火气息，则有油盐酱醋味道，而不是"朝云""暮雨"，也不能"若轻云之蔽月"，"若流风之回雪"。

社会现实中的恋爱婚姻不同于神话，也不能虚化。例如，"我不爱他的金钱"。这固然高尚，金钱确实买不到幸福，可是，幸福能离开金钱？元稹诗云，"诚知此恨人人有，贫贱夫妻百事哀"。例如，"我不爱她的容貌"。这固然伟岸，容貌实在不等于幸福，可是，如果天天面对东施或钟离春（即钟无艳、钟无盐），你偶然之间会不会感到不悦？

爱，它属于精神范畴，但是，精神从来也不能脱离物质，脱离物质的精神，是空中楼阁，是子虚乌有。把恋爱婚姻神话、虚化，至少会产生这样的恶果：一些人手中捏着实实在在的幸福，却还要茫茫然苦苦寻觅爱；另一些人距离幸福尚有万里之遥，却乐融融"享受"着虚无飘纱的所谓"爱"。

从家长的视角说，我们不能把婚恋问题当成"禁区"，画上"红线"，不能谈虎色变。

总之,要客观、理性地看待婚恋问题,至少有三点应该明确:

其一,男孩女孩到了合适的年龄,就要恋爱,而恋爱应该以结婚为目的。

其二,合适才是最要紧的。西施、昭君、貂蝉、杨玉环……沉鱼落雁、闭月羞花,但不一定合适做自己的妻子。宋玉、周瑜、嵇康、潘仁安……玉树临风、风流倜傥,但不一定合适做自己的丈夫。

其三,富润屋,德润身,玉在山而草木润,渊生珠而崖不枯。夫妇学习以修身,劳动以聚财,就必能比翼双飞,琴瑟和鸣,百年好合。

人面桃花相映红

博陵[1]崔护,资质甚美,而孤洁寡合。清明日,独游都城南,得居人庄。一亩之宫[2],花木丛萃,寂若无人。扣门久之,有女子自门隙[3]窥之,问曰:"谁耶?"护以姓字对,曰:"寻春独行,酒渴求饮。"女入,以杯水至。开门,设床[4]命坐。独倚小桃斜柯伫立。妖姿媚态,绰有余妍。彼此目注者久之。崔辞去,送至门。崔睠盼[5]而归。

及来岁清明日,忽思之,情不可抑,径往寻之。门院如故,而已扃[6]锁之。

简述

博陵地方的书生崔护,一表人材,而性格却清高自傲,不愿与人相交。清明这天,独自一人到京城南郊游逛。来到一个小村庄,有个一亩见方的小家院,里面花木茂盛,寂静无声就像没有人一样。敲了好大一会儿门,有位姑娘从门缝里往外瞧着,问道:"你是谁?"崔护告诉她自己的姓名,说:"独自出来踏青游春,因为酒后口渴难忍来找水喝。"姑娘回到屋里,端着一杯水出来,打开门,请崔护就坐。姑娘倚着小桃树的斜枝站在那里,妩媚俊秀,风姿绰约。他们四目而对相视了好一会儿。崔护告辞离去,姑娘送他到门口。崔护眷恋回顾,不舍地离开了。

崔因题诗于左扉曰:"去年今日此门中,人面桃花相映红。人面不知何处去,桃花依旧笑春风。"

后数日,复往寻之。闻其中有哭声,扣门问之。有老父[7]出曰:"君非崔护耶?"曰:"是也。"又哭曰:"君杀吾女!"崔惊怛[8],莫[9]知所答。父曰:"吾女笄年[10]知书,未适[11]人。自去年已来,常恍惚若有所失。比日[12]与之出,及归,见在左扉有字。读之,入门而病,遂绝食数日而死。今不幸而殒[13],得非[14]君杀之耶?"又持[15]崔大哭。崔亦感恸[16],请入哭之,尚俨然在床。崔举其首、枕其股[17],哭而祝曰:"某在斯!"须臾[18]开目。半日复活,老父大喜,遂以女归[19]之。(见李昉、扈蒙等《太平广记·情感》)

等到第二年的清明节这天,崔护忽然想起了那位姑娘,他按捺不住思念之情,便循着上次的小路去找她。那儿大门院落还像上次一样,然而门上了锁。崔护在左扇门上题诗说:"去年今天这个大门里面,姑娘的容颜与艳丽的桃花相互辉映,而今不知道姑娘你到哪里去了,只有那桃花依旧伴着春风盛开。"

过了几天,崔护再次去寻找,听到院内有哭声。敲门一问,有位老大爷出来说:"你是不是崔护啊?"崔答道:"正是。"老人又哭着说:"是你杀了我的女儿!"崔护大吃一惊,不知道该怎样回答他。老人说:"我的女儿已满十五岁并且知书达理,也未许配他人。从去年以来,常常精神恍惚若有所失。前几天,我和她出门,回来后看到大门左侧有字,读过以后,进门她就病倒了,几天不吃饭,死去了。她不幸而亡,难道不是你杀了她吗?"说完又抓住崔护痛哭不已。崔护也悲痛难忍,请求进屋痛悼那姑娘。姑娘躺在床上,容貌端庄像活人一样。崔护用手把她的头托起来,让她枕在自己的大腿上,一面哭一面祝祷说:"我在这里,我在这里。"过了一会儿姑娘睁开了眼睛,半天工夫活过来了。她的老父亲欢喜异常,于是就把女儿嫁给了崔护。

注释

1 博陵:唐郡名,也称定州,州治在今河北定县。**2** 一亩之宫:一亩大小的围墙。宫,本指普通房屋,后来才作宫殿解释。3 隙:xì,缝隙,裂缝。4 床:古代坐具。5 睠盼:juàn pàn,即眷盼,眷顾,依恋地回顾。6 扃:jiōng,是指从外面关门的闩、钩、门环等。7 父:fǔ,对老年男子的尊称。8 怛:dá,畏惧,害怕。9 莫:不。10 笄年:指姑娘已满十五岁。笄,jī,束发用的簪子。古代女子满十五岁才把头发绾起来,戴上簪子,表示成年。11 适:出嫁。12 比日:近日。13 殒:yǔn,丧身,死亡。14 得非:得无,莫非是。15 持:扶着。16 恸:tòng,极度悲伤,大哭。17 股:大腿。18 须臾:xū yú,片刻,形容极短的时间。19 归:嫁,出嫁。

启迪

崔护(772—846),字殷功,唐代诗人。《全唐诗》存诗6首。

故事中,一个是"资质甚美",一个是"妖姿媚态",而"彼此目注者久之",互生情愫。后来,一个"情不可抑","径往寻之","复往寻之",一个"常恍惚若有所失",情不知所起,一往而深。再后来,一个"绝食",一个"感恸",以至死而复生,有情的成了眷属。故事真切、曲折,生动、感人,是一曲美好的爱情之歌。

东方《诗经》,开篇即言情,"关关雎鸠"吟诵数千年。西方《圣经》,上帝造人不久,亚当、夏娃就偷尝禁果(有人说,那个"禁果"就是苹果)。唐人传奇、宋人平话、冯梦龙的书中,精彩、经典的爱情故事举不胜举。欧公的"月上柳梢头,人约黄昏后",让我们觉得无比美好。坡仙的"十年生死两茫茫,不思量,自难忘",让我们体会无限深沉。还有张生与崔莺莺、柳梦梅与杜丽娘、贾宝玉与林黛玉的故事,更是叫我们唏嘘,令我们感叹,让我们掬一把辛酸泪。中国古人认为,郎情妾意,桑间濮上,实属美事。邂逅东门,待月西厢,自有妙处。就连描写沈三白和芸娘故事的《浮生六记》,也令很多读者爱不释手。外国人更是"浪漫",诸如《飘》《简•爱》《茶花女》《呼啸山庄》《巴黎圣母院》《安娜•卡列尼娜》《罗密欧与朱丽叶》……都是歌颂爱情的经典华章,具有不朽的艺术魅力。

这里要强调的是:古代汉族女子十五岁称为"及笄",行笄礼,表示成年。男子二十岁称为"弱冠",束发加冠(冠,帽子、礼帽),行加冠礼,表示成年。因体犹未壮,故称"弱"。"人面桃花"的两位主人翁都是成年人。在朦朦胧胧、似是而非、半懂不懂的年龄段,一定不可胡思乱想、异想天开、想入非非。说情谈爱乃至建立家庭,一定是在成年之后。

生活：家和万事兴

与你一起白头到老

女曰鸡鸣，士曰昧旦[1]。子兴视夜，明星[2]有烂。将翱将翔，弋[3]凫与雁。

弋言[4]加之，与子宜之。宜言饮酒，与子偕老。琴瑟在御，莫不静好。

知子之来[5]，杂佩[6]以赠之；知子之顺之，杂佩以问之；知子之好之，杂佩以报之。（见《诗经·郑风·女曰鸡鸣》）

简述

女说公鸡已打鸣，男说天色尚未明。你快起来看看天，启明星儿光闪闪。鸟儿空中正飞翔，射些鸭雁给你尝。

射中鸭雁拿回家，做成菜肴味道香。就着美味来饮酒，恩爱生活百年长。你弹琴来我鼓瑟，夫妻安好心欢畅。

知你对我真关怀，送你杂佩表我爱。知你对我多温柔，送你杂佩表我情。知你对我情义深，送你杂佩表我心。

注释

1 昧旦：天将亮未亮。2 明星：指启明星。3 弋：yì，射鸟。4 言：语助词，无义。5 来：lài，即赉，慰劳，关怀。6 佩：佩饰，上系珠、玉等。

启迪

"一日之计在于晨"，妻子催促丈夫起床，丈夫有点不乐意，借口说天还没亮，要再睡一会儿。妻子说，亲爱的，野鸭、大雁都开始活动了，你多射些野鸭、大雁，拿回来我来做菜。丈夫的瞌睡一下子没有了。妻子接着说，野鸭、大雁是佳肴，还要加上美酒。我们的日子多美好，我要与你白头偕老，过着恬静美好的生活。丈夫激动起来了，因为妻子关心自己、温柔和顺、对自己一往情深，他要赠礼物回报妻子。这就是"投之以木瓜，报之以琼琚"，（见

《诗经·卫风·木瓜》)这就是"妻子好合,如鼓瑟琴",(见《诗经·小雅·常棣》)这就是岁月无恙,夫妇和乐,日子安好。

这是一首"直陈其事"的"赋"体诗。丈夫擅长打猎,妻子饭菜做得好。丈夫粗犷真诚热烈,恐怕也有点小脾气。妻子含蓄委婉,温柔体贴。催丈夫起床,她只说鸡叫了,丈夫还不起床,她就说凫说雁,说菜说酒,还说到了与子偕老,如此,丈夫无法不感动,瞌睡也早跑掉了。于是,丈夫用赠佩的行为回报妻子。三组叠句,重章复沓,一唱三叹,感情表现得淋漓酣畅。

此诗写年轻夫妇的和睦生活、诚挚感情和美好的人生愿景,是一出成功的家庭生活情景短剧,是一出古老乡村的爱情喜剧。

清溪与日月

至[1]近至远东西,至深至浅清溪。至高至明日月,至亲至疏[2]夫妻。(见《薛涛李冶诗集·八至》)

简述

最近的和最远的是东与西,最深的和最浅的是清溪。最高和最明亮的是日月,最亲近和最疏远的是夫妻。

注释

1 至:极,最。 2 疏:疏远,生疏。

启迪

李冶(约730—784),唐代女诗人。与薛涛、鱼玄机、刘采春并称"唐代四大女诗人"。

本诗前三句是"至理",后一句是"至理"加"至情"。全诗富有哲理意味,充满辩证法。前三句可以看作"兴"的手法,作用在引出最后一句。夫妻虽没有血缘关系,但在一起时就如同是一个人,所谓"至亲"莫若夫妻。可是,

生活：家和万事兴

如果劳燕分飞，则形同陌路，往往老死不相往来，即"至疏"。

婚恋是人生大事。解决婚恋问题，要足够重视父母的意见。因为对涉世未深的青年人来说，家长阅世有年，阅人无数，看人看事可能都比较准确，家长看好的婚姻可能更幸福。

要不要"门当户对"？门当户对双方才能平等，门当户对的婚姻可能更稳固。

当然，夫妻之间最重要的是互相尊重。尊重是维护夫妻关系的前提。

推而广之，华夏文化中，慈是长辈尊重儿女，孝是儿女尊重父母，友是哥哥尊重弟弟，悌是弟弟尊重哥哥，忠、信是尊重朋友，礼、义是尊重他人，廉、耻是尊重自己。父义、母慈、子孝、兄友、弟悌，尊重之意尽在其中。

李冶

孟子要休妻

孟子妻独居，踞[1]，孟子入户视之，谓其母曰："妇无礼，请去[2]之。"母曰："何也？"曰："踞。"其母曰："何知之？"孟子曰："我亲见之。"母曰："乃汝无礼也，非妇无礼。《礼》不云乎？'将入门，问

简述

孟子的妻子独自一人在屋里，伸开两腿坐着。孟子进屋看见妻子这个样子，对母亲说："我的妻子不讲礼仪，请允许我休了她。"孟母问："为什么？"孟子说："她伸开两腿坐着。"孟母问："你怎么知道的？"孟子说："我亲眼看见的。"孟母

孰[3]存。将上堂,声必扬[4]。将入户,视必下。'不掩[5]人不备也。今汝往燕私[6]之处,入户不有声,令人踞而视之,是汝之无礼也,非妇无礼也。"于是孟子自责,不敢言妇归[7]。(见韩婴《韩诗外传》)

说:"这就是你没礼貌,不是妇人没礼貌。《礼记》上不是说了吗?'将要进屋的时候,先问屋中有谁在里面;将要进入厅堂的时候,必须先大声说话;将进屋的时候,必须眼往下看。'为的是让人知道你将到来而有所准备。现在你到妻子闲居休息的地方,进屋没有声响,因而让你看到了她两腿伸开坐着的样子。这是你没礼貌,并非是你妻子没有礼貌!"孟子知错,没有休妻。

注释

1 踞:即箕踞,坐时伸两足,手据膝,若箕状。箕踞为对人不敬的坐姿。2 去:抛弃,休弃。3 孰:谁。4 扬:高,升高。指大声说话。5 掩:掩盖,遮蔽。6 燕私:宴饮游玩,闲居休息。7 归:休弃。

启迪

古人认为,"箕踞而坐",不雅,无礼。所以,孟子见妻子这样的坐姿,自是恼火,恼火到要休掉妻子。孟母确实可称教育大家,《三字经》说:"昔孟母,择邻处,子不学,断机杼",我们都熟悉,而处理这件事,又可见出她的不同凡响。儿子带着情绪说事情,她没有偏听偏信,而是心平气和地听,然后询问,调查,分析,并引经据典来说理。对儿子,她也是以理服人。

孟子伟大,他的母亲更伟大,伟大的儿子背后有一个伟大的母亲。

从儿女身上可以看到父母的影子。

生活：家和万事兴

张敞为妻子画眉

敞为京兆，朝廷每有大议，引古今，处便宜，公卿皆服，天子数[1]从之。

然敞无威仪，时罢朝会，过走马章台街，使御吏驱，自以便面[2]拊[3]马。又为妇画眉，长安中传张京兆眉妩。有司以奏敞。上问之，对曰："臣闻闺房之内、夫妇之私，有过于画眉者。"上爱其能，弗备责也。（见班固《汉书·张敞传》）

简述

张敞处事快捷，赏罚分明，除了用刑罚之外，施政也用儒家之道，经常表彰贤人善事。京城人多，且高官也比较多，因此做京兆尹时间长的不会超过两三年，短的甚至只能做几个月，张敞做这个官的时间则长达九年。张敞做京兆尹时，朝廷商议大事时，他引经据典，处理适宜，大臣们都非常佩服他。

但是张敞不重视威仪，有时下朝，经过章台街时，让车夫赶马快跑，自己用折扇拍马。张敞和他的夫人感情很好，在他夫人化妆时，他为她描画眉毛。长安城中传说张京兆画的眉毛很是妩媚。有人把张敞为夫人画眉的事报告给皇上。汉宣帝在朝廷当着很多大臣的面向张敞追问这件事，有责备之意。张敞回答说：确有画眉之事，不过，闺房之内，夫妇之间亲昵的事情，有比描画眉毛过分的呢。皇上只要问我国家大事做好没有，是否为夫人画眉，皇上就不管它了吧。汉宣帝爱惜张敞的才能，没有再追究下去。

注释

1 数：多次。 2 便面：遮面的扇子；折扇之别称。 3 拊：fǔ，拍。

> **启迪**

张敞(？—前48)，字子高，任豫州刺史、太中大夫、京兆尹等。

张敞言之有理：皇上只要问我，京兆尹的工作干得怎么样，国家大事做好没有，就可以了。至于是否为夫人画眉，眉画得好不好，皇上就不要管它了吧。

为自己妻子画眉，确实是亲热、亲切、亲昵了。但从现代人的眼光看，两个人的空间中，夫妻间的故事，皇帝有理由、有必要去管吗？

当然，如果张敞因为画眉而影响了工作，甚至造成了严重后果，皇上完全可以追责，完全可以责罚张敞。

五张黑羊皮换回一代名相

五年，晋献公灭虞、虢，虏虞君与其大夫百里奚，以璧马赂于虞故也。既虏百里奚，以为秦穆公夫人媵[1]于秦。百里奚亡秦走宛。穆公请以五羖[2]羊皮赎之。（见司马迁《史记·秦本纪》）

五羖大夫之相秦也，劳不坐乘，暑不张盖，行于国中，不从车乘，不操干戈，功名藏于府库，德行施于后世。五羖大夫死，秦

> **简述**

秦穆公五年，晋献公用璧玉骏马贿赂虞国借道，从而灭掉虢、虞两国，并俘获虞国国君和他的大夫百里奚。这就是著名的"假途灭虢"故事。晋献公把百里奚俘获后，将他作秦穆公夫人的陪嫁仆役送到秦国。百里奚离开秦国逃到宛。秦穆公听说百里奚有贤才，派人对楚国人说："我国陪嫁仆役百里奚，正在楚国，请允许让我们用五张黑公羊皮来赎回他。"百里奚就这样回到了秦国。

五羖大夫出任秦相，劳累不坐车，酷暑炎热不打伞，走遍国中，不用随从的车辆，不带防卫人员，他的功名藏于府库，载于史

生活：家和万事兴

国男女流涕³,童子不歌谣,舂者不相杵⁴。(见司马迁《史记·商君列传》)

百里奚为秦相,堂上乐作,所赁⁵浣妇自言知音,因援琴抚弦而歌。问之,乃其故妻,还为夫妇也,亦谓之扊扅⁶。(见应劭《风俗通》)

册,他的德行施教于后代。五羖大夫死时,秦国不论男女都痛哭流涕,连小孩子也不唱歌谣,正在舂米的人也因悲哀而不发出号子声。

某日,百里奚的相府高朋满座,觥筹交错,百里奚交代奏乐演唱款待客人。在相府内一个洗衣服的女佣知道后,主动要求为上大夫百里奚演奏一曲。百里奚允许她演奏。老妇人在众目睽睽之下,落落大方地援琴抚弦,自弹自唱起来。百里奚大为震惊,原来是自己的结发妻子杜氏来到眼前。

注释

1 媵:yìng,古代贵族女子出嫁时陪嫁的人。 2 羖:gǔ,黑色的公羊。 3 涕:眼泪。 4 相杵:xiāng chǔ,舂谷时发出的号子声。杵,舂米或捶衣的木棒。 5 赁:lìn,给人做雇工。 6 扊扅:yǎn yí,门栓,借指曾共贫寒的妻子。

启迪

百里奚(约前725—前621),姜姓,百里氏,名奚,字子明,号"五羖大夫",是秦穆公用五张黑羊皮从市井中换回的一代名相。在主持秦国政期间,百里奚"谋无不当,举必有功",使秦国成为春秋五霸之一,为秦国最终统一中国奠定了牢固基础。

百里奚妻子的歌词是:

百里奚,五羊皮。忆别时,烹伏雌(母鸡),炊扊扅,今日富贵忘我为(为,反问语气,吗)?

百里奚,初娶我时五羊皮。临当别时烹乳鸡,今适富贵忘我为?

百里奚

百里奚,百里奚,母已死,葬南溪。坟以瓦,覆以柴。舂黄黎,搤(è,即扼)伏鸡(母鸡)。西入秦,五羖皮,今日富贵捐(抛弃)我为?

百里奚夫妻团聚。秦国人知道这件事情以后,很为百里奚的品质所感动。秦穆公送来许多财宝,以示祝贺。从此,百里奚位高不忘糟糠、相堂听琴认妻的故事在民间流传开来。

破镜也能重圆

陈太子舍人徐德言之妻,后主叔宝之妹,封乐昌公主,才色冠绝。

时陈政方乱,德言知不相保,谓其妻曰:"以君之才容,国亡必入权豪之家,斯永绝矣。倘情缘未断,犹冀[1]相见,宜有以信之。"乃破一镜,人执其半,约曰:"他日必以正月望日卖于都市,我当在,即以是日访之。"及陈亡,其妻果入越公杨素之家,宠嬖[2]殊厚。德言流离辛苦,仅能至京,遂以正月望日访于都市。

有苍头[3]卖半镜者,大高其价,人皆笑之。德言直引至其居,设食,具言其故,出半镜以合之,乃题诗曰:"镜与人俱去,镜归人不归。无复嫦娥影,空留明月辉。"陈氏得诗,涕泣不食。素知之,怆然改容,即召德言,还其妻,乃厚遗之。闻者无不感叹。

乃与德言、陈氏偕饮,令陈氏为诗,曰:"今日何迁次,新官对旧官。笑啼俱不敢,方验作人难。"

> **简述**
>
> 徐德言诗曰:那半面镜子与妻子一同离开,今天镜子回来妻子却没能归来。如月亮般的镜子中不再有嫦娥的身影,空有明月般的光辉叫人无助无奈。
>
> 乐昌公主诗曰:今天是多大的改变,多么的尴尬,我的新官和旧官同时同地出现。对旧官笑怕新官不乐,对新官哭怕旧官责难,今天的事才证

遂与德言归江南,竟以终老。(见唐孟棨《本事诗》)

生活:家和万事兴

明了什么是做人难。

> 注释

1 冀:希望。2 嬖:bì,宠爱。3 苍头:仆人。

> 启迪

徐德言(生卒年不详),南北朝时江南才子。梁陈间大诗人徐陵之孙。

古人言,宁为太平狗,不做乱世人。灾荒、瘟疫、战争等天灾人祸,致使民不聊生。徐德言、乐昌公主二人劫后余生,已属不易,又能重聚,乃难得的佳话。

杨素(544—606)被他二人的真情所打动,派人将徐德言召入府中,使失散夫妻团圆,并赠钱财。杨素在这个故事中是一个笃礼重义的人物(不像评书《隋唐演义》中描写的是个色鬼)。

徐德言的"镜与人俱去,镜归人不归",叙事清晰,内涵丰富,使用对比、类比手法,表现心情无限悲凉、无比沉痛;陈氏的"笑啼俱不敢,方验作人难",欲笑欲啼、忍笑忍啼、惧笑惧啼,符合身份,符合场景,真情实感,真言实意,都是难得的好诗。

杨素还曾推荐李百药、李靖,也是宽容、惜才、成人之美的事。

"破镜重圆"今比喻夫妻失散或离异后重又团聚。

梁鸿与孟光的故事

梁鸿字伯鸾,扶风平陵人也。势家慕其高节,多欲女之,鸿并绝不娶。同县孟氏有女,状

> 简述

孟家有一个女儿,身体肥胖,容貌丑陋,面色黝黑,而力气很大,能

肥丑而黑,力举石臼,择对不嫁,至年三十。父母问其故。女曰:"欲得贤如梁伯鸾者。"鸿闻而娉[1]之。女求作布衣、麻屦[2],织作筐、缉绩之具。及嫁,始以装饰入门。七日而鸿不答。妻乃跪床下请曰:"窃闻夫子高义,简斥数妇,妾亦偃蹇[3]数夫矣。今而见择,敢不请罪?"鸿曰:"吾欲裘褐[4]之人,可与俱隐深山者尔。今乃衣绮缟[5],傅粉墨,岂鸿所愿哉?"妻曰:"以观夫子之志耳。妾自有隐居之服。"乃更为椎髻[6],着布衣,操作而前。鸿大喜曰:"此真梁鸿妻也。能奉我矣!"字之曰德曜,名孟光。

遂至吴,依大家皋伯通,居庑下[7],为人赁舂[8]。每归,妻为具食,不敢于鸿前仰视,举案齐眉。(见范晔《后汉书·梁鸿传》)

把石臼举起来。父母问她:"你到底要嫁给什么样的人呢?"孟女回答说:"我要嫁给德行文才像梁伯鸾那样的人。"这话传到梁鸿的耳朵里,他立刻下聘礼,求娶孟女为妻。可是,婚后七天,梁鸿不和孟氏讲话。孟氏感到奇怪,又感到委屈,就跪在床下说:"妾听说夫子重气节操守,曾经回绝过许多女子的求婚。妾也是婚事屡遭挫折,几个男子提亲都没有答应。如今被夫子选中,却不知什么地方有所得罪?"梁鸿说:"我所求的妻子是穿粗布衣服、能吃苦的人,这样的人才能和我一起隐居山林之中。现在你身上穿着精美的丝绸衣服,脸上浓施粉黛,所以很是失望。"孟氏于是穿上粗布衣服,梳成椎形发髻,梁鸿大喜。

后避居吴地,投奔一个富庶之家,过着男耕女织的生活。每当梁鸿回家时,孟光总是把放有饭菜的盘子托起,跟眉毛齐平,恭敬地送到梁鸿面前,梁鸿也很有礼貌地用双手去接。

注释

1 娉:即聘,订婚。 2 屦:jù,用麻、葛等做成的鞋。 3 偃蹇:yǎn jiǎn,傲慢。 4 裘褐:qiú hè,粗陋的衣服。 5 绮缟:qǐ gǎo,精美而有花纹的丝织品。 6 椎髻:zhuī jì,是一种椎形的发髻。 7 庑下:wǔ xià,堂下周围的走廊、廊屋、厢房。 8 赁舂:lìn chōng,受雇为人舂米。

生活:家和万事兴

> **启迪**

梁鸿(约25—约104),字伯鸾,东汉隐士、诗人。

孟光羡慕德行文才俱佳的梁鸿,梁鸿喜欢椎髻、布衣的孟光。二人婚后过着男耕女织的自在生活。梁鸿回家时,孟光总是把做好的饭菜放在托盘中,高高举起,跟眉毛齐平,恭敬地请梁鸿食用。"举案齐眉"由此而来,赞扬夫妻恩爱,相敬如宾。

梁鸿有《五噫歌》传世。诗曰:"陟彼北芒兮,噫! 顾瞻帝京兮,噫! 宫阙崔巍兮,噫! 民之劬劳(劬劳,qú láo,劳累;劳苦)兮,噫! 辽辽未央兮,噫!"抨击朝廷,同情百姓,受到好评。陆游《读后汉书》:"赁舂老子吾所慕,垂世文章宁在多? 诗不删来二千载,世间惟有《五噫歌》。"

高价买个好邻居

初,宋季雅罢[1]南康郡,市[2]宅居僧珍宅侧。僧珍问宅价,曰"一千一百万"。怪其贵,季雅曰:"一百万买宅,千万买邻。"及僧珍生子,季雅往贺,署函曰"钱一千"。阍人[3]少[4]之,弗为通,强之乃进。僧珍疑其故,亲自发,乃金钱也。

遂言于帝,陈其才能,以为壮武将军、衡州刺史。将行,谓所亲曰:"不可以负吕公。"在州大有政绩。(见李延寿《南史·吕僧珍传》)

> **简述**
>
> 有位名叫宋季雅的官员告老还乡后,把吕僧珍私宅邻家的一幢房子买下来。吕僧珍问他买这幢房子花了多少钱,宋季雅回答说:"共花了一千一百万。"吕僧珍听了大吃一惊,"要一千一百万,怎么会这么贵?"宋季雅笑着回答说:"其中一百万是买房屋,一千万是买邻居。"吕僧珍听后想了一会儿总算明白了。

注释

1 罢:辞职或免官。 2 市:买,购买。 3 阍人:hūn rén,守门人。 4 少:以……为少。

启迪

宋季雅(生卒年不详),曾任衡州刺史。

吕僧珍(453—511),梁武帝时曾任辅国将军、步兵校尉,是梁武帝的心腹大臣。

吕僧珍在禁中值班,盛夏也不敢解开衣扣。在梁武帝身边,总是敛神屏息,恭敬谨慎,招待用的果馔,他未尝动过。有一次,因喝醉了酒才拿了一只柑子吃掉,梁武帝看见眉飞色舞地说:"你这是大有进步啊!"

宋季雅"千万买邻",为的是与品德高尚的吕僧珍作伴。

孔子说:"德不孤,必有邻。"意思是说,有道德的人是不会孤立的,一定会有志同道合的人与他为伴。孔子又说:"里仁为美。择不处仁,焉得知(知,即智)?"意思是说,和有仁德的人同住一个里巷就是好。选择住址,不选择邻里,怎么能说是聪明呢?

《左传》说,亲仁善邻;《礼记》说,讲信修睦;俗话说,远亲不如近邻。

一般说来,每个家庭都会有邻居,与邻为善,建立和谐的邻里关系,是每个家庭的愿望,也是家庭幸福生活的外延、外溢。"治家严,家乃和;居乡恕,乡乃睦",这是古人观察乡邻生活得到的结论。

班固兄妹亲情浓

父彪卒,归乡里。固以彪所续前史未详,乃潜精研思,欲就其业。既而有人上书显宗,告固私改作国史者,有诏下郡,收固系京

简述

父亲班彪去世,班固回到家乡。班彪继《史记》所写史书还不

兆狱,尽取其家书。固弟超恐固为郡所核考,不能自明,乃驰诣阙上书,得召见,具言固所著述意,而郡亦上其书。显宗奇之,除兰台令史。帝乃复使终成前所著书。(见范晔《后汉书·班固传》)

超妹昭上书请超曰:"超年最长,今且七十。衰老被[1]病,头发无黑,两手不仁,耳目不聪明,扶杖乃能行……缘陛下以至孝理天下,得万国之欢心,不遣小国之臣,况超得备侯伯之位,故敢触死为超求哀,丐[2]超余年。一得生还,复见阙庭,使国永无劳远之虑,西域无仓卒[3]之忧,超得长蒙文王[4]葬骨之恩,子方[5]哀老之惠。《诗》云:'民亦劳止,汔[6]可小康。惠此中国,以绥[7]四方。'妾诚伤超以壮年竭忠孝于沙漠,疲老则便捐死于旷野,诚可哀怜。妾愚戆[8]不知大义,触犯忌讳。"书奏,帝感其言,乃征超还。(见范晔《后汉书·班超传》)

够详备,于是班固潜心精思,研究史料,想成就父亲的事业。可是有人上书给显宗皇帝,告班固"私改作国史",显宗下诏书,收捕班固系押在京兆狱中。班固的弟弟班超害怕班固被逼供,不能申明事实,急忙奔赴京都,到皇宫向皇上上书,得到皇帝的召见。班超全面细致地说明了班固所著书的内容、意义。这时郡府把班固所写之书呈给显宗。显宗看书以后,很是欣赏,授班固兰台令史,赐予班固修史的权利。

班超立功异域,封定远侯。他在西域三十年,年老思乡,要回故土。但皇帝没有同意。于是,班昭上书皇上,她夸赞皇上英明仁孝,描绘班超衰老之态,还引用《诗经》的话帮助说理,"老百姓通过劳动,可以得到小康。先施恩惠于中国,然后乃安定四方",从国家利益的高度,说明班超应该回乡。"帝感其言",班超结束三十一年的绝域生活,终于叶落归根。

注释

1 被:加,加上。 2 丐:乞求。 3 卒:即猝。 4 文王:即周文王姬昌(约前1152—约前1056),姬姓,名昌。周朝奠基者,周太王之孙,季历之子,周武王之父。又称周侯、西伯、姬伯。姬昌建灵台(天文台)时,掘出死人骨骸,命令高规格厚葬。 5 子方:即田子方,魏国国君魏文侯的师傅。劝说魏文侯不要遗弃自

己使用过多年的老马,魏文侯遂将老马继续喂养。6 汔:qì,接近,庶几。7 绥:suí,安抚,使平定。8 戆:gàng,鲁莽。

> 启迪

班彪(3—54),史学家,班固父亲。有《史记后传》等。

班超(32—102),军事家、外交家。班固弟弟。

班昭(49—约120),班固、班超之妹,号"曹大家",爱好历史,完成班固未竟的《汉书》。

班昭说:"故敢触死为超求哀。""触死"是"犯死罪"的意思。

班超"驰诣阙上书",班昭"上书请超",都可能得罪皇上,得罪皇上后果不堪设想。而为救亲人,他们都是冒死为之。

班超救援班固,班昭声援班超,兄妹血浓于水,情高于天。

曹植七步成诗

文帝[1] 尝令东阿王[2] 七步中作诗,不成者行大法[3]。应声便为诗曰:"煮豆持作羹,漉[4] 菽[5] 以为汁。萁[6] 在釜下然[7],豆在釜中泣;本自同根生,相煎何太急?"帝深有惭色。(见刘义庆《世说新语·文学》)

> 简述

曹植诗说:煮熟豆子做成羹,滤去豆瓣留下汁。豆秸(jiē)在锅底下燃烧,豆子在锅里面哭泣。豆子和豆秸本来是同一条根上生长出来的,豆秸为什么要这样残酷地迫害豆子呢?

生活:家和万事兴

> 注释

1 文帝:指曹丕。 2 东阿王:指曹植。明帝曹叡把曹植贬到东阿,故后人习惯上称曹植为东阿王。 3 大法:死刑。 4 漉:lù,滤。 5 菽:shū,豆类总称。 6 萁:qí,豆秆,豆秸。 7 然:即燃。

> 启迪

诗中的"同根生",是兄弟,"萁燃豆泣",是兄弟相残,妙用比喻,通俗易懂。诗中带有控诉,也包含规劝,但又很有分寸,所以,曹丕无法挑剔,而"深有惭色"。《三国演义》作者则这样描写:"曹丕闻之,潸然泪下。"

南朝宋文学家谢灵运曾说:"天下才有一石,曹子建独占八斗。"清初王士禛也曾说,汉魏以来两千年间诗家堪称"仙才"者,曹植、李白、苏轼三人耳。曹植文思敏捷,才气超群,是一位"捷才"。作《七步诗》时,曹植压力巨大,时间很短,把握分寸难,主题确定更不容易,而他临危不惧,处变不惊,急中生智,出色地完成了"七步中作诗"的艰巨任务。不是"仙才"怎么可能做到?

《诗经·小雅》中有一首诗叫《常(即棠)棣》,是歌颂兄弟之情的名作。"常棣之华,鄂不铧铧(wěi wěi),凡今之人,莫如兄弟。"(承华者曰鄂。不,当作拊。拊,鄂足也。铧铧,光明也)常棣花的一个花萼托着好几朵花,几朵花一起开放,灿烂光明,这就如同同根共生的兄弟在一起那样。"兄弟既具,和乐且孺",兄弟团聚,总是相亲相爱,亲热温暖,"兄弟既翕,和乐且湛",兄弟相聚,永远欢乐和好。

中华传统一向看重手足之情。《七步诗》的真伪是有争议的,而《七步诗》及其故事的流传,对曹丕的形象产生了相当大的负面影响。

《全唐诗》收录《黄台瓜辞》,诗云:"种瓜黄台下,瓜熟子离离。一摘使瓜好,再摘使瓜稀。三摘犹自可,摘绝抱蔓归。"作者是章怀太子李贤。他在这首五言古诗中说:"摘绝抱蔓归",奉劝母后武则天不要对亲生儿女们赶尽杀绝。

少有所诵:从经典中汲取力量

水调歌头寄托兄弟深情

丙辰中秋,欢饮达旦,大醉,作此篇,兼怀子由。

明月几时有?把酒问青天。不知天上宫阙,今夕是何年。我欲乘风归去,又恐琼楼玉宇,高处不胜寒。起舞弄清影,何似在人间。

转朱阁,低绮户,照无眠。不应有恨,何事长向别时圆?人有悲欢离合,月有阴晴圆缺,此事古难全。但愿人长久,千里共婵娟[1]。(见苏轼《东坡乐府》)

离别一何久,七度过中秋。去年东武今夕,明月不胜愁。岂意彭城[2]山下,同泛清河古汴,船上载凉州。鼓吹助清赏,鸿雁起汀洲。

坐中客,翠羽帔[3],紫绮裘。素娥[4]无赖,西去曾不为人留。今夜清尊对客,明夜孤帆水驿,依旧照离忧。但恐同王粲[5],相对永登楼。(见苏辙《苏文定公集》)

余去岁在东武,作《水调歌头》以寄子由。今年子由相从彭门居百余日,过

简述

苏辙与苏轼在彭门同住百余日,过了中秋节,苏辙用《水调歌头》和韵"明月几时有"以告别哥哥:我们离别的太久了,已经是七次中秋。去年的今天在东武之地,我望着明月,愁绪万千。没想到在彭城山下,一起泛舟古汴河上,同去凉州。有鼓吹助兴,惊起汀上的鸿雁。坐中的客人,穿着华丽。月亮无情,不肯为人留下而西沉。今天晚上有酒待客,明晚又要孤独地住在船上,离愁依旧。就怕像王粲那样,不得返乡,只能登楼相望。

苏轼用同调同韵和苏辙:当年谢安隐居在东海,东山再起鬓发已霜秋。中年难与亲友别,只有音乐可以减轻我的离愁别绪。谢安既出山用世,本想功成名就后再

中秋而去，作此曲以别。余以其语过悲，乃为和之，其意以不早退为戒，以退而相从之乐为慰云耳。

安石[6]在东海，从事鬓惊秋。中年亲友难别，丝竹缓离愁。一旦功成名遂，准拟东还海道，扶病入西州。雅志困轩冕[7]，遗恨寄沧洲。

岁云暮，须早计，要褐裘。故乡归去千里，佳处辄迟留。我醉歌时君和，醉倒须君扶我，惟酒可忘忧。一任刘玄德，相对卧高楼[8]。（见苏轼《东坡乐府》）

退隐东山。不料抱病还京，未遂初志。入西州城（在今江宁县西）时，深以为憾。做官阻断了隐居的雅志，遗恨寄托于田园山丘。既已年高衰朽，便当及早筹划，要做百姓穿粗裘。故乡迢迢千里，只能选取佳地长住久留。酒醉放歌君相和，醉后倒地君扶我，只有醉时忘忧愁。任凭刘备笑我无大志，我却甘愿身居平地，仰看他高卧百尺楼。

注释

1 婵娟：chán juān，形容姿态美好，古诗文里多用来形容女子，也形容月亮等。此指月亮。2 彭城：即徐州。3 帔：pèi，披在肩背上的服饰。4 素娥：嫦娥的别称。此指月亮。5 王粲："建安七子"之一。《登楼赋》云：悲旧乡之壅隔兮，涕横坠而弗禁。6 安石：谢安（320—385），字安石。东晋时期政治家、名士。7 轩冕：古时大夫以上官员的车乘和冕服。借指官位爵禄。8 一任刘玄德，相对卧高楼：《三国志》卷七《陈登传》：许汜道："我去拜见元龙，元龙躺在大床上，让我睡在下面的小床上。"刘备说："你求田问舍，不关心国事，如果是我，我就躺在百尺高楼上，让你睡在地上，哪里只是大床小床之分？"

启迪

苏辙（1039—1112），曾任尚书右丞、门下侍郎等职，位列执政。文学家，位列"唐宋八大家"。与父亲苏洵、兄长苏轼合称"三苏"。

苏辙

苏轼、苏辙兄弟情深。同调《水调歌头》三首,字字真情,句句深情,篇篇挚情。

"但愿人长久,千里共婵娟",空间隔不断亲情。

"我醉歌时君和,醉倒须君扶我",兄弟亲密无间。

苏轼《狱中寄子由》说:与君世世为兄弟,更结来生未了因。

天下第一孝

舜父瞽叟[1]盲,而舜母死,瞽叟更娶妻而生象,象傲。瞽叟爱后妻子,常欲杀舜,舜避逃;及有小过,则受罪。舜顺适不失子道,兄弟孝慈。欲杀,不可得;即求,尝在侧。

尧乃赐舜絺[2]衣,与琴,为筑仓廪[3],予牛羊。瞽叟尚复欲杀之,使舜上涂廪,瞽叟从下纵火焚廪。舜乃以两笠自扞[4]而下,去[5],得不死。后瞽叟又使舜穿井,舜穿井为匿空旁出。舜既入深,瞽叟与象共下土实井,舜从匿空出,去。瞽叟、象喜,以舜为已死。象曰:"本谋者象。"象与其父母分,于是曰:"舜妻尧二女,与琴,象取之。牛羊仓廪予父母。"象乃止舜宫居,鼓其琴。

简述

舜得到尧的赏赐后,瞽叟、瞽叟的后妻、象还是想杀掉舜,霸占这些财物。瞽叟让舜修补仓房的屋顶,却在下面纵火焚烧仓房。舜靠两只斗笠作翼,从房上跳下,幸免于难。瞽叟又让舜掘井,井挖得很深了,瞽叟和象就在上面填土,要将舜活埋在里面。幸亏舜事先有所警觉,在井筒旁边挖了一条暗道,从暗道逃了出来。瞽叟和象以为阴谋得逞,象说:"主意是我象想出来的,东西要这样分:舜的妻子(尧的两个女儿)给我做妻子,尧赐的琴归我,牛羊和仓房给父母。"象住进了舜的房子,弹奏舜的琴。舜回到家,象大吃一惊,很不高兴,嘴里却说:"我正思念你呢!我郁闷着呢!"舜也不放在舜往见之。象鄂[6]不怿[7],曰:"我思舜正郁陶!"舜曰:"然,尔其庶矣!"舜复事瞽叟爱弟弥谨。(见司马迁《史记·五帝本纪》)

心上,说,你真够兄弟。舜一如既往,友于兄弟,孝顺父母,而且比以前更加诚恳谨慎。

后来舜登天子位,去看望父亲,遵循为子之孝道,并封象为诸侯。

注释

1 瞽叟:gǔ sǒu,指舜的父亲,因双目失明故称"瞽叟"。 2 絺:chī,细葛布。 3 廪:lǐn,粮仓。 4 扞:hàn,即捍,保护。 5 去:离开。 6 鄂:è,即愕,惊愕。 7 怿:yì,欢喜,高兴。

启迪

尧(约前2377—前2259),传说中父系氏族社会后期部落联盟领袖。帝喾(kù)之子,祁姓,名放勋,原封于唐,故称陶唐氏。

舜(约前2128—约前2025),姚姓,有虞氏,名重华,谥舜,又称虞舜。传说中父系氏族社会后期部落联盟领袖。"二十四孝"之一。舜与黄帝、颛顼、帝喾、尧合称"五帝"。尧命舜摄政。尧去世后舜继位,选拔治水有功的禹为继承人。

舜,"年二十以孝闻"。"父顽,母嚚(yín,愚蠢而顽固),弟傲",父亲愚昧拙劣,母亲愚蠢顽固,弟弟乖张凶狠,这是什么样的家庭生活环境?但这些不妨碍舜孝顺父母,友于兄弟,成为"至孝"之人。

孔子说:舜其大孝也与! 又说:故大德者必受命。

舜的孝行,常人确实难以企及。但说舜的孝行能感动天地,感染禽兽,我们当然会怀疑其真实性。不过,作为人子、人兄,舜的宽容、忍让、大度还有智慧是能给我们启发的,是值得我们学习的。这里说的"智慧"是指,父亲他们想杀掉舜的时候,就找不到他,遇到险情时,他也能躲避;而有事要找舜的时候,他又能及时出现,尽心侍候。

少有所诵：从经典中汲取力量

闵损孝顺后母

闵损,字子骞,鲁人也。父娶后妻,生二子。骞供养父母,孝敬无怠[1]。后母嫉子,所生亲子,衣加棉絮,子骞与芦花絮衣,其父不知。冬月,遣子御车,骞不堪甚,骞手冻,数失靷[2],父乃责之,骞终不自理。父密察之,知骞有寒色,父以手扶之,见衣甚薄,毁而观之,始知非絮。后妻二子,纯衣以棉。父乃悲叹,遂遣[3]其妻。子骞雨泪前白父言："母在一子寒,母去三子单,愿大人思之。"父惭而止,后母改过,遂以三子均平,衣食如一,得成慈母。孝子闻于天下。（见敦煌遗书《孝子传》）

简述

闵损生母早死,父亲娶了后妻,又生了两个儿子。继母经常虐待闵损,冬天,继母给两个弟弟穿着用棉花做的冬衣,却给闵损穿用芦花做的"棉衣"。一天,闵损和父亲一同出门,驾车时冷得全身打颤,手中的绳子掉落地上,遭到父亲的斥责。后父亲发现闵损直打哆嗦,手摸其背,衣服很薄,撕裂衣服,里面竟然是芦花。父亲方知闵损受到虐待。父亲返回家,要休逐后妻。闵损跪求父亲饶恕继母,说："留下母亲只是我一个人受冷,休了母亲三个孩子都要挨冻。"父亲十分感动,就依从了他。继母听了闵损的一席话,知错,悔恨,从此视闵损如己出,像对待亲子一样对待闵损。

注释

1 怠:怠慢,不敬。2 靷:yǐn,拴在车轴上拉着车前进的皮带。3 遣:使离去,休逐。

生活：家和万事兴

> 启迪

闵损（前536—前487），名损，字子骞（qiān）。孔子弟子。"孔门十哲"之一，"二十四孝"之一。

"父乃责之，骞终不自理"，父亲责怪，子骞只是默默忍受，而没有乘机控告后母。"雨泪前白父"，泪如雨下禀告父亲，情真意切。"母在一子寒，母去三子单"，识大体，有格局，善劝说，父亲接受了他的意见。

《史记》记载闵损事迹。

《论语》中，孔子高度赞扬闵损："孝哉，闵子骞！"

闵损

茅容杀鸡奉母

茅容年四十余，耕于野，时与等辈避雨树下，众皆夷踞¹相对，容独危坐²愈恭。林宗行见之而奇³其异，遂与共言，因请寓宿。旦日，容杀鸡为馔⁴，林宗谓为己设，既而以供其母，自以草疏与客同饭，林宗起拜之曰："卿贤乎哉！"因劝令学，卒以成德。（见

> 简述

茅容已经四十多岁了，有一天，他在郊野耕田。忽然下雨了，做农活的人都到树底下避雨。一班人都是东倒西歪、随随便便地坐着，只有茅容端端正正地坐着，坐姿十分恭敬。这时候郭泰路过看见了，觉得很奇怪，就过去与茅容交谈，后又请求到茅容家里去过夜，他想观察观察茅容。第二天，茅容杀了一只鸡，做成菜。郭泰见了，以为是请自己吃的。但到吃饭时，茅容把鸡送给自己的母亲吃，自己和郭泰一同吃着蔬菜。郭泰看茅容

范晔《后汉书·郭泰传》| 如此孝顺母亲,向茅容下拜,说:你品质很好,你能够这样,我们可以成为朋友了。于是郭泰鼓励茅容读书游学。后来茅容终于成为道德高尚的名士。

注释

1 夷踞:yí jù,两腿伸直张开坐在地上,形容随便,不拘礼节。 2 危坐:端坐,正坐。 3 奇:以……为奇。 4 馔:zhuàn,饭食,食用。

启迪

茅容(生卒年不详),字季伟,东汉名士。

林宗(128—169),即郭泰,字林宗,东汉名士,有知人之明,喜欢奖励教育士人。

茅容家条件不好,鸡只能给母亲吃,现在来了客人,他也不改变家里的日常安排,为人很真诚,很实在。郭泰与茅容同吃蔬菜,没有产生不满情绪,因为他懂得不敬父母而敬他人,是悖礼,不爱父母而爱他人,是悖德。如果茅容不顾及母亲,而去迎合客人,反而有违常情,有违常理。所以郭泰带着深情对茅容说:卿贤乎哉(你是一位贤德的人啊)!

《孝经》记孔子论孝,说:"夫孝,德之本也,教之所由生也。"意思是,孝,是一切道德的根本,所有品行的教化都是由孝行派生出来的。

百善孝为先。

能赡养就是孝顺?

子游问孝[1],子曰:"今之孝者,是谓能养[2]。至于

简述

子游问孝,孔子回答说,现在的人啊,

生活:家和万事兴

犬马,皆能有养;不敬,何以³别⁴乎?"(见《论语·为政》)

以为仅仅给父母吃好穿好,把父母养活,让他们衣食无忧就可以叫作孝顺了。其实,连狗和马都有人养活,如果内心没有一份真挚的对父母的尊敬之情,那么赡养父母与养活狗马又有什么区别呢?

注释

1 孝:孝顺,善事父母。古代以尽心奉养和绝对服从父母为孝。 2 养:供养,赡养。 3 何以:以何,用什么,怎么。 4 别:区别,不同。

启迪

子游(前506—前443),即言偃,字子游,春秋时期思想家,"孔门七十二贤"中唯一的南方弟子。孔子称赞言偃,说:"吾门有偃,吾道其南",人称"南方夫子"。

孔子论孝,说:"夫孝者,善继人之志,善述人之事者也。"(见《中庸》)意思是,孝要恰当地继承上辈、先人的志向,恰当地完成上辈、先人的事业。继承志向,完成事业,这是真挚的尊敬,这是深沉的孝!

《礼记》说:"孝有三:大尊尊亲,其次弗辱,其下能养。"又说:"孝子之养也,乐其心,不违其志。"

《孟子》说:"孝子之至,莫大乎尊亲。"

百善孝为先,百孝顺为先,孝顺恭敬,才是最重要的。

言偃

少有所诵:从经典中汲取力量

和颜悦色最难

子夏问孝。子曰:"色难[1]。有事弟子[2]服其劳,有酒食,先生[3]馔[4],曾[5]是[6]以为孝乎?"(见《论语·为政》)

简述

子夏问什么是孝道,孔子说:"侍奉父母经常保持和颜悦色最难。遇到事情,由年轻人去做;有好吃好喝的,让老年人享受,难道这样就是孝吗?"

注释

1 色难:对父母和颜悦色,是最难的。多指对待父母要真心实意,不能只做表面文章。2 弟子:指年幼者,如晚辈、儿女。3 先生:长者或父母。4 馔:吃喝,食用。5 曾:竟,却,难道。6 是:此,这。

启迪

朱熹解释说:"盖孝子之有深爱者,必有和气;有和气者,必有愉色;有愉色者,必有婉容;故事亲之际,惟色为难耳,服劳、奉养未足为孝也。"

固然,服劳、奉养是孝行,但如果脸色难看,这孝行还有意义吗?这孝心还存在吗?古代有人宁可饿死,也不食"嗟来之食",因为他面对的是难看的脸色。

家国之事,个人心绪,都会影响人的表情,所以,"色难"是客观存在的。

但对真孝子而言,不会"色难",行起孝来"容易"。

"孝,礼之始也","孝行,乃积习礼仪而成";孝生敬,敬生礼,礼生和,和为贵,家和万事兴;家国和睦、祥和、兴旺发达。

生活：家和万事兴

慈乌反哺报亲

慈乌[1]反哺[2]以报亲，在虫鸟其[3]尚尔[4]。（见梁武帝《孝思赋》）

此鸟[5]初生，母哺六十日，长则反哺六十日。（见李时珍《本草纲目·禽部》）

简述

乌鸦反哺的故事口口相传，典籍也多有记载。大致意思是，小乌鸦长大以后，老乌鸦不能飞了，不能自己找食物了，小乌鸦会反过来找食物喂养它的母亲。

注释

1 慈乌：乌鸦的一种。相传此鸟能反哺其母，故称。2 反哺：此指乌鸦长大后会衔食喂养母乌鸦。比喻子女成长后奉养父母，报答亲恩。3 其：助词，起强调作用。4 尚尔：仍然，尚且如此。5 此鸟：指慈乌。

启迪

中国自古有"孝"的传统，"反哺情结"至今有其积极意义。

与反哺故事一同流传的，还有"羊跪乳"和"孝鱼"故事。羔羊跪地吸乳，比喻孝行。黑鱼"以身报母"更是孝义。类比是一种思维方式。天上乌鸦、地上羔羊、水里黑鱼都有"孝性"，都有"孝心"，都有"孝行"，"在虫鸟其尚尔"，禽鸟虫鱼都能如此，身为"万物之灵长"的人怎么能不孝顺父母长辈？

孟郊有《游子吟》诗："慈母手中线，游子身上衣。临行密密缝，意恐迟迟归。谁言寸草心，报得三春晖。"它是一首千百年来广为传诵的母爱颂歌。"临行密密缝"，生活小事，生活细节，充分表现了母亲的深挚情感。"谁言寸草心，报得三春晖"，游子无限感激，游子要回报春阳般温暖、和煦的慈母恩情。这就是"反哺"之情。

能孝顺自己的父母长辈,为什么不能推而广之?所以,孟子说,老吾老以及人之老,幼吾幼以及人之幼。

不过,黑鱼"以身报母"故事,是古人因观察不精确而产生的错误认知。

苏东坡在弥留时

琳叩耳大声云:"端明[1]宜[2]勿忘。""西方不无,但个里[3]着力不得。"世雄云:"固先生平时履践[4],至此更须着力。"曰:"着力即差。"语绝而逝。(见傅藻《东坡纪年录》)

简述

东坡在弥留之际依然神志清明,好友维琳方丈告诉苏东坡:往生西方的事不能忘了。苏东坡回答说:西方不是没有,但我这里不能用力。好友钱世雄也在旁边劝说:这本来就是你平日信佛所做的事,到这个时候更要用力。苏东坡居然用最后一口气回答:如果用力就错了。说完这话,东坡就去世了。

注释

1 端明:苏轼曾以"端明殿学士兼翰林侍读学士"出知定州,所以维琳方丈称他端明。2 宜:应该。3 个里:其中,此中,里面。指心里。4 履践:踩踏,履行实践。

启迪

东坡弥留时的表现,是拒绝皈依西方净土。他对生、老、病、死有透彻理解,他对生命意义有深层领悟,所以能在生命垂危时有足够的力量来抵御进入极乐世界的诱惑。"浮云世事改,孤月此心明",他面对死亡不违本心,他的精神家园始终都在人世间。

我们会想到王阳明(1472—1529)的《中秋》诗:"吾心自有光明月,千古

生活:家和万事兴

团圆永无缺。"王阳明临终前说:"此心光明,亦复何言!"此状态、语言与东坡弥留时又何其相似?

明代陈继儒说:"透得名利关,方是小休歇;透得生死关,方是大休歇。"苏轼既看透名利,又看透生死,自然也看透了人间、天上。

百 年 人 生

人生十年曰[1]幼,学。二十曰弱[2],冠[3]。三十曰壮,有室[4]。四十曰强[5],而仕。五十曰艾[6],服[7]官政[8]。六十曰耆[9],指使[10]。七十曰老[11],而传[12]。八十、九十曰耄[13],七年曰悼[14],悼与耄,虽有罪,不加刑焉。百年曰期[15],颐[16]。(见戴圣《礼记·曲礼》)

简述

男子长到十岁叫作幼,这时候该出外上学了;二十岁叫作弱,这时候就该加冠了;三十岁叫作壮,这时候就该娶妻了;四十岁叫作强,这时候就该做官了;五十岁叫作艾,这时候就该参与国家的政事了;六十岁叫作耆,这时候就该役使他人了;七十岁叫作老,这时候就该把家事交给儿孙掌管了;八十、九十岁的人叫作耄,七岁的孩子叫作悼。被称为耄与悼的老人和幼儿,即令有罪,也不对他们判刑。百岁老人叫做期,儿孙要尽心加以供养。

注释

1 曰:称作,叫作。2 弱:身体尚未强壮。3 冠:加冠,成人礼。4 室:妻子。5 强:智虑强和气力强。6 艾:ài,发已苍白如艾草,老年;对老年人的敬称。7 服:担负,做。8 官政:国家的政事;专职的长官。9 耆:qí,本指六十岁的老人,后为对老人的通称。10 指使:不做具体事情,指使别人做。11 老:指年纪大的人,老年人。12 传:zhuàn,将家务交托给子孙。13 耄:mào,视力、智力衰退,指八十、九十岁的年纪,泛指老年。14 悼:dào,年幼之人。15 期:极,限度。

16 颐:yí,供养,养。

> 启迪

其一,人生短暂,需万分珍惜。

汉代人感叹:生年不满百。曹操直问:人生几何?陶渊明说:岁月不待人。范仲淹说:人世都无百岁。王观更有《红芍药》词,说:人生百岁,七十稀少。更除十年孩童小。又十年昏老。都来五十载,一半被、睡魔分了。

其二,什么年龄做什么事,做属于这个年龄该做的事。

青年人是散文诗,有时是探索诗;老年人是律诗,有时是杜甫的诗。

青年人做保守党,是没有血性,没心没肺;老年人做自由党,是没能成熟,没头没脑。

青年人,应做儒家,敦品励行,入世努力,追求事业理想;老年人,可做道家,清虚自守,出世逍遥,享用诗酒田园。

附　　录

附录一　名言荟萃

知人者智,自知者明。(《老子》)

合抱之木,生于毫末;九层之台,起于累土;千里之行,始于足下。(《老子》)

投我以木瓜,报之以琼琚。(《诗经》)

言之者无罪,闻之者足以戒。(《诗经·大序》)

满招损,谦受益。(《尚书》)

为山九仞,功亏一篑。(《尚书》)

穷则变,变则通,通则久。(《易经》)

凡事豫则立,不豫则废。(《礼记》)

爱而知其恶,憎而知其善。(《礼记》)

十目所视,十手所指,其严乎(《礼记》)

水至清则无鱼,人至察则无徒。(《礼记》)

玉不琢,不成器;人不学,不知道。(《礼记》)

言必信,行必果。(《论语》)

敏而好学,不耻下问。(《论语》)

学而不厌,诲人不倦。(《论语》)

十室之邑,必有忠信。(《论语》)

人无远虑,必有近忧。(《论语》)

己所不欲,勿施于人。(《论语》)

君子欲讷于言而敏于行。(《论语》)

往者不可谏,来者犹可追。(《论语》)

温故而知新,可以为师矣。(《论语》)

君子喻于义,小人喻于利。(《论语》)

君子求诸己,小人求诸人。(《论语》)

工欲善其事,必先利其器。(《论语》)

君子成人之美,不成人之恶。(《论语》)

学而不思则罔,思而不学则殆。(《论语》)

不患人之不己知,患不知人也。(《论语》)

不患人之不己知,患其不能也。(《论语》)

知者不惑,仁者不忧,勇者不惧。(《论语》)

三军可夺帅也,匹夫不可夺志

也。(《论语》)

知之者不如好之者,好之者不如乐之者。(《论语》)

其身正,不令而行;其身不正,虽令不从。(《论语》)

仁以为己任,不亦重乎!死而后已,不亦远乎!(《论语》)

三人行,必有我师焉。择其善者而从之,其不善者而改之。(《论语》)

众心成城,众口铄金。(《国语》)

从善如登,从恶如崩。(《国语》)

前事不忘,后事之师。(《战国策》)

风萧萧兮易水寒,壮士一去兮不复还!(《战国策》)

见兔而顾犬,未为晚也;亡羊而补牢,未为迟也。(《战国策》)

皮之不存,毛将焉附?(《左传》)

末大必折,尾大不掉。(《左传》)

外举不弃仇,内举不失亲。(《左传》)

居安思危,思则有备,有备无患。(《左传》)

人谁无过,过而能改,善莫大焉。(《左传》)

得天下英才而教育之。(《孟子》)

不以规矩,不能成方圆。(《孟子》)

得道者多助,失道者寡助。(《孟子》)

民为贵,社稷次之,君为轻。(《孟子》)

天时不如地利,地利不如人和。(《孟子》)

穷则独善其身,达则兼善天下。(《孟子》)

一日暴之,十日寒之,未有能生者也。(《孟子》)

老吾老以及人之老;幼吾幼以及人之幼。(《孟子》)

自暴者,不可与有言也;自弃者,不可与有为也。(《孟子》)

富贵不能淫,贫贱不能移,威武不能屈。此之谓大丈夫。(《孟子》)

天将降大任于是人也,必先苦其心志,劳其筋骨,饿其体肤,空乏其身,行拂乱其所为。(《孟子》)

吾生也有涯,而知也无涯。(《庄子》)

一尺之棰,日取其半,万世不竭(《庄子》)

君子之交淡若水,小人之交甘若醴。(《庄子》)

玉在山而草木润。(《荀子》)

蓬生麻中,不扶而直。(《荀子》)

青,取之于蓝,而青于蓝。(《荀子》)

天行有常,不为尧存,不为桀亡。(《荀子》)

目不能两视而明,耳不能两听而聪。(《荀子》)

骐骥一跃,不能十步;驽马十驾,功在不舍。(《荀子》)

积土成山,风雨兴焉;积水成渊,蛟龙生焉。(《荀子》)

不登高山,不知天之高也;不临深溪,不知地之厚也。(《荀子》)

无冥冥之志者,无昭昭之明;无惛惛之事者,无赫赫之

功。(《荀子》)

入于泽而问牧童,入于水而问渔师。(《吕氏春秋》)

察己则可以知人,察今则可以知古。(《吕氏春秋》)

鸟飞反故乡兮,狐死必首丘。(屈原)

新沐者必弹冠,新浴者必振衣。(屈原)

长太息以掩涕兮,哀民生之多艰。(屈原)

亦余心之所善兮,虽九死其犹未悔。(屈原)

路曼曼其修远兮,吾将上下而求索。(屈原)

吾不能变心以从俗兮,固将愁苦而终穷。(屈原)

当时而立法,因事而制礼。(《商君书》)

一年之计,莫如树谷;十年之计,莫如树木;百年之计,莫如树人。(《管子》)

一叶落知天下秋。(《淮南子》)

富而不骄,贵而不舒。(《史记·五帝本纪》)

前事之不忘,后事之师也。(《史记·秦始皇本纪》)

大行不顾细谨,大礼不辞小让。(《史记·项羽本纪》)

运筹帷幄之中,决胜千里之外。(《史记·高祖本纪》)

家贫则思良妻,国乱则思良相。(《史记·魏世家》)

当断不断,反受其乱。(《史记·齐悼惠王世家》)

飞鸟尽,良弓藏;狡兔死,走狗烹。(《史记·越王勾践世家》)

燕雀安知鸿鹄之志哉。(《史记·陈涉世家》)

良药苦口利于病,忠言逆耳利于行。(《史记·留侯世家》)

仓廪实而知礼节,衣食足而知荣辱。(《史记·管晏列传》)

物有必至,事有固然。(《史记·孟尝君列传》)

能行之者未必能言,能言之者未必能行。(《史记·孙子吴起列传》)

此一人之身,富贵则亲戚畏惧之,贫贱则轻易之,况众人乎!(《史记·苏秦列传》)

众口铄金,积毁销骨。(《史记·张仪列传》)

顾小而忘大,后必有害;狐疑犹豫,后必有悔。(《史记·李斯列传》)

败军之将,不可以言勇。(《史记·淮阴侯列传》)

智者千虑,必有一失;愚者千虑,必有一得。(《史记·淮阴侯列传》)

桃李不言,下自成蹊。(《史记·李将军列传》)

千金之裘,非一狐之腋也;台榭之榱,非一木之枝也;三代之际,非一士之智也。(《史记·刘敬叔孙通列传》)

家累千金,坐不垂堂。(《史记·司马相如列传》)

士为知己者死,女为悦己者容。(《史记·刺客列传》)

鸟之将死,其鸣也哀;人之将死,其言也善。(《史记·滑稽列传》)

祸不妄至,福不徒来。(《史记·龟策列传》)

见人不正,虽贵不敬也;见人有污,虽尊不下也。(《史记·日者列传》)

天下熙熙,皆为利来;天下攘攘,皆为利往。(《史记·货殖列传》)

少壮不努力,老大徒伤悲。(《长歌行》)

男儿要当死于边野,以马革裹尸还葬耳,何能卧床上在儿女子手中邪?(马援)

大丈夫无它志略,犹当效傅介子、张骞立功异域,安能久事笔砚间乎?(班超)

十步之内,必有芳草;十室之邑,必有俊士。(王符)

老骥伏枥,志在千里。烈士暮年,壮心不已。(曹操)

静以修身,俭以养德。(诸葛亮)

鞠躬尽瘁,死而后已。(诸葛亮)

勿以恶小而为之,勿以善小而不为。(《三国志·蜀书》)

奇文共欣赏,疑义相与析。(陶渊明)

羁鸟恋旧林,池鱼思故渊。(陶渊明)

采菊东篱下,悠然见南山。(陶渊明)

刑天舞干戚,猛志固常在。(陶渊明)

盛年不重来,一日难再晨;及时当勉励,岁月不待人。(陶渊明)

盲人骑瞎马,夜半临深池。(《世说新语》)

失之东隅,收之桑榆。(《后汉书》)

不入虎穴,焉得虎子?(《后汉书》)

蝉噪林愈静,鸟鸣山更幽。(王籍)

兼听则明,偏信则暗。(魏征)

以铜为镜,可以正衣冠;以古为镜,可以知兴替;以人为镜,可以明得失。(唐太宗李世民)

海内存知己,天涯若比邻。(王勃)

落霞与孤鹜齐飞,秋水共长天一色。(王勃)

老当益壮,宁移白首之心;穷且益坚,不坠青云之志。(王勃)

前不见古人,后不见来者。(陈子昂)

欲穷千里目,更上一层楼。(王之涣)

洛阳亲友如相问,一片冰心在玉壶。(王昌龄)

独在异乡为异客,每逢佳节倍思亲。(王维)

劝君更尽一杯酒,西出阳关无故人。(王维)

天生我材必有用。(李白)

抽刀断水水更流。(李白)

清水出芙蓉,天然去雕饰。(李白)

浮云游子意,落日故人情。(李白)

长风破浪会有时,直挂云帆济沧海。(李白)

仰天大笑出门去,我辈岂是蓬蒿人。(李白)

今人不见古时月,今月曾经照古人。(李白)

安能摧眉折腰事权贵,使我不

得开心颜。（李白）
战士军前半死生,美人帐下犹歌舞。（高适）
莫愁前路无知己,天下谁人不识君?（高适）
人生七十古来稀。（杜甫）
翻手为云覆手雨。（杜甫）
会当凌绝顶,一览众山小。（杜甫）
致君尧舜上,再使风俗淳。（杜甫）
射人先射马,擒贼先擒王。（杜甫）
好雨知时节,当春乃发生。（杜甫）
朱门酒肉臭,路有冻死骨。（杜甫）
感时花溅泪,恨别鸟惊心。（杜甫）
露从今夜白,月是故乡明。（杜甫）
笔落惊风雨,诗成泣鬼神。（杜甫）
出师未捷身先死,长使英雄泪满襟。（杜甫）
尔曹身与名俱灭,不废江河万古流。（杜甫）
无边落木萧萧下,不尽长江滚滚来。（杜甫）
安得壮士挽天河,尽洗甲兵长不用。（杜甫）
为人性僻耽佳句,语不惊人死不休。（杜甫）
安得广厦千万间,大庇天下寒士俱欢颜。（杜甫）
功名只向马上取,真是英雄一丈夫。（岑参）
谁言寸草心,报得三春晖。（孟郊）
春风得意马蹄疾,一日看尽长安花。（孟郊）
大凡物不得其平则鸣。（韩愈）
蚍蜉撼大树,可笑不自量。（韩愈）
少年乐相知,衰暮思故友。（韩愈）
弟子不必不如师,师不必贤于弟子。（韩愈）
跻攀分寸不可上,失势一落千丈强。（韩愈）
业精于勤,荒于嬉;行成于思,毁于随。（韩愈）
无贵无贱,无长无少,道之所存,师之所存也。（韩愈）

莫道桑榆晚,为霞尚满天。（刘禹锡）
千淘万漉虽辛苦,吹尽狂沙始到金。（刘禹锡）
东边日出西边雨,道是无晴却有晴。（刘禹锡）
旧时王谢堂前燕,飞入寻常百姓家。（刘禹锡）
沉舟侧畔千帆过,病树前头万木春。（刘禹锡）
山不在高,有仙则名;水不在深,有龙则灵。（刘禹锡）
野火烧不尽,春风吹又生。（白居易）
在天愿作比翼鸟,在地愿为连理枝。（白居易）
千呼万唤始出来,犹抱琵琶半遮面。（白居易）
同是天涯沦落人,相逢何必曾相识。（白居易）
试玉要烧三日满,辨材须待七年期。（白居易）
文章合为时而著,歌诗合为事而作。（白居易）
时人莫小池中水,浅处不妨有卧龙。（窦庠）
天若有情天亦老。（李贺）
石破天惊逗秋雨。（李贺）
溪云初起日沉阁,山雨欲来风满楼。（许浑）
胜败兵家事不期,包羞忍耻是男儿。（杜牧）

停车坐爱枫林晚,霜叶红于二月花。(杜牧)

清明时节雨纷纷,路上行人欲断魂。(杜牧)

商女不知亡国恨,隔江犹唱《后庭花》。(杜牧)

千里莺啼绿映红,水村山郭酒旗风。南朝四百八十寺,多少楼台烟雨中。(杜牧)

雏凤清于老凤声。(李商隐)

夕阳无限好,只是近黄昏。(李商隐)

天意怜幽草,人间重晚晴。(李商隐)

何当共剪西窗烛,却话巴山夜雨时。(李商隐)

身无彩凤双飞翼,心有灵犀一点通。(李商隐)

春蚕到死丝方尽,蜡炬成灰泪始干。(李商隐)

一将功成万骨枯。(曹松)

读书不觉已春深,一寸光阴一寸金。(王贞白)

问君能有几多愁,恰似一江春水向东流。(李煜)

无可奈何花落去,似曾相识燕归来。(晏殊)

不以物喜,不以己悲。(范仲淹)

先天下之忧而忧,后天下之乐而乐。(范仲淹)

居庙堂之高,则忧其民;处江湖之远,则忧其君。(范仲淹)

惟俭可以助廉,惟恕可以成德。(范纯仁)

近水楼台先得月,向阳花木易为春。(苏麟)

绿杨烟外晓寒轻,红杏枝头春意闹。(宋祁)

醉翁之意不在酒。(欧阳修)

忧劳可以兴国,逸豫可以亡身。(欧阳修)

直须看尽洛阳花,始与春风容易别。(欧阳修)

泪眼问花花不语,乱红飞过秋千去。(欧阳修)

出淤泥而不染,濯清涟而不妖。(周敦颐)

衣带渐宽终不悔,为伊消得人憔悴。(柳永)

知无不言,言无不尽。(苏洵)

泰山崩于前而色不变,麋鹿兴于左而目不瞬,然后可以制利害,可以待敌。(苏洵)

临大事而不乱。(苏轼)

忍小忿而就大谋。(苏轼)

人间有味是清欢。(苏轼)

改过不吝,从善如流。(苏轼)

穷不忘道,老而能学。(苏轼)

但愿人长久,千里共婵娟。(苏轼)

浮云世事改,孤月此心明。(苏轼)

人生如逆旅,我亦是行人。(苏轼)

一点浩然气,千里快哉风。(苏轼)

治身莫先于孝,治国莫先于公。(苏轼)

苟非吾之所有,虽一毫而莫取。(苏轼)

小恶不容于乡,大恶不容于国。(苏轼)

末不可以强于本,指不可以大于臂。(苏轼)

论事易,作事难;作事易,成事难。(苏轼)

大江东去,浪淘尽,千古风流人物。(苏轼)

人生到处知何似,恰似飞鸿踏雪泥。(苏轼)

生前富贵草头露,身后风流陌上花。(苏轼)

枝上柳绵吹又少,天涯何处无芳草。(苏轼)

欲把西湖比西子,淡妆浓抹总相宜。(苏轼)

春宵一刻值千金,花有清香月有阴。(苏轼)

与君世世为兄弟,更结来生未了因。(苏轼)

旧书不厌百回读,熟读深思子自知。(苏轼)

目有昧则视白为黑,心有蔽则以薄为厚。(苏轼)

有意而言,意尽而言止者,天下之至言也。(苏轼)

有笔头千字,胸中万卷,致君尧舜,此事何难!(苏轼)

几时归去,作个闲人。对一张琴,一壶酒,一溪云。(苏轼)

善用兵者先服其心,次屈其力,则兵易解而功易成。(苏轼)

宁可食无肉,不可居无竹;无肉令人瘦,无竹令人俗。(苏轼)

有名而无实,则其名不行;有实而无名,则其实不长。(苏轼)

古之立大事者,不惟有超世之材,亦必有坚忍不拔之志。(苏轼)

恃大而不戒,则轻敌而屡败;知小而自畏,则深谋而必克。(苏轼)

人皆养子望聪明,我被聪明误一生。惟愿孩儿愚且鲁,无灾无难到公卿。(苏轼)

横看成岭侧成峰,远近高低各不同。不识庐山真面目,只缘身在此山中。(苏轼)

君子以俭养德,小人以侈丧躯。(司马光)

只观发言之平易躁狂,便见德之厚薄,所养之深浅。(程颐)

生当作人杰,死亦为鬼雄。(李清照)

莫道不销魂,帘卷西风,人比黄花瘦。(李清照)

三十功名尘与土,八千里路云和月。(岳飞)

接天莲叶无穷碧,映日荷花别样红。(杨万里)

小荷才露尖尖角,早有蜻蜓立上头。(杨万里)

无意苦争春,一任群芳妒。(陆游)

出师一表真名世,千载谁堪伯仲间。(陆游)

纸上得来终觉浅,绝知此事要躬行。(陆游)

壮心未与年俱老,死去犹能作鬼雄。(陆游)

僵卧孤村不自哀,尚思为国戍轮台。(陆游)

山重水复疑无路,柳暗花明又一村。(陆游)

夜阑卧听风吹雨,铁马冰河入梦来。(陆游)

王师北定中原日,家祭无忘告乃翁。(陆游)

位卑未敢忘忧国,事定犹须待阖棺。(陆游)

沾衣欲湿杏花雨,吹面不寒杨

柳风。(释志南)

问渠那得清如许,为有源头活水来。(朱熹)

二十四桥仍在,波心荡冷月无声。(姜夔)

青山遮不住,毕竟东流去。(辛弃疾)

君莫舞,君不见玉环飞燕皆尘土。(辛弃疾)

想当年,金戈铁马,气吞万里如虎。(辛弃疾)

千古兴亡多少事,悠悠,不尽长江滚滚流。(辛弃疾)

众里寻他千百度,蓦然回首,那人却在灯火阑珊处。(辛弃疾)

从今别却江南路,化作啼鹃带血归。(文天祥)

山河破碎风飘絮,身世浮沉雨打萍。(文天祥)

人生自古谁无死,留取丹心照汗青。(文天祥)

臣心一片磁针石,不指南方誓不休。(文天祥)

梅须逊雪三分白,雪却输梅一段香。(卢梅坡)

晓来谁染霜林醉?总是离人泪。(《西厢记》)

枯藤老树昏鸦,小桥流水人家,古道西风瘦马,夕阳西下,断肠人在天涯。(马致远)

伤心秦汉经行处,宫阙万间都做了土。兴,百姓苦;亡,百姓苦。(张养浩)

千锤万凿出深山,烈火焚烧若等闲。粉骨碎身浑不怕,要留清白在人间。(于谦)

无私心就是道。(王阳明)

攻吾之短者是吾师。(王阳明)

此心光明,亦复何言。(王阳明)

谦虚其心,宏大其量。(王阳明)

千圣皆过影,良知乃吾师。(王阳明)

志不立,天下无可成之事。(王阳明)

不贵于无过,而贵于能改过。(王阳明)

心狭为祸之根,心旷为福之门。(王阳明)

"格物"即"慎独",即"戒惧"。(王阳明)

赖有遗经堪作伴,喜无车马过相邀。(王阳明)

山中莫道无供给,明月清风不用钱。(王阳明)

志不立,如无舵之舟,无衔之马,漂荡奔逸,终亦何所底乎?(王阳明)

圣人与天地民物同体,儒、佛、老、庄皆我之用,是之谓大道。(王阳明)

克己须要扫除廓清,一毫不存方是。有一毫在,则众恶相引而来。(王阳明)

天地虽大,但有一念向善,心存良知,虽凡夫俗子,皆可为圣贤。(王阳明)

人人自有定盘针,万化根源总在心。却笑从前颠倒见,枝枝叶叶外边寻。(王阳明)

良知即是未发之中,即是廓然

大公、寂然不动之本体,人人之所同具者也。(王阳明)

良知是造化的精灵。这些精灵,生天生地,成鬼成帝,皆从此出,真是与物无对。(王阳明)

有志于圣人之学者,外孔、孟之训而他求,是舍日月之明,而希光于萤爝之微也,不亦谬乎?(王阳明)

殃莫大于叨天之功,罪莫大于掩人之善,恶莫深于袭下之能,辱莫重于忘己之耻,四者备而祸全。(王阳明)

良知者,孟子所谓"是非之心,人皆有之"者也。是非之心,不待虑而知,不待学而能,是故谓之良知。(王阳明)

你未看此花时,此花与汝同归于寂;你来看此花时,则此花颜色一时明白起来,便知此花不在你的心外。(王阳明)

立志用功,如种树然。方其根芽,犹未有干。及其有干,尚未有枝。枝而后叶。叶而后花实。初种根时,只管栽培灌溉。勿作枝想。勿作叶想。勿作花想。勿作实想。(王阳明)

夫学贵得之心,求之于心而非也,虽其言之出于孔子,不敢以为是也,而况其未及孔子者乎,求之于心而是也,虽其言之出于庸常,不敢以为非也,而况其出于孔子者乎?(王阳明)

人无癖不可与之交,以其无深情也;人无疵不可与之交,以其无真气也。(张岱)

良辰美景奈何天,赏心乐事谁家院。(汤显祖)

一事而关人终身,纵实闻不可开口;一言而伤我忠厚,纵闲谑而宜慎言。(袁黄)

隐逸林中无荣辱,道义路上泯炎凉。(《菜根谭》)

鹰立如睡,虎行似病,正是它攫鸟噬人法术。(《菜根谭》)

小处不渗漏,暗处不欺隐,末路不怠荒,才是真正英雄。(《菜根谭》)

白日欺人,难逃清夜之愧赧;红颜失志,空贻皓首之悲伤。(《菜根谭》)

宠辱不惊,闲看庭前花开花落;去留无意,漫随天外云卷云舒。(《菜根谭》)

不责人小过,不发人阴私,不念人旧恶:此三者可以养德,亦可以远害。(《菜根谭》)

拨开世上尘氛,胸中自无火炎冰兢;消却心中鄙吝,眼前时有月到风来。(《菜根谭》)

我有功于人不可念,而过则不可不念;人有恩于我不可忘,而怨则不可不忘。(《菜根谭》)

为善不见其益,如草里冬瓜,自能暗长;为恶不见其损,如庭前春雪,势必潜消。(《菜根谭》)

处治世宜方,处乱世宜圆,处叔季之世当方圆并用;待善人宜宽,待恶人宜严,待庸众之人当宽严互存。(《菜根谭》)

澹泊之士,必为浓艳者所疑;检饰之人,多为放肆者所忌。君子处之,故不可稍变其操守,亦不可太露其锋芒!(《菜根谭》)

心体澄彻,常在明镜止水之中,则天下自无可厌之事;意气和平,常在丽日光风之内,则天下自无可恶之人。(《菜根谭》)

天薄我以福,吾厚吾德以培之;天劳我以形,吾逸吾心以养之;天厄我以遇,吾行吾道以通之;天且奈我何哉?(《菜根谭》)

耳中常闻逆耳之言,心中常有拂心之事,才是进德修行的砥石。若言言悦耳,事事快心,便把此生埋在鸩毒中矣。(《菜根谭》)

苍蝇附骥,捷则捷矣,难辞后处之羞;茑萝依松,高则高矣,未免仰攀之耻。所以君子宁以风霜自挟,毋为鱼鸟亲人。(《菜根谭》)

以积货财之心积学问,以求功名之念求道德,以爱妻子之心爱父母,以保爵位之策保国家,出此入彼,念虑只差毫末,而超凡入圣,人品且判星渊矣。人胡不猛然转念哉!(《菜根谭》)

志要高华,趣要淡泊。(《小窗幽记》)

闭门即是深山,读书随处净土。(《小窗幽记》)

花看水影,竹看月影,美人看帘影。(《小窗幽记》)

闲中觅伴书为上,身外无求睡最安。(《小窗幽记》)

喜时之言多失信,怒时之言多失体。(《小窗幽记》)

闻谤而怒者,谗之隙;见誉而喜者,佞之媒。(《小窗幽记》)

闻人善,则疑之;闻人恶,则信之:此满腔杀机也。(《小窗幽记》)

闭门阅佛书,开门接佳客,出门寻山水,此人生三乐也。(《小窗幽记》)

少年人要心忙,忙则摄浮气;老年人要心闲,闲则乐余年。(《小窗幽记》)

心无机事,案有好书,饱食晏眠,时清体健,此是上界真人。(《小窗幽记》)

轻财足以聚人,律己足以服人,量宽足以得人,身先足以率人。(《小窗幽记》)

花繁柳密处,拨得开,才是手段;风狂雨急时,立得定,方见脚根。(《小窗幽记》)

大事难事看担当,逆境顺境看襟度,临喜临怒看涵养,群行群止看识见。(《小窗幽记》)

无事如有事时提防,可以弭意外之变;有事如无事时镇定,可以销局中之危。(《小窗幽记》)

会心处,自有濠濮间想,然可亲人鱼鸟;偃卧时,便是羲

皇上人,何必秋月凉风。(《小窗幽记》)

清闲无事,坐卧随心,虽粗衣淡食,自有一段真趣;纷扰不宁,忧患缠身,虽锦衣厚味,只觉万状愁苦。(《小窗幽记》)

无事便思有闲杂念头否,有事便思有粗浮意气否;得意便思有骄矜辞色否,失意便思有怨望情怀否。时时检点得到,从多入少,从有入无,才是学问的真消息。(《小窗幽记》)

子系中山狼,得志便猖狂。(《红楼梦》)

世事洞明皆学问,人情练达即文章。(《红楼梦》)

处事要代人作想,读书须切己用功。(《围炉夜话》)

家纵贫寒,也须留读书种子;人虽富贵,不可忘稼穑艰辛。(《围炉夜话》)

把自己太看高了,便不能长进;把自己太看低了,便不能振兴。(《围炉夜话》)

教小儿宜严,严气足以平躁气;待小人宜敬,敬心可以化邪气。(《围炉夜话》)

但患我不肯济人,休患我不能济人;须使人不忍欺我,勿使人不敢欺我。(《围炉夜话》)

贫贱非辱,贫贱而谄求于人者为辱;富贵非荣,富贵而利济于世者为荣。(《围炉夜话》)

每见待弟子严厉者,易至成德;姑息者,多有败行。此父兄之教育所系也。(《围炉夜话》)

一信字是立身之本,所以人不可无也;一恕字是接物之要,所以终身可行也。(《围炉夜话》)

与朋友交游,须将他好处留心学来,方能受益;对圣贤言语,必要我平时照样行去,才算读书。(《围炉夜话》)

博学笃志,切问近思,此八字,是收放心的工夫;神闲气静,智深勇沉,此八字,是干大事的本领。(《围炉夜话》)

打算精明,自谓得计,然败祖父之家声者,必此人也。朴实浑厚,初无甚奇,然培子孙之元气者,必此人也。(《围炉夜话》)

父兄有善行,子弟学之或不肖;父兄有恶行,子弟学之则无不肖。可知父兄教子弟,必正其身以率之,无庸徒事言词也。(《围炉夜话》)

咬定青山不放松,立根原在破岩中。千磨万击还坚劲,任尔东西南北风。(郑燮)

落红不是无情物,化作春泥更护花。(龚自珍)

九州生气恃风雷,万马齐喑究可哀。我劝天公重抖擞,不拘一格降人才。(龚自珍)

我自横刀向天笑,去留肝胆两昆仑。(谭嗣同)

附录二 名联集锦

新年纳余庆,嘉节号长春。(后蜀孟昶)

仰之弥高钻之弥坚可以语上也,出乎其类拔乎其萃宜若登天然。(泰山孔子崖联)

志在高山志在流水,一客荷樵一客听琴。(武汉伯牙台联)

刚直不阿,留将正气冲霄汉;幽愁发愤,著成信史照尘寰。(韩城司马迁祠联)

东流不尽秦时水,西望长陪太守祠。(灌县二王庙联)

事在人为休言万般皆下品,境由心造后退一步自然宽。(青城山联)

扫来竹叶烹茶叶,劈碎松根煮菜根。(青城山联)

海水朝朝朝朝朝朝朝落,浮云长长长长长长长消。(山海关孟姜女庙联)

满眼河山,大地早非唐李有;一腔君国,草堂犹是杜陵春。(杜甫草堂联)

每闻善事先心喜,或见奇书辄手抄。(故宫景福宫联)

青山有幸埋忠骨,白铁无辜铸佞臣。(杭州岳坟联)

水水山山处处明明秀秀,晴晴雨雨时时好好奇奇。(西湖天下景联)

小住为佳且吃了赵州茶去,曰归可缓试同歌陌上花来。(九溪十八涧山亭联)

只有几文钱,你也求他也求,给谁是好;不做半点事,朝来拜夕来拜,使我为难。(财神庙联)

睡至二三更时,凡功名都成幻境;想到一百年后,无少长俱是古人。(邯郸吕翁祠黄粱梦亭联)

做个好人,心正身安魂梦稳;行些善事,天知地鉴鬼神钦。(上海城隍庙联)

人生哪能多如意,万事只求半称心。(灵隐寺联)

云中辨江树,花里听鸣禽。(扬州个园联)

几百年人家无非施善,第一等好事只是读书。(扬州个园联)

晓起凭栏,六代青山都到眼;晚来对酒,二分明月正当头。(扬州平山堂联)

衔远山吞长江其西南诸峰林壑尤美,送夕阳近素月当春夏之交草木际天。(扬州平山堂联)

事业从五伦做起,文章本六经得来。(宏村敬修堂联)

素位而行,无不自得;居易以俟,乐在其中。(宏村慎余庭联)

克己最严,须从难处去克;为善以恒,勿以小而不为。(宏村乐叙堂联)

以八千岁为春,之九万里而南。(西递村大夫第联)

快乐每从辛苦得,便宜多从吃亏来。(西递村瑞玉庭联)

世事让三分,天宽地阔;心田存一点,子种孙耕。(西递村履福堂联)

见善如不及,见恶如探汤。(春秋·孔子)

过也人皆见之,更也人皆仰之。(春秋·子贡)

誉人不增其美,毁人不益其恶。(东汉·王充)

兄弟敦和睦,朋友笃信诚。(唐·陈子昂)

胆欲大则心欲小,智欲圆而行欲方。(唐·孙思邈)

三光日月星,四诗风雅颂。(宋·苏轼)

谦,美德也,过谦者怀诈;默,懿行也,过默者藏奸。(明·徐学谟)

林间松韵,石上泉声。(明·《菜根谭》)

唐虞揖逊三杯酒,汤武征伐一局棋。(明·《菜根谭》)

饮酒莫教成酩酊,看花慎勿至离披。(明·《菜根谭》)

平民肯种德施惠,便是无位的卿相;士夫徒贪权市宠,竟成有爵的乞人。(明·《菜根谭》)

两个空拳握古今,握住了还当放手;一条竹杖担风月,担到时也要息肩。(明·《菜根谭》)

使人有面前之誉,不若使其无背后之毁;使人有乍交之欢,不若使其无久处之厌。(明·《菜根谭》)

俭,美德也,过则为悭吝,为鄙啬,反伤雅道;让,懿行也,过则为足恭,为曲谨,多出机心。(明·《菜根谭》)

从静中观物动,向闲处看人忙,才得超尘脱俗的趣味;遇忙处会偷闲,处闹中能取静,便是安身立命的工夫。(明·《菜根谭》)。

苟有恒,何必三更起五更眠;最无益,莫过一日曝十日寒。(明·胡居仁)

风声雨声读书声,声声入耳;家事国事天下事,事事关心。(明·顾宪成)

立定脚跟竖起脊,拓开眼界放平心。(清·梁章钜)

话虽未到口边三思更好,事纵放得心下再慎何妨。(清·梁章钜)

学立道通自然贞素,圆行方止聊以从容。(清·何绍基)

虚心竹有低头叶,傲骨梅无仰面花。(清·郑燮)

竹宜着雨松宜雪,花可参禅酒可仙。(清·汪士慎)

海到无边天作岸,山登绝顶我为峰。(清·林则徐)

苟利国家生死以,岂因祸福避趋之。(清·林则徐)

海纳百川有容乃大,壁立千仞无欲则刚。(清·林则徐)

身无半亩心忧天下,读书万卷神交古人。(清·左宗棠)

天雨虽宽不润无根之草,佛门广大难度不善之人。(清·郭小亭)

磨砺以须,问天下头颅几许;及锋而试,看老夫手段如何。(清·石达开)

有志者事竟成,破釜沉舟,百二秦关终属楚;苦心人天不负,卧薪尝胆,三千越甲可吞吴。(清·蒲松龄)

享清福不在为官,只要囊有钱,仓有米,腹有诗书,便是山中宰相;祈寿年无须服药,但愿身无病,心无忧,门无债主,可为地上神仙。(清·李鸿章)

沧海日,赤城霞,峨眉雪,巫峡云,洞庭月,彭蠡烟,潇湘雨,武夷峰,庐山瀑布,合宇宙奇观绘吾斋壁;少陵诗,摩诘画,左传文,马迁史,薛涛笺,右军帖,南华经,相如赋,屈子离骚,汇古今绝艺置我窗轩。(清·邓石如)

烟锁池塘柳,炮镇海城楼。(佚名)

海为龙世界,云是鹤家乡。(佚名)

若不撇开终是苦,各自捺住即成名。(佚名)

东鲁春风吾与点,南华秋水我知鱼。(佚名)

阅透人情知纸厚,踏穿世路觉山平。(佚名)

南乡子前,常忆秦娥寻芳草;西江月下,最念奴娇浣溪沙。(佚名)

琵琶琴瑟八大王,王王在上;魑魅魍魉四小鬼,鬼鬼犯边。(清·佚名)

论心不论迹,论迹贫家无孝子;论迹不论心,论心自古无完人。(佚名)

勤学如春苗未睹其长日有所长,辍学似砺石不见其损日有所损。(佚名)

膏可吃,药可吃,膏药不可吃;脾好治,气好治,脾气不好治。(佚名)

见州县则吐气,见道台则低眉,见督抚大人,茶话须臾,只解道几个是是是;有差役为爪牙,有书吏为羽翼,有地方绅董,袖金赠贿,不觉得笑一声哈哈哈。(清·佚名)

参 考 书 目

曹日昌.普通心理学[M].北京:人民教育出版社,1987.
曹雪芹.红楼梦[M].北京:人民文学出版社,1957.
陈登才,等.毛泽东评点二十四史[M].北京:红旗出版社,2010.
陈登元.唐人故事诗[M].南京:江苏广陵古籍刻印社,1998.
陈文锦.世说新语详解[M].北京:中国华侨出版社,2014.
承载.春秋谷梁传译注[M].上海:上海古籍出版社,1999.
戴胜.礼记·尚书[M].昆明:云南人民出版社,2011.
二十五史[M].成都:巴蜀书社,1996.
古诗观止[M].上海:上海古籍出版社,1993.
古文鉴赏辞典[M].南京:江苏文艺出版社,1987.
顾随诗词讲记[M].北京:中国人民大学出版社,2006.
蘅塘退士.唐诗三百首[M].北京:中华书局,1959.
洪应明.菜根谭[M].上海:上海人民出版社,1989.
侯蔼奇,等.劝世良言[M].西安:三秦出版社,1998.
胡云翼.宋词选[M].上海:上海古籍出版社,1982.
霍松林.宋诗三百首[M].长沙:岳麓书社,1994.
纪昀.阅微草堂笔记[M].北京:华夏出版社,1995.
金景芳,等.周易全解[M].长春:吉林大学出版社,1989.
金圣叹选批杜诗[M].成都:成都古籍书店,1983.
乐府诗集[M].北京:中华书局,1979.
李耳.道德经[M].北京:蓝天出版社,2006.
李镜流,李树珍.生活中的心理学[M].北京:中国青年出版社,1983.
李泽厚.论语今读[M].合肥:安徽文艺出版社,1998.
梁启超.中国历史研究法[M].上海:华东师范大学出版社,1995.
林语堂.苏东坡传[M].西安:陕西师范大学出版社,2009.
鲁迅.中国小说史略[M].北京:人民文学出版社,1973.
鲁迅杂文全集[M].北京:九洲图书出版社,1995.
罗贯中.三国演义[M].济南:山东人民出版社1980.

彭亚飞.论语选译[M].长沙:岳麓书社,2006.
钱穆.文化与教育[M].北京:生活·读书·新知三联书店,2009.
钱钟书.管锥编[M].北京:中华书局,1979.
钱钟书.宋诗选注[M].北京:人民文学出版社,1958.
诗经楚辞鉴赏辞典[M].成都:四川辞书出版社,1990.
施耐庵.水浒全传[M].上海:上海人民出版社,1975.
舒展.钱钟书论学文选[M].北京:花城出版社,1990.
司马迁.史记[M].北京:京华出版社,1999.
孙以楷,等.老子注释[M].合肥:黄山书社,1996.
孙应逵.唐才子传校注[M].北京:中国社会科学出版社,1991.
谭邦和.媛诗九美[M].武汉:武汉测绘科技大学出版社,1997.
唐代传奇选译[M].上海:上海古籍出版社,1980.
唐代小说选[M].郑州:中州书画社,1982.
唐宋词鉴赏辞典[M].南京:江苏古籍出版社,1986.
田姝.苏轼[M].北京:光明日报出版社,2009.
吴承恩.西游记[M].上海:上海古籍出版社,1991.
吴调侯,吴楚材.古文观止[M].北京:中华书局,1959.
吴华宝.检点流年心依然[M].北京:团结出版社,2018.
吴华宝.园丁心雨[M].合肥:安徽大学出版社,2008.
吴庆麟.认知教学心理学[M].上海:上海科学技术出版社,2000.
吴文治.韩愈资料汇编[M].北京:中华书局,1983.
吴在庆.杜牧诗文选评[M].上海:上海古籍出版社,2002.
夏传才.十三经讲座[M].南宁:广西师范大学出版社,2006.
徐应隆.青少年生理心理特征与教育方法[M].上海:上海人民出版社,1982.
荀子·墨子·韩非子[M].长春:吉林出版集团有限责任公司,2011.
杨伯峻.白话四书[M].长沙:岳麓书社,1989.
杨柳桥.庄子译诂[M].上海:上海古籍出版社,1991.
姚鼐.古文辞类纂[M].上海:上海古籍出版社,1998.
袁千正.诸子散文精选[M].武汉:湖北人民出版社,1999.
昭明文选[M].北京:春风文艺出版社,1995.
曾国藩.曾国藩家书[M].北京:中央编译出版社,2011.
中国历代诗话选[M].长沙:岳麓书社,1985.
中国诗话辞典[M].北京:北京出版社,1996.
朱德才.辛弃疾词选[M].北京:人民文学出版社,1988.
朱自清.经典常谈[M].北京:生活·读书·新知三联书店,1980.
诸子百家[M].成都:巴蜀书社,1999.

跋

心得[1] 心雨[2] 心依然[3]，
三部一心作良田。
何必金银娱子孙，
耕耘挥汗润丰年。

吴华宝
2022年9月10日
（壬寅年八月十五）

注释

1 心得：《少有所诵：从经典中汲取力量》原名《读书心得示马犬》。2 心雨：指《园丁心雨》。3 心依然：指《检点流年心依然》。